CORRESPONDÊNCIA
Casais Monteiro
e Ribeiro Couto

FUNDAÇÃO EDITORA DA UNESP

Presidente do Conselho Curador
Mário Sérgio Vasconcelos

Diretor-Presidente
Jézio Hernani Bomfim Gutierre

Editor-Executivo
Tulio Y. Kawata

Superintendente Administrativo e Financeiro
William de Souza Agostinho

Assessores Editoriais
João Luís Ceccantini
Maria Candida Soares Del Masso

Conselho Editorial Acadêmico
Áureo Busetto
Carlos Magno Castelo Branco Fortaleza
Elisabete Maniglia
Henrique Nunes de Oliveira
João Francisco Galera Monico
José Leonardo do Nascimento
Lourenço Chacon Jurado Filho
Maria de Lourdes Ortiz Gandini Baldan
Paula da Cruz Landim
Rogério Rosenfeld

Editores-Assistentes
Anderson Nobara
Jorge Pereira Filho
Leandro Rodrigues

RUI MOREIRA LEITE
(ORG.)

CORRESPONDÊNCIA

Casais Monteiro e Ribeiro Couto

editora
unesp

© 2014 Editora Unesp
Direitos de publicação reservados à:
Fundação Editora da Unesp (FEU)
Praça da Sé, 108
CEP 01001-900 – São Paulo – SP
Tel.: (11) 3242-7171
Fax: (11) 3242-7172
www.editoraunesp.com.br
feu@editora.unesp.br

CIP – Brasil. Catalogação na fonte
Sindicato Nacional dos Editores de Livros, RJ

C85

Correspondência – Casais Monteiro e Ribeiro Couto / Rui Moreira Leite (Org.). São Paulo: Editora Unesp, 2016.

ISBN 978-85-393-0618-3

1. Monteiro, Adolfo Casais, 1908-1972. 2. Couto, Ribeiro, 1898-1963. 3. Literatura portuguesa. I. Leite, Rui Moreira.

16-30077   CDD: 869.3
                                                     CDU: 821.134.3-3

Editora afiliada:

Asociación de Editoriales Universitarias
de América Latina y el Caribe

Associação Brasileira de
Editoras Universitárias

Para Fernando Lemos

"Você lembra-se, afinal foi por ele que o conheci, lá está a testemunhá-lo o exemplar de Libertinagem mandado de Marselha, creio, em 1931. O livro ficou em Lisboa não posso verificar mas parece que a oferta não trazia data, já que na carta para os Arquivos do Condé eu também tinha dúvidas a respeito. Enfim o caso é que há mais de trinta anos, tudo o que me liga hoje ao Brasil, que é mais, sem dúvida, do que uma segunda pátria para mim, se esboçou através do gesto fraternal do Couto. Pela mão dele, coisa que está por contar, passei a escrever em 1940, se não me engano, para a cadeia dos Associados. E fora disso há a amizade, da qual não posso dizer senão que se exprime com verdade no verso em que ele me chama seu 'irmão português'"...

*Casais Monteiro
em carta a Manuel Bandeira
de 19 jun. 1963*

SUMÁRIO

Apresentação   11

Correspondência Casais Monteiro – Ribeiro Couto   25

Anexos   287
Apêndice   299
Índice onomástico   303

APRESENTAÇÃO

A correspondência entre Adolfo Casais Monteiro e Ribeiro Couto marca o início de uma nova fase nas relações entre escritores portugueses e brasileiros, que só se esboçou nas primeiras décadas do século XX. Os modernistas brasileiros, descontados os esporádicos contatos realizados ainda por Luiz de Montalvor no Rio de Janeiro nos anos 1910 ou aqueles desenvolvidos em Portugal já nos anos 1920 por Ronald de Carvalho,[1] só encontrarão interlocutores entre os intelectuais portugueses a partir da aproximação com os diretores da revista *presença*.[2] A publicação dá início à valorização das obras de Fernando Pessoa, Sá-Carneiro e Almada Negreiros, e destaca também modernistas brasileiros em suas páginas. Deve-se observar que, ainda nos anos 1920,

---

1 Ver de Arnaldo Saraiva, *O modernismo brasileiro e o modernismo português*: subsídios para seu estudo e para a história de suas relações, Porto: s. n., 1986, 3 v. Ronald de Carvalho é o nome brasileiro no corpo editorial do primeiro número de *Orpheu*.
2 Contato realizado com a intermediação do jovem universitário francês Pierre Hourcade. Em seu livro *Encontro entre literaturas*: França Portugal Brasil (São Paulo: Hucitec, 1995), Pierre Rivas sublinha a aproximação entre as literaturas brasileira e portuguesa a partir do contato entre Ribeiro Couto e Pierre Hourcade em *Les Cahiers du Sud* já em 1930; o mesmo Ribeiro Couto teria sua obra divulgada em traduções de Jean Duriau na *Revue de l'Amerique Latine*.

José Osório de Oliveira inicia sua campanha em favor da divulgação da literatura brasileira em Portugal, que se estenderá à década de 1940 com a publicação de sucessivas antologias de contos, ensaios e poesias.[3]

Minha aproximação às cartas conheceu três momentos sucessivos. O primeiro quando, ainda sem acesso aos espólios de Casais e Ribeiro Couto, escrevi meu texto "Escritores portugueses e brasileiros: as relações epistolares a partir de 1930"[4] tendo como referência o material dos arquivos de Manuel Bandeira, Augusto Meyer, Graciliano Ramos, Mário de Andrade e Alberto de Serpa. O segundo, já em contato com as cartas de Casais: "Notas à margem da leitura da correspondência Casais Monteiro – Ribeiro Couto".[5] Por fim, ao apresentar no encontro *Between cultures: Brazil/Europe*[6] o livro que organizei com Fernando Lemos,[7] li a comunicação "Missão Portuguesa no Brasil" procurando articular a atuação de intelectuais portugueses no Brasil à ação política do grupo de exilados aqui radicado, sugerindo para Casais Monteiro uma posição central.

Já foi notado o papel que coube à poesia moderna brasileira desempenhar em Portugal, uma vez que as edições da obra de Fernando Pessoa se iniciaram apenas em 1942[8] quando se publicam tanto a antologia em dois volumes (um da poesia ortônima, outro da heterônima) compilada

---

3 Em razão desse papel, Couto e Casais o convidam a prefaciar a *plaquette Correspondência de família* (1933) com poemas de ambos.

4 Apresentado em *Viagens – II Congresso Internacional de Estudos Nemesianos*, realizado em Salvador entre 24 e 27 de setembro de 2000, e posteriormente publicado no volume organizado por Evelina Hoisel e Maria de Fátima Ribeiro *Viagens: Vitorino Nemésio e intelectuais portugueses no Brasil*, Salvador: Instituto de Letras/ Universidade Federal da Bahia, 2007, p.65-73.

5 *Brasil e Portugal: 500 anos de enlaces e desenlaces*, Rio de Janeiro: Real Gabinete Português de Leitura, 2001, v.2, p.308-11.

6 Realizado na Yale University em New Haven em 26 e 27 de março de 2004. A comunicação foi publicada com o mesmo título em *Proposições*, revista quadrimestral da Faculdade de Educação da Unicamp, Campinas, v.17, n.51, p.71-9, set.-dez. 2006.

7 Rui Moreira Leite; Fernando Lemos (Org.) *A Missão Portuguesa*, São Paulo; Bauru: Editora Unesp; Edusc, 2003.

8 Por Jorge de Sena em "O Manuel Bandeira que eu conheci e que admiro" (in *Estudos de Cultura e Literatura Brasileira*, Lisboa: Edições 70, p.125-53, 1988). A antologia de Pessoa foi reeditada em 1945, num único volume pela mesma Editorial Confluência.

e prefaciada por Casais Monteiro, como o primeiro dos volumes de suas *Obras completas* na edição da Ática, com organização de João Gaspar Simões e Luiz de Montalvor; *Indícios de ouro*, de Sá-Carneiro, só é editado pela *presença* em 1937. E se a poesia tem naturalmente um alcance restrito,[9] os romances brasileiros alcançarão grande impacto em Portugal e conquistarão um número importante de leitores.

Essa correspondência documenta o encontro entre Casais Monteiro, o mais jovem dos diretores da *presença*, que seria mais tarde a ponte entre a geração das revistas *Águia* e *Seara Nova* e a dos *Cadernos de Poesia*, e Ribeiro Couto, poeta vinculado ao grupo de 22, então vice-cônsul do Brasil em Marselha. Casais Monteiro tem 23 anos e apenas um primeiro livro de poemas, *Confusão* (1929), publicado. Couto, dez anos mais velho, é um escritor de certo renome, embora seus registros poéticos não o aproximem de seus companheiros de geração por seu tom de delicado intimismo e uma firme ligação à poesia portuguesa, notadamente Antonio Nobre.

Ao longo dessa correspondência é possível acompanhar como Casais Monteiro se afirma no exercício da crítica, ao publicar pouco depois seu primeiro volume de ensaios – *Considerações pessoais* (1933) – seguido de uma série de títulos, entre eles uma longa apreciação da poesia de Ribeiro Couto, editada em seguida pela *presença*.[10] Já no Brasil, sem acesso ao volume anotado para acréscimos e correções, que ficara em Lisboa, muitos anos mais tarde, Casais adiciona a esse ensaio textos redigidos em 1948 e 1962, para compor a seção dedicada ao poeta em *Figuras e problemas da literatura brasileira contemporânea*.[11]

---

9 João José Cochofel apontaria para o impacto da música descritiva de Ribeiro Couto sobre seu volume de estreia *Instantes*. Registro que não escaparia a Eduardo Lourenço em seu ensaio *Sentido e forma da poesia neorrealista* (2.ed., Lisboa: Dom Quixote, 1983, p.31).

10 Edição na verdade subsidiada por Ribeiro Couto, como revela a correspondência: *A poesia de Ribeiro Couto*, Coimbra, presença, 1935.

11 Em edição do Instituto de Estudos Brasileiros da Universidade de São Paulo já póstuma, de 1972, livro dedicado a Ribeiro Couto. O primeiro traz apenas a indicação: "redigido em Portugal em 1948". O seguinte corresponde na verdade a dois artigos – "Um modernista reticente" e "Sobre o chão ancestral" – publicados no Suplemento Literário de *O Estado de S. Paulo*.

À altura do preparo da edição do ensaio, eles se conhecem pessoalmente, momento em que Couto se transfere para Holanda, e vivem as aflições que antecedem o início da Segunda Guerra Mundial. É curioso notar que Ribeiro Couto teria encontrado pela primeira vez com Casais em visita realizada a Portugal a convite de Antonio Ferro,[12] do que não há qualquer menção na correspondência. Pouco antes, Casais relatara os sucessivos constrangimentos impostos à área cultural, afinal responsáveis por uma inédita mobilização dos intelectuais portugueses. Nesse momento, ainda que Couto expusesse sua posição francamente favorável ao regime de Salazar,[13] foi possível contornar o choque.

Em 1943, Couto, como primeiro secretário, é transferido para Lisboa onde passam a ter convívio frequente e a desenvolver uma *Antologia de poesia moderna brasileira*[14] – que já havia sido na verdade

---

12 Segundo referência no volume *Sentimento lusitano*, edição portuguesa da editora Livros do Brasil, em 1963, já póstuma.

13 Em seu "Terceiro retrato" de Manuel Bandeira que permanecera inédito e só foi recentemente publicado (*Três retratos de Manuel Bandeira*, Rio de Janeiro: Academia Brasileira de Letras, 2004, p.80, organização de Elvia Bezerra), Couto desaprovava que Bandeira se manifestasse politicamente em versos quando da visita de Craveiro Lopes ao Brasil, em 1955. E, sem nunca identificar os personagens aos quais se refere e mesmo sem indicar o título do poema de Bandeira, pergunta: "Compreendi e estimei um chefe português, seria por isso fascista?".

14 No arquivo de Ribeiro Couto do Museu de Literatura da Casa de Rui Barbosa, são 239 as páginas relativas ao projeto de uma *Antologia de escritores brasileiros* desenvolvida em coautoria com Jean Duriau e Georges Readers, bilíngue, português-francês, datada de setembro de 1931 e integrada por ensaístas, contistas, historiadores, romancistas e poetas. Traz entre os anexos a "Introdução à antologia de poesia moderna do Brasil". No arquivo de Casais Monteiro, na Biblioteca Nacional de Lisboa, são 183 páginas acrescidas de uma carta de Augusto Meyer a Ribeiro Couto de 19 de março de 1927; no projeto intitulado *Antologia da poesia brasileira contemporânea*. No semanário *Mundo Literário*, dirigido por Casais em 1946-1947, surge no número 17 (31 ago. 1946) uma seção com esse título, trazendo uma seleção de poemas de Murilo Mendes, sobre quem se publica, no número seguinte, a crítica de Mário de Andrade à *Poesia em pânico*; a seção não é assinada. Alphonsus Guimarães é publicado no número 26 (1 nov. 1946), e Vinicius de Moraes, no número 41 (15 fev. 1947). Pouco mais tarde, Casais Monteiro vivendo já no Brasil, Alice Gomes publica *Poesia para a infância* (Lisboa: Ulisseia, 1955), antologia de poesia luso brasileira ilustrada por Costa

MUNDO LITERÁRIO

ANTOLOGIA DA POESIA BRASILEIRA CONTEMPORÂNEA

I-Murilo Mendes

MURILO MENDES nasceu em Juiz de Fora (Minas Gerais) em 1902, tendo feito os seus estudos na Academia do Verbo Divino, daquela cidade, e depois em Niterói, no Colégio de Santa Rosa, donde foge. Trabalhou na antiga directoria do Património Nacional e no Banco Mercantil do Rio de Janeiro. Inspector federal, desde há alguns anos, do Ensino Secundário, no Rio. Publica o seu primeiro livro, *Poemas*, em 1930 (composições datadas de 1925 a 1929). Em 1934 converte-se ao catolicismo.

Outras obras: *História do Brasil* (poemas), Rio, 1932. *Tempo e eternidade*, em colaboração com Jorge de Lima, Porto Alegre, 1935. *A poesia em pânico*, Rio, 1928. *O Visionário*, Rio, 1941. *As Metamorfoses*, Rio (sem data).

Nada conhecemos, como crítica à sua obra, comparável ao notabilíssimo estudo de Mário de Andrade sobre *A poesia em pânico*, hoje englobado no volume *O empalhador de passarinho*, XX das *Obras Completas*. Por isso o publicaremos no próximo número, com o que cremos prestar a maior homenagem ao poeta e ao seu crítico.

MULHER EM TODOS OS TEMPOS

O anjo cresce na sombra,
A sombra também cresceu.
Ela tira o sax̧ofone,
O som também aumentou.
Então acorda a agonia
Que se escondeu no escuro,
Cresce a agonia também.
A moça cresce um pouquinho,
Também em compensação
Já é hora de decrescer.
O anjo torna a assoprar.
No avião do sopro vem
A mãe da moça, coitada,
Vestida de rendas brancas.
Com o pai de pencinê;
Vem um quarto vaporoso
Com o berço navegando
E uma criança chorando
No vestidinho de rendas;
Vem o canto de outro anjo
Chamando outros anjos distantes
Para a criança dormir;
Vem a criança crescendo,
Caminhando para a escola
Com o primo pela mão;
Vem a criança menina,
Na mesa de comunhão;
Vem a menina já moça,
Com os seios palpitando
— O primo também cresceu —;
Vem a moça já na moça,
Namorando no portão;
Vem a moça — é uma mulher —
Caminhando para o altar;
Vem a moça bem mulher,
Olhando pro corpo dela
Que palpita de outro modo;
Vem a mulher segurando
Um menino pela mão,
Depois vem ela chorando,
Enterra a mãe no vestido
De rendas pretas, coitada,
Depois enterra o pai dela,
Coitado, sem pencinê.
Vem ela quando adoece
De paixão já pior;
Vem ela no mês passado,
Depois na semana passada,
Sem vibração, já sem cor,
Depois no instante recente;
O sopro do anjo vai trás
O instante que está nascendo;
O marido deu um grito,
O filho os braços levanta,
Sopra o anjo com mais força,
A moça não vê mais nada,
Mas Deus a viu, e levou.
No outro mundo já estão
Julgando a moça morena.

O AMOR SEM CONSOLO

1

Não quero me livrar de ti
Só não te perdôo porque não me dás a amargura absoluta
Não tens o poder de me matar com uma palavra com um olhar
E a minha esperança e o meu desespero
Não estão fundados em ti.
Antes de te conhecer Deus já me havia fulminado
Não és meu punhal nem meu bálsamo?
Eu não sou mais do que um rejeitado de Deus, de ti — e de mim.

2

Talvez eu ame em ti o que tens parecido comigo
Talvez que eu ame em ti o amor ao inacessível
A solidão e o vasio de quem nada espera deste mundo
A tristeza de quem sabe que nenhum anjo virá para o consolar

3

Berenice! Berenice!
Existes realmente? És uma criação da minha insônia, da minha febre
Ou a criadora da minha insônia, da minha febre?
Berenice! Berenice!
Porque não terminas tua crueldade, dando-me palavras de vida
Ou porque não começas tua ternura, impelindo-me para o suicídio?

4

Minha amiga cruel e necessária, Berenice!
Deixa-me descansar a cabeça no teu seio
E sonhar um instante que não existo,
Que não existes, que não existe Deus,
Nem o mundo, nem Satan, nem a morte.

5

Eu te acompanho em teus anseios e em teu tédio.
Eu te olho com o olhar de quem herdou a solidão
Porque nunca estás em mim e comigo.
A natureza nos separou
Sòmente o sobrenatural poderá nos unir.

«A poesia em pânico»

«O Visionário»

Seleção de poemas de Murilo Mendes publicada no semanário *Mundo Literário*, dirigido por Casais Monteiro.

SOBRE A POESIA DE MURILO MENDES

por Mário de Andrade

O problema poético de Murilo Mendes por muitas partes deixa de ser pessoal, para se confundir com o da própria poesia. Tendo estreado já com uma colecção importante de poemas foi possível, em seguida, perceber que Murilo Mendes ainda não estava muito fixo no seu destino criador. E' que, de início, tanto a poesia como o trocadilho, e o jôgo-de-espírito são parentes por bastardia, derivando todos êles, junto com a ciência, de uma contemplatividade profundamente intuicionante e definidora. Para verificarmos esta identidade definidora inicial tanto da ciência como de poesia e jôgo-de-espírito, basta observar a convenção «um e um são dois» que, enquanto crítica define por abstracção e é ciência; como fusão, define por lirismo e é encantação, é magia, é vaticínio (vate), e portanto é poesia; e ao mesmo tempo não passa de um jogo verbal, por ser uma definição eminentemente corruptora da realidade. «Dois! que «dois»? Não há «dois!» gritava o meu amigo filósofo. Entre os povos primitivos, tanto ciência como poesia, a bem dizer existem confundidas com a encantação e a magia. E são aferradamente trocadilhescas. Se não bastasse a onomatopéia, que é a base mesma da conceituação primitiva das coisas, quem quer analise as fórmulas de afirmar, de curar ou de rezar das magias e religiões primárias (transvazando para a liturgia das mais altas religiões e para o mecanismo de pensar dos mais profundos místicos...) verificará com dificuldade como, inicialmente, algumas das criações mais altas do espírito humano, senão todas, foram meras logomaquias, verbalismos assombrados, minuciosos trocadilhos.

Com as civilizações mais adiantadas, a ciência enveredou nìtidamente no seu rumo definidor, aterrada no pensamento lógico; mas poesia e jôgo-de-espírito continuaram de mãos dadas, muitos vezes dormindo no mesmo incestuoso leito. E o trágico é que, justo nos momentos em que a poesia tenta mais enèrgicamente se definir em suas essências, mais se entrega ao incesto, mais se prende à volubilidade das palavras, aos jogos-de-espírito e aos trocadilhos. É lembrar Rimbaud, Laforgue. E lembrar as pesquisas da poesia contemporânea. É curioso constatar que os povos mais intimamente dotados de lirismo são ao mesmo tempo os menos sensíveis a estes estouros pesquisadores do essencial poético.

Não se compreenderia um fenómeno Rimbaud na Inglaterra, nem um caso Guilherme Apollinaire em Portugal, porque estes povos, sendo líricos por natureza, jamais necessitaram de revoltas antilogísticas tão exasperadas para se reintegrar na poesia.

Murilo Mendes, entre nós, vem se demonstrando como um aferrado e unilateral pesquisador de poesia. Tem pesquisado e muito, mas sòmente no sentido de encontrar uma essência — não fosse ele um dos inventores do «Essencialismo» que andou pilotando com bastante engenho neste mar tenebroso. Ora, depois do livro de estreia, com alguma inquietação vi Murilo Mendes soçobrar no jôgo-de-espírito e na própria piada, com os romances cómicos inspirados na história do Brasil. Assim, o primeiro livro não fora ainda uma definição, como não o serão, logo em seguida, as pesquisas teóricas bem mais sérias do Essencialismo. O que fixou Murilo Mendes, a meu ver, foi a religião, que ele herdou desse amigo tirânico que foi Ismael Nery. A religião dando valor ao tempo e organizando a eternidade, colocou o poeta dentro do alto espiritualismo da sua poesia.

E aqui sou obrigado a ressaltar um lado que me parece desagradável no catolicismo de Murilo Mendes, a sua falta de... universalidade. Tenho a certeza que este católico se deseja perfeitamente ortodoxo. Por outro lado, não esqueço que se pode ter católico e falar inglês e até nas corridas. Mas o «regionalismo» da religião de Murilo Mendes está em que, dentro dela, Nossa Senhora é que fala o inglês e o próprio Jeová joga nas corridas. Quero dizer: a atitude desenvolta que o poeta usa nos seus poemas para com a religião, além de um não raro mau gosto, desmoraliza as imagens permanentes, veste de modas temporárias as verdades que se querem eternas, fixa anacrònicamente numa região do tempo e do espaço o Catolicismo, que se quer universal por definição. Neste sentido, o catolicismo de Murilo Mendes guarda a seiva de perigosas heresias.

Não tenho intenção de insinuar seja insincero este poeta: inquieta-me apenas a sua complacência com o moderno e a confusão de sentimentos. Por confusão de sentimentos entendo aqui a identificação de sentimentos profanos com os religiosos, identificação principalmente de ordem sexual. A Igreja apresenta-se com uma grande mulher que o poeta lança como rival da sua bem-amada. Noutra poesia ela é a «Igreja Mulher» toda em curvas que abraça com ternura. Cristo, numa litania delirante, é apelidado «Eros Christus». Por outro lado, os jogos verbais manifestam-se frequentemente, justificados aliás, pelo estado de delírio em que tal poesia é concebida, raro porem se entregando a simples trocadilhos. Mas de um destes trocados Murilo Mendes vai tirar uma das invenções mais esplêndidamente confusionistas do poema. O seu amor irrealizado proíbe-lhe o conhecimento completo da bem-amada, conhecimento que uma paixão assim tão prodigiosa exige: «Ter um conhecimento de ti que nem tu mesma possuis». Ora esse meio desconhecimento, aliado à exigência de castigar a amada naquilo em que ela não concorda com o ideal («Eu quisera te destruir para te construir uma outra criatura — Para fazer nascer de ti uma outra forma inda mais perfeita»), deram ao poeta uma ânsia de defluir, que enche os versos de títulos, de nomes, de apelidos por vezes esplêndidos. A amada é conjuntamente Regina e Berenice; é deusa, é a «adorável pessoa», é a devoradora, a complexa, a desordenada, etc., mas é ao mesmo tempo um «mister de demónia, atriz e colegial». Sempre um largo jogo de palavras, vermelhamente lírico: o poeta precisa agarrar, possuir, definir, em sua compreensão, essa dona incontrolável e contraditória, «desordenada»; e então o delírio classificador vai culminar naquele trocadilho vibrantíssimo, não sei a que tempestades de tragédia herética nos atirando, que é a identificação da amada como Cristo:

«*Eros !*
Eros Christus !
Eros Christius !
Kyrie !
Kyrie eleison !»

E o poeta passa a nomear a amada, a sua Christina. Aliás, esta identificação do ideal religioso com o profano já se apresentara quase fatal, desde o final de «Ecclesia», que é também um jogo de palavras, por associação de imagens.

O próprio poeta sente que o seu misticismo devastador (religião é coisa construtiva, social) não é a religião dos padres, embora ele não esteja longe de ser um apologista. Dessa inquietação («inquietação» é pouco para lírico tão veemente), desse desespero são as características essenciais da religiosidade deste livro: a sexualidade com que o poeta se atira sobre a religião, a Igreja, a Divindade com um verdadeiro instinto de posse física, a predominante colaboração do pecado; a abjecção de si mesmo. «Eu me aponto com o dedo à exe-

---

Todas as edições brasileiras citadas ou não em «Mundo Literário» podem ser pedidas para LIVROS DO BRASIL, Rua Vítor Cordon, 29 — Lisboa, que as enviará ràpidamente pelo seu serviço de reembolso postal.

Crítica de Mário de Andrade à *Poesia em Pânico*, de Murilo Mendes, reproduzida no semanário *Mundo Literário*, dirigido por Casais Monteiro.

esboçada e repetidamente anunciada por Couto, que não se aplicara o suficiente ou nunca se sentira capaz de completá-la. Enfim, um desentendimento os afasta e o projeto não seria posteriormente retomado. Couto se estabelece na Iugoslávia, onde alcança a promoção como embaixador, e progressivamente perde a visão, que não recupera, embora se submeta a seguidas operações. A correspondência é retomada por iniciativa de Couto em 1950, no momento em que ele está publicando seus versos franceses – entre eles duas *plaquettes* impressas por Vicente do Rêgo Monteiro.[15] Seu interesse pelos amigos se estende à divulgação de suas obras para as quais obtém traduções para o servo croata, caso da poesia de Casais e Miguel Torga.[16]

Alegra-se em ter notícias de Casais, que nesse ínterim se integrara à vida intelectual do Brasil, para onde se transferira em meados dos anos 1950, livre para desenvolver as atividades que não lhe eram permitidas em Portugal,[17] depois da prisão que sofrera em 1937 – ocasião em que fora excluído dos quadros do ensino secundário. A partir de então, estava limitado à colaboração em periódicos e traduções – se chegou a dirigir o semanário *Mundo Literário* (1946-1947) por cerca de um ano, foi apenas porque esse tinha a direção nominal de Jaime Cortesão Casimiro. Quando se preparavam para o reencontro, em 1963, Couto morre em Paris, já de regresso ao Brasil.

Pode-se atribuir um papel central a essa correspondência no conjunto das relações entre Casais Monteiro e os escritores brasileiros. É o que se pode deduzir de uma pesquisa preliminar nos arquivos de Mário de Andrade, Graciliano Ramos, Augusto Meyer, Manuel

---

Pinheiro, com uma epígrafe de Casais Monteiro. Os poetas brasileiros incluídos eram Carlos Drummond de Andrade, Casimiro de Abreu, Cassiano Ricardo, Cecília Meireles, Henriqueta Lisboa, Jorge de Lima, Manuel Bandeira, Maria Eugenia Celso e Ribeiro Couto.

15 *Arc en Ciel* e *Mal du Pays*, editadas por La Presse à Bras (Paris, 1949).
16 O tradutor seria, em ambos os casos, Ante Cettineo.
17 Casais Monteiro, que já colaborava para *O Estado de S. Paulo* ainda em Portugal, assume papel de destaque no Suplemento Literário do mesmo jornal fundado em 1956, ao mesmo tempo em que se integra à oposição portuguesa, enviando textos para o *Portugal Democrático*. Uma seleção desses textos integra o volume *O país do absurdo* (Lisboa: República, 1974) depois incorporado às *Obras completas*.

Bandeira e Alberto de Serpa.[18] Assim como do levantamento dos textos publicados no *Boletim de Ariel* e na *Revista do Brasil*.

O entusiasmo de Casais com esse encontro é registrado nos estudos que então publicou sobre Ribeiro Couto, Manuel Bandeira[19] e Jorge de Lima. É curioso notar como seu livro *Sempre e sem fim* (1937) traz seções dedicadas a Mário de Andrade, Jorge de Lima e Manuel Bandeira – além de uma epígrafe de Ribeiro Couto – que são, à parte Cecília Meireles, os poetas aos quais dedicou ensaios ou artigos mais longos.[20] E aqueles com os quais manteve mais longa e concentrada correspondência. Como sugerem as cartas a Ribeiro Couto, a explicação para isso é a mais simples: a impossibilidade de obter livros de poesia moderna brasileira em Portugal.

Essa dificuldade é que deve tê-lo feito desistir da conferência sobre poesia moderna brasileira que Manuela Porto o instara a fazer em 1937 e que chega a mencionar também em carta a Augusto Meyer.[21] Outros projetos mais ambiciosos são registrados nessa correspondên-

---

18 Os dois primeiros abrigados no Instituto de Estudos Brasileiros da Universidade de São Paulo (IEB-USP), os dois seguintes no Arquivo Museu de Literatura da Casa de Rui Barbosa e o último na Biblioteca Municipal do Porto. Alberto de Serpa tem uma correspondência com brasileiros em paralelo àquela de Casais. Um núcleo significativamente à parte é o estabelecido com João Cabral de Melo Neto. Dois outros brasileiros com quem Casais tem correspondência significativa são Murilo Mendes e Cyro dos Anjos, arquivadas respectivamente na Universidade Federal de Juiz de Fora e na Universidade Federal de Minas Gerais.

19 O estudo sobre Manuel Bandeira seria anos depois publicado seguido de uma antologia (Lisboa: Inquérito, 1943) e daria mais tarde lugar a um novo texto, escrito para acompanhar uma nova seleção dos poemas do autor (Lisboa: Portugália, 1968). As cartas de Bandeira relativas ao ensaio e a ambas as antologias foram publicadas por Pedro da Silveira: "Cartas inéditas de Manuel Bandeira a Adolfo Casais Monteiro", *Colóquio Letras*, Lisboa, n.18, p.43-8, mar. 1974.

20 Os textos sobre Cecília Meireles e Mário de Andrade são publicados por Casais já no Brasil. Em seu artigo "Uma suave rudeza", posteriormente recolhido em *O empalhador de passarinho* (São Paulo: Martins, 1943, p.59-63), Mário de Andrade se refere a Casais e seu papel na aproximação entre escritores portugueses e brasileiros.

21 A conferência afinal seria realizada no Brasil, "A Moderna Poesia Brasileira", no auditório da Biblioteca Municipal de São Paulo, em 13 de setembro de 1956, e publicada pela coleção Nova Crítica, do Clube de Poesia, ainda naquele mesmo ano.

cia, como o do semanário a ser lançado em Lisboa e que teria como diretores brasileiros Ribeiro Couto, Jorge de Lima, Tasso da Silveira e Mário de Andrade[22] – a antologia de poesia moderna brasileira projetada por Ribeiro Couto e Casais Monteiro é mencionada apenas em carta do primeiro a Alberto de Serpa.[23]

Os ensaios dedicados aos autores brasileiros foram desenvolvidos em paralelo à organização da correspondência inédita de Antonio Nobre, ao preparo das edições de Sá-Carneiro e ao estudo e organização da antologia da poesia de Fernando Pessoa. Ribeiro Couto realiza no Rio de Janeiro em 1941 uma conferência sobre Antonio Nobre e solicita a Casais o que vê como necessário para publicá-la em livro: fotos e cartas, além de uma bibliografia suplementar. Em 1944, em Lisboa, por solicitação de Carlos Queiroz ele a encaminharia à revista *Litoral*.[24]

Os escritos de Casais sobre Fernando Pessoa constituem um marco na sua presença na imprensa do Brasil. Em abril de 1938, o *Boletim de Ariel* publica seu artigo "O exemplo de Fernando Pessoa"[25] e, naquele mesmo ano, Casais passa a ser colaborador regular do *Diário de Notícias* do Rio de Janeiro, ganhando sucessivamente espaço nos *Diários Associados*, no *Jornal do Brasil* e em *O Estado de S. Paulo*.[26] Possivelmente a primeira resenha de seus livros aqui publicada foi

---

22 Também referindo a Jorge de Lima e comentado por este em carta de 5 jan. 1936, publicada por Arnaldo Saraiva "Carta inédita de Jorge de Lima para Adolfo Casais Monteiro", *Colóquio Letras*, Lisboa, n.50, p.61-4, jul. 1979.
23 Que preparava então seu volume *As melhores poesias brasileiras* (Lisboa: Portugália, 1943).
24 "A mensagem do lusíada Antonio Nobre", *Litoral – Revista Mensal de Cultura*, Lisboa, n.1, p.38-63, jun. 1944. Republicado em *Sentimento lusitano* (São Paulo: Martins, 1961, p.57-88). O arquivo Ribeiro Couto conserva nove cartas de Carlos Queiroz, escritas entre janeiro e março de 1944, todas relativas à publicação do texto na revista. A revista traria ainda, em seu número 5 (dez. 1944), três poemas de Couto. E pode-se inferir que, por indicação sua, um artigo de Sérgio Buarque de Holanda no n.4 (out.-nov. 1944).
25 *Boletim de Ariel*, Rio de Janeiro, n.7, p.215, abr. 1938. Transcrito do *Diário de Lisboa*, 9 dez. 1937.
26 Vemos, na correspondência e nos anexos, na carta de Múcio Leão, como Ribeiro Couto o auxiliou nos contatos com os órgãos da imprensa brasileira.

o texto "Balanço de um ano literário", no *Boletim de Ariel*, trazendo comentários ao volume de ensaios *Considerações pessoais* e aos *Poemas do tempo incerto*.[27] Com possibilidades cada vez mais reduzidas de desenvolver sua obra em Portugal, Casais Monteiro aguarda uma oportunidade de deixar o país, o que acontece por meio do convite para o Encontro Internacional de Escritores realizado em São Paulo, como parte dos festejos organizados pela Comissão do IV Centenário de São Paulo em 1954. Uma das teses que apresenta é "Fernando Pessoa, o insincero verídico". O interesse despertado pelas traduções dos sonetos ingleses realizadas a quatro mãos com Jorge de Sena resulta na edição promovida pelo Clube de Poesia,[28] a que se segue, em 1958, a de seus *Ensaios sobre a poesia de Fernando Pessoa*.[29]

Embora tenha tido muita dificuldade em encontrar uma colocação estável entre as instituições universitárias brasileiras[30] – o que só aconteceu em 1962, quando se integrou à Faculdade de Filosofia, Ciências e Letras de Araraquara –, conseguiu de imediato uma posição de destaque no jornal *O Estado de S. Paulo* que cederia para se dedicar aos seus artigos para o Suplemento Literário do mesmo jornal, cuja publicação se inicia em 1956.[31] Os meios literários lhe

---

27 José Osório de Oliveira, "Balanço de um ano literário", *Boletim de Ariel*, Rio de Janeiro, n.5, p.132-3, fev. 1935.

28 O projeto, contratado entre a editora Ática e Jorge de Sena, era que traduzissem toda a obra publicada em inglês por Fernando Pessoa – além dos *35 Sonnets; Inscriptions, Antinous* e *Epithalamium* – que comporia um volume das obras completas. Casais Monteiro se queixava da tradução que lhe coubera de *Epithalamium* na correspondência a Ribeiro Couto. Ele finalmente a abandonou e o projeto foi completado por Jorge de Sena, tendo o volume sido lançado em 1974.

29 Em edição da Agir, que já publicara em 1957 sua pequena antologia sobre o poeta como o primeiro volume da série Nossos Clássicos.

30 Chegou a ministrar cursos em São Paulo na Faculdade de Filosofia e Letras de São Paulo (1954) e na Universidade Mackenzie (1955); no Rio de Janeiro, na Universidade do Brasil (1956) e na Faculdade Nacional de Filosofia (1960), a convite de Celso Cunha; em 1959, na Universidade da Bahia, em Salvador, por indicação de Anísio Teixeira. Não consegue manter-se no cargo em virtude de sua manifestação pela imprensa por ocasião do IV Colóquio de Estudos Luso-Brasileiros, como registra na correspondência a Ribeiro Couto.

31 A extensa colaboração ao suplemento integrará os volumes *Clareza e mistério da crítica* (Rio de Janeiro: Fundo de Cultura, 1961), *A palavra essencial* (São Paulo:

dispensaram calorosa acolhida desde sua chegada: foi convidado a pronunciar conferências, escrever prefácios e a integrar a comissão de atribuição na seção poesia do prêmio Fábio Prado.

A correspondência caracteriza-se por quatro momentos bem definidos. O primeiro, que vai de 1931 a 1934, de contato apenas epistolar, marcado pelo entusiasmo de Casais com a obra de Couto e com a possibilidade de aproximar-se dos escritores brasileiros e obter seus livros que não tinham distribuição em Portugal.

O segundo, que se estende de 1935 a 1941, inicia-se com o encontro dos correspondentes e a publicação do ensaio de Casais sobre a poesia de Couto. E prossegue com as atribulações devidas à prisão de Casais, a quem Couto procura auxiliar tentando, primeiro, obter sua libertação e, depois, que Casais pudesse lecionar num estabelecimento particular de ensino, já que não havia sido pronunciado, e conseguindo que o amigo se tornasse colaborador de jornais brasileiros – enquanto Casais, em pleno início da Segunda Guerra Mundial, providencia para ele a impressão do livro *Cancioneiro de D. Afonso*.

Um terceiro momento, de 1942 a 1953, foi marcado pela passagem de Couto por Lisboa como diplomata e pelo desentendimento que os afastará em meados dos anos 1940, ao qual existe alusão explícita em carta de Couto de 1952.

E por fim, o quarto, de 1954 a 1962, que corresponde ao exílio voluntário de Casais no Brasil e à reaproximação que não seria selada por um reencontro, porque Couto morre em Paris no momento se preparava para regressar ao Brasil ao deixar seu posto como embaixador na Iugoslávia.

A correspondência está praticamente completa. Aos 77 itens do espólio de Casais Monteiro, depositado na seção de Reservados da Biblioteca Nacional de Lisboa, foi acrescentado o bilhete escrito por

---

Nacional; Edusp, 1965) e se somaria a textos anteriores, já reunidos em *O romance e seus problemas* (Lisboa: Casa do Estudante do Brasil, 1950) para compor *Romance (teoria e crítica)* (Rio de Janeiro: José Olympio, 1964). E corresponderá ao volume *Artigos de O Estado de São Paulo* (Lisboa: IN-CM, 2011) das obras completas, publicado a partir da edição dos *Cadernos de Teoria e Crítica Literária* (Araraquara: Unesp, 1983, v.I e II. Org. Maria M. T. Gonçalves; Zélia M. T. Aquino; Zina M. Bellodi).

Couto no verso da foto de seu retrato feito por Portinari, enviado a Casais em 1933, e que nos foi gentilmente remetido por João Paulo Monteiro. São 78 itens da parte de Couto e 47 da parte de Casais. O desequilíbrio é mais aparente que real: Casais perdeu apenas um cartão enviado por Couto, que perdeu sete cartas e um bilhete do amigo. Dos 47 itens conservados de Casais apenas dois não são cartas: um cartão postal de 1932 e um bilhete de 1961. Dos 78 itens conservados de Couto, 27 são bilhetes, vale dizer: Casais escreveu 52 cartas, e Couto, 51. Algumas falhas na correspondência se referem às cartas de Casais na prisão utilizadas por Couto na tentativa de obter a libertação do amigo. Outras mais se perderam em função dos deslocamentos frequentes do destinatário ou mesmo de seu arquivo, como é referido.

As cartas manuscritas quase não representavam dificuldade de leitura – a letra de Casais é muito regular; as de Ribeiro Couto, escritas quando ele esteve muito próximo de perder a visão, denotam o esforço por escrever com uma letra maior que a habitual e só trazem problemas por alguma eventual sobreposição de letras e palavras.

Escolhi reproduzir duas cartas nos anexos: a de Ribeiro Couto solicitando o envio de livros de poesia brasileira moderna a Casais, endereçada ao Serviço de Cooperação Intelectual, e a de Múcio Leão, acusando o recebimento da carta que solicita admissão de Casais no quadro de colaboradores do *Jornal do Brasil.*

A organização desse volume contou com a colaboração do Arquivo Museu de Literatura da Casa de Rui Barbosa no Rio de Janeiro e da Biblioteca Nacional de Portugal em Lisboa, que conservam os arquivos de Ribeiro Couto e Casais Monteiro.

Deixo aqui consignados meus agradecimentos a Eliane Vasconcellos e Maria Manuela Vasconcelos que, numa e noutra instituição, facilitaram a leitura da correspondência e providenciaram as necessárias cópias dos originais.

A João Maria Pereira Rennó devo o acesso à biblioteca de Ribeiro Couto em Teresópolis e a possibilidade de reproduzir as dedicatórias incluídas nesta correspondência, à exceção daquela inserida em exemplar da tiragem especial das *Considerações pessoais*, resgatado em sebo por Marcos Moraes.

Antonio Braz de Oliveira, da Biblioteca Nacional de Lisboa, fez uma série de sugestões quanto à organização do volume e que procurei seguir. As cartas foram numeradas e inclui entre colchetes datas e locais de expedição quando conhecidos e não registrados. Quando essas referências constam entre parênteses, entenda-se a anotação como do destinatário.

Procuro não me estender nas notas, mas me pareceu indispensável fornecer as referências bibliográficas das edições mencionadas e identificar alguns dos nomes citados. Nessas tarefas, pude contar com o auxílio precioso de Mécia de Sena. Manuel Fonseca guiou-me no acesso aos textos de Casais Monteiro lidos nas tardes clássicas do Jardim Universitário de Belas Artes em Lisboa, e que se conservam na Cinemateca Portuguesa.

E, por fim, um agradecimento especial a Fernando Lemos, que me forneceu indicações acerca das capas, ilustrações e vinhetas das obras de Casais ou das edições por ele organizadas ainda em Portugal, mencionadas nesta correspondência, o que inclui a sua série de guaches da capa e ilustrações para uma edição de duzentos exemplares de *Noite aberta aos quatro ventos*, que nunca foi impressa.

CORRESPONDÊNCIA
Casais Monteiro e Ribeiro Couto

1

Meu querido Camarada:
Porto
22-VI-1931

    Devia ter-lhe escrito há muito tempo, já. E tanto mais que esta carta não é daquelas que se escrevem por obrigação, e sem entusiasmo. Eu dir-lhe-ei mesmo que tenho demorado a escrever-lhe em parte devido ao entusiasmo com que o descobri. Receei, e receio, não saber exprimir-lhe toda a admiração (mas admiração é uma palavra tão baça!) que em mim despertou a leitura dos teus dois livros.[1] Antes de os receber, já sabia, por uma carta do João Gaspar Simões, na qual me citava algumas linhas duma carta sua, o que tinha dito de meu livro.[2] E creia, poucas vezes encontrei, naqueles a quem os meus versos são simpáticos, palavras que eu sentisse mais profundamente que as suas. Há elogios muito grandes, muito adjetivados,

---

[1] Pelas referências posteriores *Poemetos de ternura e melancolia* (São Paulo: Monteiro Lobato, 1924) e *Um homem na multidão* (Rio de Janeiro; Paulo, Pongetti & Cia., 1926).
[2] *Confusão*, Coimbra, *presença*, 1929.

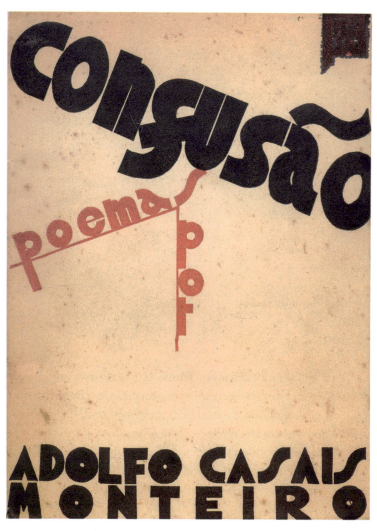

Capa de *Confusão*, primeiro volume de poemas de Casais Monteiro.

Página de rosto de *Confusão*, publicado pelas edições presença, em Coimbra.

e que todavia nada nos comovem; pelo contrário, outros como os seus que não são elogios, mas muito mais, que nos vem revelar, a nosso respeito, coisas que talvez não tivéssemos ainda notado, mas que imediatamente se revelam verdadeiras, quando alguém no-las faz pressentir. Desculpe esta prolixidade, mas não consigo exprimir-me doutro modo. Pouco tempo depois de conhecer a sua opinião sobre os meus versos fui a Coimbra, e só então recebi os seus dois volumes. Não vou agradecer-lhos como deveria, segundo as praxes. Deixo os adjectivos sonoros. Que o Ribeiro Couto perdoe, mas eu queria agradecer-lhe como se agradece o livro dum velho amigo que já sabe que nós o admiramos, o que nos dispensa desse formulário ridículo que me custaria usar, precisamente porque a sua poesia foi para mim uma revelação imensa, mas ao mesmo tempo como que o encontro de alguém que era familiar à nossa vida. Eu receio não lhe saber dizer essa impressão: não é a impressão do já visto; de modo algum; mas a sua poesia está tão próxima de mim, e não tanto de minha poesia, mas duma maneira de ser que está talvez muito pouco nos meus versos, que instantaneamente me senti à vontade, como que conversando com um velho amigo. Penso que o Ribeiro Couto conhecerá esta sensação: abrir um livro, e aderir instantaneamente à sua atmosfera, sentir-se em contacto com alguém da nossa família, sentir que está ali um daqueles homens que não poderemos admirar apenas, mas do qual cada frase se reflectirá em nós, que sentiremos como nossa. E é curioso, pouco antes de o conhecer, tive o grande prazer (reabilitemos a expressão!) de entrar em relações (epistolares, é claro, infelizmente!) com Jules Supervielle,[3] que é, com Léon-Paul Fargue – mas acima dele – um dos poetas que mais amo, e pelo qual sei a sua admiração (o Gaspar Simões leu-me algumas de suas cartas).

---

3 A correspondência se estenderia de 1931 a 1947. Vinte e seis cartas de Jules Supervielle encontram-se no espólio de Casais Monteiro, conservado pela Biblioteca Nacional em Lisboa. Foi possível localizar oito volumes dedicados por Supervielle a Casais: *Debarcadères* (1922); *Gravitations* (1925); *Les amis inconnus* (1934); *Bolivar/La première famille* (1936); *L'Arche de Noé* (1938); *1939-1945 Poèmes* (1946); *À la nuit* (1947); *Naissances* suivis de *En songeant à un art poètique* (1951); e um a Ribeiro Couto, *Le forçat innocent* (1930).

O que acho mais curioso, é, como já lhe disse, que encontro afinidades consigo, imensas, mas menos no que eu sou quando faço versos, do que quando não faço; há em mim qualquer coisa que não sabe exprimir-se, e é precisamente essa qualquer coisa que sinto nos seus poemas. Mas digo-lhe isto simplificando, porque não lhe saberia dizer melhor. Em primeiro lugar, a quase inconcebível calma do ritmo de seus poemas; a sua sobriedade, que não chega a ser dolência e cansaço, mas quase (todavia este quase é enorme!); depois, o que eles revelam de si, da sua vida interior, da sua visão das coisas. E há ainda uma coisa nos seus poemas, coisa que é tão estranha à minha poesia, mas tão próxima de mim: o aspecto descritivo. O Ribeiro Couto descreve como eu quereria descrever, duma maneira que é como se as paisagens falassem pela nossa boca. Sim, agora vejo a palavra própria: a sua intimidade com tudo que dá esse tom à sua poesia.

Naquele meu artigo da *presença:* "mais além da poesia pura"[4] cometi uma grande injustiça, Ribeiro Couto: mas como não o conhecia, espero ser perdoado. Quando o publicar em volume, lá porei o seu nome, entre aqueles poetas de que eu me proponho falar como poetas admiráveis de hoje.

Sabe outra das minhas alegrias ao lê-lo? Desde muito que eu me inquietava pela minha ignorância das novas gerações do Brasil. Bem sabe a dificuldade, aqui em Portugal, de tomar contacto com os verdadeiros artistas do Brasil! Por uma crítica do Marcel Brion, conheci Tristão de Ataíde, do qual consegui comprar um volume dos *Estudos*. Isto quanto à crítica! Quanto a poetas é verdade é que a todos ignoro, e é com o maior prazer que mandarei o meu livro aos que indicou ao Gaspar Simões.

E agora, perdoe se lhe falo um pouco de mim! Dizia o Ribeiro Couto ao Gaspar Simões que eu devia ser muito novo. Sim, vinte e três anos, e quando escrevi o meu livro, vinte. Tomo a liberdade de lhe falar de mim, porque sei, também pelo G. Simões, do seu

---

4 *presença*, n.28, p.5-7, ago.-out 1930. Republicado em *Considerações pessoais*, 1933, sem menção a Ribeiro Couto.

interesse pelos dados biográficos. Creia que também o tenho; e só lamento que a minha biografia seja tão magra! A única coisa que talvez valha a pena dizer, é que antes dos vinte anos nunca fiz versos, que não tenho um passado de rimas, e, até, que nos meus sonhos literários me gabava de que não começaria, como quase todos por um livro de versos; não saberei bem dizer-lhe porque, mas era talvez uma timidez, uma altivez de quem não quere entregar-se aos olhos de todos, e também uma grande antipatia pela poesia clássica e romântica. Foi talvez – quase com certeza – a descoberta do José Régio – que conheci pessoalmente aos 19 anos que foi o primeiro a ler os meus poemas, a dar-me coragem, a fazer-me acreditar em mim – e dos poetas modernistas, Sá-Carneiro, Fernando Pessoa principalmente, que fizeram cair a minha timidez, e fizeram que, um dia, dia desesperado, de angústia, de solidão, me achei a rabiscar num papel o que veio a ser o meu primeiro poema.

Mas, onde iria eu parar? Perdoe-me, eu não tenho o direito de o obrigar a decifrar esta minha prosa. A verdade é que poucas vezes tenho sentido tanto entusiasmo ao escrever uma carta. Interrompo aqui, na esperança de em breve continuar. Mas será a sua paciência tão grande? Confesso-lhe o prazer que tenho em falar de mim, direi mesmo a necessidade. É talvez um aspecto da minha tendência crítica. E, como dizia já não sei quem, creio que Marcel Arland, que objecto nos pode interessar mais que nós próprios?

Poderei esperar uma grande carta de si? O Ribeiro Couto tem a sua vida. Eu, este ano, concluindo a minha licenciatura em Letras, nada faço de preciso, leio, escrevo, vivo, nada que me prenda a um trabalho constante. Todavia, tudo o que vier de si, por pouco que seja, o espero ansiosamente.

Toda a indizível amizade e admiração do Adolfo Casais Monteiro
P. S. Envio-lhe o meu livro, porque não quero que o tenha num exemplar anônimo. E se tiver mais algum livro seu, agradeço-lhe se me quiser mandar. A. C. M. R Miguel Bombarda, 516 – PORTO

2

5, Avenue Friedland
Consulat Général du Brésil
Paris, 7 de Julho de 1931.

Meu querido camarada,

Poucas vezes um poeta terá recebido uma carta como aquela com que V. me honrou. Pois não é verdade que é a correspondência de almas que importa? Essa correspondência, entre nós, é tão perfeita (entre a sua realidade pessoal e a minha), que eu lamento estar a tão grande distância: senão iria correndo abraçá-lo. Já não posso compreender como estive duas vezes no Porto, em Outubro de 1928 e Novembro de 1929, e não estivemos juntos. É horrível a gente pensar que, num país que se atravessa há alguns homens que são talvez absolutamente como nós, e não sabemos quem são, nem onde estão. Dá vontade de sair gritando: ó irmãos! Porém, na cara daquele sujeito à porta de uma livraria, ou nos ombros curvados de um rapaz que cisma à beira do cais, não se pode adivinhar sempre um irmão. O primeiro é talvez o comanditário da casa, e o segundo um empregado da Alfândega. No entanto na luz fina do Porto, sinto a denúncia da sua presença. V. estava lá principalmente naquele céu dos altos da cidade, de um azul amoroso, perdido em horizontes magoados. Nenhuma cidade me deu até hoje, tanto como o Porto, a certeza desta presença misteriosa – a presença da poesia. A grosseria bacalhoeira das ruas e a indiferença hostil da multidão enroupada tem o dom de ferir a corda dos sensitivos. V. estava no Porto, e está no Porto, como Antonio Nobre por ocasião de suas penúltimas crises, as que o levaram primeiro à Leça, antes de o levarem à Madeira. Por diversas razões acho o Porto uma cidade para poetas. Quando escrever sobre V., espero lembrar-me de dizer que v. está aí como Edgar Poe estava em Baltimore. Como um protesto.

Porém estou a dar-lhe a impressão de fazer literatura. Não tenho aqui, diante dos olhos, a sua carta, isto é, o seu retrato. Esta resposta não é, pois, uma resposta à carta, mas ao seu gesto, ao seu – olá. Bom dia, amigo. Está vendo? Vivemos assim espalhados pelo mundo, mas é talvez melhor esta dispersão da família: pelo gosto indizível de se encontrar, de se reconhecer. Só me aborrece que V. tenha só 23 anos. Eu tenho 10 a mais, e tenho medo de fazer figura de velho diante de V., que já é tão rico de experiência, de segurança e de orientação. Como, com uma mulher muito mais jovem, a gente tem medo de perder o amor por causa da diferença de idade, eu sinto em relação aos meus amigos mais jovens o medo de perder a correspondência de nervos. Parece que eles vão aperceber-se, no dia seguinte da amizade iniciada, de que poderão fazer infinitamente mais e melhor do que eu, e por essa razão devem desdenhar-me um pouco. Contrariamente, o sentimento de respeito que tenho pelos poetas mais novos que eu – pelos escritores mais novos em geral – é muito mais largo que o que tenho pelos mais velhos, ou mesmo da minha idade. Nos mais velhos, ou da minha idade, eu já vi a medida da capacidade de sentir e de exprimir. A curva que eles vão acabar de descrever já está calculada: pelo impulso do início a gente sabe onde vai parar o disco. Ao passo que os mais novos – os que são como v. – ainda não deixaram ver toda a força. Ainda não lançaram o disco. Apenas, apareceram ao campo, ao sol, numa simples exibição de músculos, de corpos. Daí – do mistério de cada um, e da promessa das linhas que apresentam – vem o meu sentimento. Estou diante deles (quando os admiro) como estou, por exemplo, diante das plantas novas do meu jardim: não sairão dali os melhores frutos? (Apraz-me escrever frutos a propósito de jardim. A confusão não foi procurada, saiu natural, e deixo assim. Todo pomar, aliás, é também um jardim.) Portanto, ainda que eu próprio seja para os mais velhos, um novo – tenho pelos mais novos que eu um profundo respeito: confio neles para me fornecerem, pelo resto da vida, matéria para admirar (fome insaciável do meu ser). Seu livro, *Confusão*, é um desses mistérios atléticos de que falei acima. Será o campeão de amanhã?

Pelos caminhos incertos
dum país de sonho e bruma
vou desvairado à procura
de qualquer coisa que sinto
fugir-me por entre os dedos:[5]

V. é interiormente um homem tão cheio de poesia como um dia claro e cheio de luz. A sua confusão é a da luz: é fusão, não é confusão. Fusão de todos os raios luminosos. O seu esforço é de irisação apenas. Estou sempre a reler os seus poemas (obrigado pelo volume agora enviado) e eles já estão tão íntimos da minha alma que passaram para a fase de encantação: a fase em que um poema, depois de muitas vezes lido e sentido, começa a entregar-se todo, nos mais secretos recantos (ressonâncias do inacabado, projeção dos versos que ficaram existindo inexpressos entre os que foram escritos). Fase pela qual reconhecemos a grande poesia, a poesia rica. (A poesia pobre fica logo gasta, dá tudo na primeira leitura – quando tem, ainda assim, alguma coisa a dar.)

***

Cá está a sua carta.
Muitíssimo obrigado pelo prazer profundo que ela me dá. O que V. diz da minha poesia – a intimidade com as coisas, etc. é um traço justíssimo e bastante me alegra a sua intenção de consagrar-me algumas linhas no seu livro. Não poucas vezes minha poesia tem sido objeto de apreciação, em livros, em revistas, em jornais, e, salvo raras exceções, só os mais novos que eu (reparo) sentem tudo que eu queria que fosse sentido. Creio que é pelo fato dessa poesia provir de uma atitude de humildade, de virgindade – não procurada, aliás. Um dos meus amigos do movimento moderno no Brasil, Oswald de Andrade, disse há pouco (ele é mais velho que eu uns 9 ou 10 anos) que minha poesia "faz mal à mocidade brasileira". Senti um

---
5 "O que foge".

prazer indizível com isso. Guardadas as distâncias astronômicas, Jesus também fez muito mal à mocidade de seu tempo... Toda poesia "faz mal", no sentido de que: quando se sente um poema, não se tem vontade de ir a um *rendez-vous d'affaires*, ou outro exemplo: chega-se tarde à repartição.

> Os meus dedos de acaso
> – meninos do dia-a-dia –
> esboçam coisas sem jeito.[6]

Se o general Carmona tivesse lido e sentido isso no dia do golpe de Estado, o presidente da república portuguesa hoje seria outro, não é verdade? Ele teria caído em cismas dissolventes, em reticências de sensibilidade:

> Traços, fumo... incertezas...[7]

Assim, de um modo geral, a poesia (quando o é) faz mal não só à mocidade, como à madureza. De um modo geral a todas as classes da Nação (armadas inclusive). V. não está de acordo com tudo isto, Adolfo Casais Monteiro?

***

Releio (uma vez ainda) tudo o que me diz a propósito da sua formação. Da sua revelação poética. Todos estes nomes que v. cita, José Régio (que grande poeta!), Mário de Sá-Carneiro, Fernando Pessoa – dois mestres admiráveis, e que pena que o primeiro se tenha acabado tão tristemente! – são familiares à minha alma graças ao João Gaspar Simões. (Mário de Sá-Carneiro, estou à espera da publicação das obras completas, anunciadas pela *presença*). Porém, dos três é o que conheço menos. O Fernando Pessoa, de quem

---

6 "Álcool".
7 No original, incerteza. Poema "Álcool".

Jules Supervielle me falava há dias com tanta admiração, é um dos casos europeus mais notáveis. Tenho lido na *presença* tudo que, sob quatro assinaturas diversas, ele publicou ali. (Não lhe mandei livro nenhum[8] porque fiquei a imaginar que ele não gostaria de que lhe batessem no ombro.)

Como agradecer ao Simões a revelação de tanta força lírica – essas duas gerações de mãos dadas? O Simões é um crítico de quem em breves anos toda a Europa falará. O Supervielle (fico contente de saber que v. gosta tanto dele, apesar de já haver sentido a afinidade: mas nem sempre afinidade quer dizer amor humano pela pessoa do poeta) o Supervielle – realmente, um dos grandes poetas da França, e mais homem, mais criança lírica do que o Fargue – um tantinho precioso, este, ao lado do outro – o Supervielle tinha os *Temas*[9] em cima da mesa, e mostrei-lhe o ensaio sobre Paul Valéry, que ele ficou de ler (pois o Simões resolveu admiravelmente o problema e o Supervielle, amigo de Valéry, não estava de acordo comigo em certas exigências...).

Ainda não conheço pessoalmente o Pierre Hourcade, mas, se o conhecer (o Supervielle falou-me nele, desde Marselha, devido à ligação com os *Cahiers du Sud*, estava para escrever-lhe) estaria pronto a colaborar com ele numa antologia de poetas novos portugueses.

Valéry Larbaud, a quem tenho falado (desde muito) de Antonio Nobre, gostou imenso de uns versos que copiei das *Despedidas* (Não tenho o *Só*!!!!!!!). Em carta que me mandou de Valbois (onde ele fora passar uns dias, na propriedade que tem lá, perto de Vichy) dizia-me que se interessa; e depois, pessoalmente, confirmou o desejo de conhecer melhor a obra do (a meu juízo) maior poeta português depois de Camões. Ficou muito admirado de saber que o Nobre viveu aqui em Paris e escreveu a "Lusitânia no Bairro Latino". V., Adolfo Casais Monteiro, se achar aí dois *Sós* num sebo, me mande: um para

---

8 Na carta escrita a Casais Monteiro em 26 de dezembro de 1933, agradecendo o envio de *Correspondência de família*, Fernando Pessoa relata ter recebido por intermédio de Pierre Hourcade o último livro de Ribeiro Couto.

9 Primeiro livro de ensaios de João Gaspar Simões, publicado pela *presença* em 1929.

Larbaud, outro para mim. Não pretendo a comenda de Cristo, mas desejaria prestar a Portugal o serviço de interessar Valéry Larbaud pela obra de Antonio, Antoninho, Tonico – irmãozinho à altura do outro, o Santo Antonio de Lisboa. (Tenho a impressão, quando passo pelo Bairro Latino – e Larbaud mora lá, *en plein*, atrás da Sorbonne e do Panthéon, na rua do Cardinal Lemoine – que a cara pálida do lusíada (coitado!) me segue, triste, tristinha, e me diz: obrigado, meu amigo do Brasil!)

Se v. estiver logo com o Simões em Coimbra, ou se escrever-lhe, diga-lhe por favor, que lhe mando mil agradecimentos pelos números da *presença* (segunda remessa), e que vou escrever-lhe. Aliás, há uns oito dias mandei-lhe dois poemas de poetas novos do Norte, com uma nota crítica,[10] e uma carta – escrita ainda em Marselha, e que ficara perdida entre papéis, no atropelo da mudança. Recebi também dois exemplares do último número, onde vem quatro poemas meus.[11] Que lhe estou grato pelo acolhimento.

V. viu o primeiro número do *Descobrimento*? O meu queridíssimo amigo Osório de Oliveira publicou ali uns poemas do livro *Província*,[12] reflexos líricos de uma cidadola brasileira (reflexos de que há no *Homem na Multidão* um punhadinho, última parte do livro). Os poemas publicados agora em *presença* pertencem a outro livro.

A mim é que cabe dizer: tudo o que vier de v. será recebido com o espírito e o coração abertos.

Acompanho na *presença* os seus trabalhos críticos, mas ainda não li tudo, pois estou lendo aos poucos a coleção (infelizmente incompleta, devido a haver números esgotados; peço a V. assinalar-me pontos que deseje que sejam objeto de conversa por carta, etc.).

---

10 Aloysio Branco e Jorge de Lima, *presença*, n.33, p.7, jul.-out, 1931; a nota crítica, publicada no mesmo número da revista, saiu à página 13.

11 *presença*, n.31-32, p.14, mar.-jun. 1931.

12 Então inédito, publicado pelas Edições Presença em 1933. Os poemas publicados são catorze: "Serão", "Sentimental", "História local", "Sesta", "A casa pobre", "Festa do padroeiro", "A cadeia", "Rua da Palha", "Barulho de chuva na folhagem", "A Romântica", "Largo da Matriz", "A várzea", "Cemitério", "O banho". *Descobrimento Revista de Cultura*, Lisboa, número da primavera, v.I, p.89-105; dirigido por João de Castro Osório.

Minha correspondência, com espíritos como o seu, nunca é regular, pois obedece ao ritmo caprichoso dos encontros de rua (Há dias em que me encontro com pessoas ausentes, v. não é assim? E nesses dias agarro-as para um canto, e vá de conversar; *allez*, desta vez é bastante!).

Seu muito admirador e amigo Ribeiro Couto

<u>3</u>

[Porto 7.X.1931]

Meu querido camarada:

Começo no café esta carta sem ter a sua à mão. Por isso só depois lhe responderei. Tendo todas as comodidades em minha casa, prefiro o café para escrever. Não sei se isto é apenas um vício; ou se no café haverá qualquer subtilidade de atmosfera... A verdade é que aqui, logo que não haja demasiada gente, sou capaz não apenas de escrever cartas mas até poemas e notas críticas. Que pensa você do café? E do bar? E a propósito: lembrei-me agora de Valéry Larbaud. Como você o conhece, poderia talvez saber se ele terá recebido a minha *Confusão*. Mandei-lhe logo que a publiquei, mas sei lá se se terá perdido. Ele e Jean Cassou foram as únicas pessoas a quem mandei, em França (além dos exemplares mínimos para algumas revistas). Eu, para com Larbaud, tenho uma grande dívida: um ensaio, que já foi anunciado na *presença*, que comecei a escrever, mas que está nesse começo, há mais de um ano!

***

(Interrompi esta carta durante alguns dias. E é no café, de novo, que lhe escrevo. Noutro: num café cheio de recordações: o Magestic, na rua de Sta. Catarina. Indico-o, porque talvez você por cá tenha passado. É tão agradável, antes da 1 da tarde, antes que se encha, e enquanto uma meia dúzia de pessoas apenas, aqui e ali, mal quebram o silêncio. Foi aqui que conheci o Régio, quando ele foi professor num dos liceus do Porto. Aqui se passou parte da minha vida, dos 17 até aos 20 anos! Era aqui o ponto de reunião de meu grupo de então. Quantas tardes, quantas noites aqui passei! Foi até aqui que escrevi alguns dos meus primeiros poemas. E quantas horas de abatimento, atirado para um canto destas almofadas, amodorrado, sem nada que me chamasse à vida! Sinto-me, como vê, elegíaco! Como nós amamos o nosso passado, mesmo quando ele é doloroso! Mas voltemos a Larbaud): ele foi uma das grandes descobertas da minha juventude. E o que eu queria, principalmente dizer nesse então, seria o que mais profundamente me impressionou nos seus livros: o amor do efêmero, do infinitamente breve e sutil, a doçura imensa de existir. A ninguém melhor que a Larbaud cabe esta frase de Gide: *Vivre, cela seul est magnifique*. Não há nos seus livros esse obscurecimento da vida pelas idéias que temos sobre ela, como tanto acontece com os escritores franceses. Nunca, em Larbaud, notei a "mania raciocinante". Creio que é o seu amor da vida e o tê-lo sentido vibrar em tantos recantos da terra, que dão à sua obra esse inigualável sabor de intimidade com as cidades e os homens. O encanto de Londres em *Beauté, mon beau souci!* E o da Itália, na *Lettre d'Italie*, no *Barnabooth*! Larbaud aceita os mundos em que penetra, absorve-os e deixa-se absorver por eles. Ele não será nunca, suponho, um autor para multidões. Mas aqueles que o amam, só o podem fazer com inteira dádiva de si próprios. Para mim, os artistas como Barrés, por exemplo, que concedem à frase trabalhada não sei que virtude autônoma, não conseguem encontrar-me. Deixam-me indiferente. (E cito Barrés, porque esse até conseguiu enojar-me, causar-me vômitos à sensibilidade!) Todos os grandes, todos os que ficam, são os que não põe acima de tudo uma forma, pois essa é sempre duma época. E se os outros vivem, ainda que evidentemente, na sua expressão a época esteja marcada, é porque ela é sustentada pela riqueza que contêm ou melhor: porque a sua época vive através deles, vivificada por eles que a contêm, que por assim dizer a assumem. Assim, neles a época não existe senão na medida que eles existem.

***

Ainda uma interrupção de alguns dias! É de crer que você imagine um grande desinteresse em escrever-lhe tanto mais que lhe confesso assim descaradamente todas essas longas interrupções; mas... talvez que esta descarada confissão signifique precisamente o interesse com que lhe escrevo... (Mas cautela com as divagações introspectivas!...) Desta vez, conto acabar este testamento, tanto mais que é do café onde comecei que escrevo. A não ser que, como das outras vezes, os importunos que não sabem ter a delicadeza de não se sentar à nossa mesa, apareçam. Ah! Um café oculto, onde ninguém pudesse procurar-nos e que ao mesmo tempo tivesse a situação, a atmosfera, todo o carácter destes cafés que eu amo... mas onde é arriscado estar. Não haver possibilidade de nos tornarmos invisíveis!

Meu querido Poeta: quero-lhe falar do Nobre: em primeiro lugar, saiba – e como você me invejará a sorte! – que fiz (que enorme galicismo!) há um mês o conhecimento do irmão do grande Nobre, que já fui umas poucas vezes à casa dele, cheia de recordações essa casa da Foz, que só por um acaso não foi a casa onde ele morreu. Tenho folheado cartas, recordações, os cadernos em que ele escrevia os versos a par de tudo o que vinha ao livro divagante da sua pessoa, etc., etc. Devo tudo isto a um sobrinho do Antonio Nobre, que morreu há um ano, que foi meu professor (professor camarada!) na Faculdade de Letras, e do qual eu era muito amigo, homem dos mais extraordinários que tenho conhecido, um verdadeiro louco para o vulgo, para alguns amigos um homem cheio de originalidade vivendo a vida muito a seu modo, que é indescriptível em poucas linhas. Deixou ele certas prosas (de pouco interesse aliás, para quem o conheceu; ele não era um escritor, a sua obra foi a sua vida) que fui encarregado de prefaciar. E eis-me freqüentando esse lar em que um velho vive sozinho, em meio das recordações do irmão e do filho. Devo publicar no próximo número da *presença* algumas poesias e algumas cartas inéditas do Nobre.[13] Mas cartas

---

13 As cartas seriam publicadas em dois números da revista: "Cartas inéditas de Antonio Nobre", *presença*, n.33, p.4-6, jul.-out. 1931; "Mais algumas cartas inéditas de António Nobre", *presença*, n.34, p.1-2, nov.-fev. 1932.

inéditas interessantíssimas! E quanto ao *Só*: está esgotadíssimo; não consegui nem um (contudo um amigo prometeu arranjar-me um; mas até agora, nada; mas está-se fazendo uma nova edição; e tenho já a promessa de alguns exemplares. *Voilà*).

Meu amigo: Marcel Brion falou há tempos, nas *Nouvelles Litteraires*, dum seu livro, *Canções de Amor*,[14] parece-me. Não terá você um exemplar? Tenho fome da sua poesia, porque sei que sempre lá encontrarei qualquer coisa de meu (diabo! Se um crítico um dia lê esta carta, é capaz de pensar que o acuso de me plagiar!!!) E os seus livros em prosa? Um amigo meu que viveu no Brasil falou-me com grande admiração de alguns contos seus. Eu até tenho vergonha desta *quête* descarada porque não tenho com que retribuir. Bem queria arranjar um editor para um livro de ensaios, mas não vejo nada! Se o arranjar, publicaria à minha custa um livrinho de poemas.

Mas basta de tanto escrever! Perdoe Ribeiro Couto, mas nada tão agradável como este *babillage* desordenado. Fico esperando uma carta, se for possível tão longa como esta. Travo, porque já ia fugir por outra divagação fora! Creia na admiração e na amizade do seu
Adolfo Casais Monteiro

4

Ruivães 9-X-1931

Meu querido Camarada

Tinha-lhe eu enviado há dois dias uma longa carta, quando recebi seu postal, perguntando-me se não tinha recebido uma sua carta. Não lhe respondi logo porque julguei que teria recebido a carta que lhe escrevera pouco depois de mandar o postal; depois, fui ficando inquieto de ver que nada vinha. Até hoje o que me faz crer que não recebeu a minha carta – que mais parecia fragmento de livro de memórias, pois a escrevera aos bocados, como cá se diz... Aborrece-me que ela

---

14 *Canções de amor*, São Paulo: Nacional, 1928.

se tenha perdido. Eu, quando escrevo, abandono-me, e sei que se a carta se perde, é um pouco de mim que se some, e que poderia ter ido dizer a um amigo o que foi um momento de minha vida. Enfim, lá foi... Mas como ainda não tenho a certeza, confirme-me você porque lhe falava lá também do Nobre, e de coisas positivas a esse respeito, as quais lhe poderia repetir, mais ou menos. Uma delas era que não lhe conseguira, nem nos sebos o *Só*, mas que o irmão me prometera dois exemplares quando saísse a quinta edição, que está a imprimir-se.

Mando-lhe aqui alguns poemas que lhe são dedicados, pois é a si que os devo. Isto é, nasceram de minha amizade por si. Aqui vão, pois. É provável que os publique na sua *presença*, daqui a algum tempo, já que em volume não devem aparecer tão cedo, se bem que tenha um livro pronto, com nome e tudo – nome *Poemas do Tempo Incerto;* acha bem? – tudo, menos dinheiro. E como quando o tiver – mas só daqui a três anos eu poderei ganhar, até lá vivo à custa de meus pais, portanto sendo difícil arranjar duma vez o dinheiro necessário para o dar à luz! – Como, dizia, quero publicar primeiro um volume de ensaios, já vê o Ribeiro Couto quanto é problemático o aparecimento dos *Poemas*. Não os publico já na *presença* porque quero publicar agora um longo poema, sobre o qual na ocasião lhe pedirei a sua opinião mais sincera, poema que é a coisa em que tentei exprimir-me mais profundamente, mais globalmente, tentando, em suma; reunir a confusão num uníssono.

Queria falar-lhe de várias coisas mas preciso de saber se não recebeu efectivamente a minha carta. Lembro-me agora que lhe falava sobre a minha admiração por Valéry Larbaud, o que ainda mais me faz desesperar-me por ela se ter perdido. Você há de julgar que eu tenho demasiado amor ao que escrevi; mas não: custa-me lembrar-me que não poderei repetir certas coisas – e doutras que nem sequer me lembro de ter escrito...

Desculpe esta carta tão à pressa, e tão descuidada, quer de estilo quer de caligrafia, mas estou enervado – estou na aldeia, e preparando um exame estúpido, humilhante, um exame que me faz repisar coisas do liceu de que me julgava livre! – e escrevo-lhe mais para pedir uma resposta do que para lhe dizer qualquer coisa.

Creia na admiração e na amizade do seu camarada Adolfo Casais Monteiro

P. S. Escreve-me mesmo para o Porto: R. Miguel Bombarda 516, pois não estarei por muito tempo na aldeia, e de qualquer maneira a correspondência é-me enviada para aqui.

5

Paris, 26 de Out. de 1931

Meu querido amigo,

Recebi sua longa e excelente carta em que me falava do irmão do Anto, carta essa aliás sem data, como recebi agora, da aldeia, a carta de 9 de Outubro. Esta me trouxe os seus poemas, que tão afetuosamente me dedica. Estendo-lhe a mão, por sobre os Pirineus. Aperto-o contra o peito.

Não lhe tenho escrito ultimamente por causa de muito trabalho. Livros, livros e livros na forja, que levo a bater nas poucas horas que me sobram. Porém, a carta que me fala do irmão do Nobre, do sobrinho, etc. (a carta começada e interrompida num café do Porto), essa, tenho memória de lhe haver acusado o recebimento, embora não esgotasse os assuntos de que temos o costume de tratar. Depois, mandei-lhe um cartão. Enfim, estas linhas vão para dizer-lhe quanto bem me fazem suas notícias. Não se incomode com as dificuldades de publicação do seu livro de poemas; o essencial é fazê-los, aprontá-los, acabá-los – para começar outros, novos, infinitamente. Eu mesmo, que tenho editor para umas coisas (novelas e romances), não o tenho para os meus últimos livros de poesia. Ao menos, penso não os ter; nem falo em poesia ao editor que me edita os romances, em São Paulo. Tenho a sair, até o fim de outubro em S. Paulo, *Cabocla*.[15]

---

15 *Cabocla*, São Paulo: Nacional, 1931.

Tenho no Rio um livro de crítica social, *Instinto do Brasil*,[16] que mandei a pedido de um editor novo; mas não me acusou o recebimento do original. Sempre pensei que em Portugal fosse mais fácil arranjar editor. O Porto e Lisboa tem tantos! Porque não ensaia um livro de prosa, de crítica, isto é, porque não ensaia falar com os editores daí? Para a poesia compreende-se, é sempre difícil: o público é menor. Tanto mais em se tratando de poesia moderna. Que isso não o desanime. Um conselho: escreva um romance que se passe na aldeia onde esteve agora. O enredo não importa: a atmosfera é tudo. Tenho confiança na sua prosa. Creio que dentro de v. está um admirável romancista. Como estava o poeta, que seus amigos descobriram, quero revelar-lhe a existência do romancista. Porque? Faro... faro... Sou caçador. E daí há de sair caça boa.

Faça um romance!

Não custa muito, são trinta noites ou trinta manhãs, em cada uma das quais v. escreverá oito ou dez páginas: ao fim do tempo indicado, v. tem aí 250 ou 300 páginas.

O Pierre Hourcade, que voltou para Coimbra, lhe dará notícias minhas e do amor com que sigo o movimento de vocês.

Vou enfim mandar para o Brasil um longo ensaio sobre a moderna poesia portuguesa,[17] onde espero dar a v. o lugar que com tanto brilho ocupa. Porém, o que me apraz constatar, não é tudo que v. deu, e sim tudo o que tumultua em v. e só espera um clima, um ambiente, um estado de alma para sair.

Isto ainda não é a carta. São linhas de mero saudar.

Irei ao Porto no fim do ano, ou começo do outro. Quero ver v. desde que aí chegar. *En attendant,* mande-me o seu retrato. Eu também lhe mandarei um, por estes dias.

---

16 Título anunciado e não publicado.
17 O longo ensaio provavelmente nunca foi escrito ou teria sido recolhido, como o artigo "Destino e poesia de Cabo Verde", de 1933, no volume *Sentimento Lusitano* (São Paulo: Martins, 1961). Baltasar Lopes refere este estudo transcrito no jornal *Notícias* de Cabo Verde, em que Ribeiro Couto exprimia sua admiração pela poesia em crioulo de Eugênio Tavares (*Cabo Verde visto por Gilberto Freyre*, Praia: Imprensa Nacional, 1956).

Ao terminar estas linhas, (hoje é domingo) vou ver se escrevo as últimas páginas de um novo romance, *Club das Esposas Enganadas*[18] (intitula-se assim).

Como vê, não é à toa que lhe aconselho a trabalhar. Eu gosto de aconselhar e de fazê-lo também.

Não espere, por estes próximos dias, carta longa. Tenho outros trabalhos a por em pé – e se começo a escrever uma carta, me alongo, levo toda uma manhã. Isto, por exemplo, não ia passar da quinta linha... E já lá vão duas páginas.

Quando achar um *Só* num sebo qualquer, não se esqueça de mim.

Trabalho toda a tarde no consulado, de modo que só disponho de duas ou três horas de manhã para escrever. À noite tenho a cabeça zonza e preciso de arejá-la. À noite só leio, ao deitar. Eis as principais razões de andar atrasado com muitos artigos que desejo fazer para aí, *presença* ou *Descobrimento*, sobre a poesia moderna do Brasil. Em todo o caso, enviei ontem um para o 3º ou 4º número de *Descobrimento*. Mandarei também qualquer coisa para a *Águia*, se isso interessar à gente de lá. Em suma, havendo um poucochicho de tempo, bato máquina! Tomara poder escrever tudo que tenho a ferver sob o couro cabeludo.

Um abraço afetuoso do Ribeiro Couto

6

Coimbra, 5 de Novembro de 1931

Meu querido Amigo:

Escrevo-lhe de Coimbra, do meu quarto de estudante – o meu primeiro quarto de estudante longe da família... Aqui estou esperando o momento de fazer o exame de admissão ao estágio para professor do liceu – e, a ser aprovado, aqui ficarei dois anos. Aqui me tem, ainda mal me ajeitando a uma vida diferente da do Porto,

---

18 Na verdade, uma novela que dá título ao volume (Rio de Janeiro: Schmidt, 1933).

ainda mal adaptado, não sabendo ainda perder o tempo como no Porto – e você sabe como saber perder o tempo pede experiência... Eis-me, pela amizade do Régio e do Gaspar Simões, feito director da *presença;* isto que não podia deixar de me envaidecer, é todavia uma preocupação para mim. Se você soubesse o que a *presença* representa para mim! Fui assinante desde o primeiro número, quando eu ainda nada sabia dos rapazes que a iam fazer aparecer, convidado a assiná-la por um primo do Régio, um camarada do liceu. Assim, me iniciei; foi nela que aprendi a conhecer aqueles que são hoje uns dos meus mais queridos amigos, outros dos meus mais admirados companheiros – para não falar na revelação de Sá-Carneiro, do Fernando Pessoa, etc... ser agora director dela, compreende, é, por assim dizer, irreal, qualquer coisa a que ainda não me adaptei; além disso, não sou eu demasiado criança? Não estou eu demasiado verde para isto? Na minha vida tem-me assim caído *des tuiles sur la tête* que vem não sei como, provas de confiança que eu não me explico. Chego – e isto é o pior – a pensar que os outros me vêem mais velho do que sou, que não é visível em mim a eterna criança, que dou aos outros a impressão de demasiado sério. *Voilá!* Aqui tem o Ribeiro Couto algumas preocupações de quem tem o drama de não andar com o compasso certo – uma orquestra sem maestro, no momento de afinar os instrumentos.

Mas deixemos isto: conheci aqui o Hourcade. É o mais admirável dos companheiros – e como é extraordinário, milagroso, o seu aparecimento, que nos veio ligar, que veio permitir o que, espero, será enfim o primeiro verdadeiro traço de união entre o Brasil e Portugal. O Portugal e o Brasil que as entidades oficiais ignoram. O Hourcade falou-nos muito de si. O que ele disse de si já eu o sabia, porque eu tenho a vaidade de acreditar no que me diz uma carta e as suas disseram-me o suficiente para o reconhecer – daquele reconhecimento que os outros chamariam talvez conhecimento, mas eu prefiro a primeira palavra porque há certos primeiros encontros em que se consegue logo aquela simplicidade e aquela naturalidade como no encontrar um amigo há anos longe. Se você pensa escrever sobre a poesia portuguesa de hoje, creia que eu, se desde já quero fazer uma tentativa de ensaio acerca dos seus poemas, desejo imenso conhecer melhor a poesia brasileira de hoje, da qual, através dos livros que deu ao Hourcade e ao Simões, eu tive duas revelações: Manuel Bandeira e Jorge de Lima. Li ainda mal, e só folheando, os *Poemas* em casa do Gaspar Simões, o livro do Jorge de Lima. Mas a *Libertinagem* li-a e reli-a, tenho-a aqui ao meu lado e não me canso de absorver esta força poética de Manuel Bandeira, que é depois de si, e como irmão seu, a maior revelação que eu tenho tido em poesia. Haver poetas de quem nos aproximamos tanto, sensibilidades tão afins da nossa, ir encontrar expressos por outros tantas coisas um dia esboçadas em nós, e estar o seu conhecimento dependente de um acaso... Mas isso compensa-se pela alegria, assim de chofre, destas revelações, deste mundo irmão que se nos desvenda. Obrigado, Ribeiro Couto! Agora, quero avançar no reconhecimento destas regiões novas. Aqui lhe peço que me guie. Não quero pedir-lhe livros: quereria apenas que me desse as indicações necessárias de nomes, de livros, e, se possível, também de editores do Brasil, que eu mandarei vir de lá. Li na *Europe* um poema, cujo autor não recordo, traduzido do no. 1 da *Revista Nova*,[19] da qual se fala também no segundo caderno de *Descobrimento*. Se puder, diga-me a quem deverei dirigir-me para assinar. E livros seus, Ribeiro Couto? Li os poemas de Aloysio Branco e de Jorge de Lima que mandou para a *presença*.[20] Gosto muito do primeiro, mas prefiro o de Jorge de Lima. É admirável, *sans plus*. Excelente a sua nota. Cá esperamos mais. A *presença* foi já para a tipografia e em breve terá aí mais um número, no qual lhe anuncio especialmente admiráveis páginas de prosa de Fernando Pessoa.[21]

---

19 Revista dirigida por Paulo Prado, Antonio de Alcântara Machado e Mário de Andrade: teve dez números publicados entre março de 1931 e dezembro de 1932; este último um número triplo. Tudo indica tratar-se de Murilo Mendes, cujo poema "Mulher em todos os tempos" é reproduzido na *Revista Nova*, v.1, p.48-9, mar. 1931. Nesse número da revista há ainda a crônica de Mário de Andrade: "A poesia em 1930", na qual o destaque fica com Murilo Mendes; citados ainda Bandeira, Schmidt e Drummond.

20 Ver nota 10.

21 "Do *Livro do Desassossego* composto por Bernardo Soares, ajudante de guarda-

O livro do Simões está quase pronto, você verá quanto ele vale.[22] Nesta atmosfera de criação, sinto formigueiros na ponta dos dedos, e julgo que vou trabalhar a sério. Tanto mais que luz no horizonte a esperança de ter editor para um volume de ensaios! Não digo que sigo o seu conselho... Você, Ribeiro Couto, confia demasiado em mim. Não, não farei tão cedo, julgo, um romance. Mas como o seu entusiasmo, a sua febre de criar, me fazem bem! Se soubesse como a sua carta me deu força (Eu sou assim, com crises em que me afundo em desinteresse por tudo, e preciso da confiança, e de sentir que outros vibram com febre de trabalhar, para abandonar o meu remoer de negrumes e desesperos.)

Terá a sua paciência durado até esta altura da minha carta? Perdoe-me, tanto mais que você tem uma vida de preocupações exteriores que fazem precioso o seu tempo livre. Perdoe, e escreva-me quando puder; a minha direcção agora é: Terreiro do Mendonça, 13 – Coimbra.

É então certa a sua vinda a Portugal? Ou aqui, ou no Porto, espero-o com ansiedade, se bem que com receio de que você tenha uma desilusão conhecendo-me pessoalmente. A maior parte do tempo eu [sou] só um maçador cuja única utilidade é irritar a mim próprio e principalmente os outros. Enfim, peço a sua indulgência. Não se esqueça do retrato que me prometeu. Pedi a um amigo que me fez os únicos retratos bons que tenho mais provas (tenho só uma e nem sequer em meu poder) mas ainda não as tirou. Logo que tenha uma lhe mandarei. Conhece uma formidável cabeça em madeira das mais belas coisas egípcias, que representa Amenofis IV, se não me engano? Ponha-lhe um óculos e terá uma aproximação da minha vera efígie (pelo menos assim diz um amigo meu). Este espaço que resta é para um grande, fraternal e reconhecido abraço de seu Adolfo C. M.

-livros na cidade de Lisboa", *presença*, n.34, p.8, nov.-fev. 1932.
22 *O mistério da poesia*, Coimbra, Imprensa da Universidade de Coimbra, 1931.

7

Coimbra 15-1-1932

Meu querido Ribeiro Couto:

Desde há muito que deveria ter-lhe agradecido a *Libertinagem* e os outros livros que por indicação sua tenho recebido de seus camaradas do Brasil. Já lhe disse da minha entusiástica admiração por Manuel Bandeira. Não quero deixar de lhe dizer duas palavras acerca dos dois livros que me mandou. Alcântara Machado: *Braz, Bexiga e Laranja da China*. Há pouco, num estudo da *Revue Musicale* sobre a música brasileira (ou seria noutra parte?), lembro-me de ter lido que os escritores no Brasil escreviam uma língua e que o povo falava outra. Ora, o que eu sinto em Alcântara Machado, primeiro prosador do Brasil com quem travo contacto, é precisamente ele falar uma língua nada literária, uma língua viva, bem brasileira, bem enervada, sem retórica, sem literatura. Língua às vezes difícil para um estrangeiro de tão enraizada no verdadeiro dinamismo da expressão directa e sem enfeites. E depois, quando admirei aquele humanismo fecundo, aquele chicotear nas verdadezinhas ridículas, em tudo enfim que é talvez tão português como brasileiro! O lírico Lamartine! O inteligente Cícero! Etc., etc. O que acho extraordinário é como vocês são nacionalistas não sendo estreitos. Como o vosso nacionalismo é sólido, justificado, natural, em comparação dessas miseriazinhas daqueles que em Portugal se julgam a expressão da RAÇA (com muitos RRR!).

Tenho aqui um livro *Alguma Poesia* de Drummond de Andrade, que acabo de trazer da casa do João Simões. Ainda não li. E a propósito: acabo de ler a carta que ultimamente escreveu ao Simões. Que admirável lição de energia! Na verdade, todas as suas cartas vem cheias de tal força, de tal dinamismo que eu sinto-me envergonhado da minha preguiça! Estou com grande curiosidade nos seus novos livros. Ainda não conheço nenhum seu romance! E os seus versos? Não deixe de mandar esse *Segredo* que promete ao João. E ainda:

não tem você um exemplar de *Canções de Amor*? Se lhe é possível, não se esqueça de mim.

Espero cumprir em breve a promessa dos exemplares de *Só* para si e para Valéry Larbaud. A 5ª edição está a sair, e já tenho prometidos pelo dr. Augusto Nobre alguns exemplares. Sabe: *presença* vai editar um volume de cartas do Nobre; consegui mais algumas, espero ainda mais, e julgo que se poderá fazer um volumezinho revelador. Envio-lhe por este correio um volumezinho[23] – de que talvez já lhe falasse – dum sobrinho do Nobre, para o qual fiz um prefácio! Quem dera poder enviar-lhe coisa só minha. Mas como? Se tenho certa esperança de ter editor – a Imprensa da Universidade – para um livro de ensaios, não vejo maneira de publicar os meus *Poemas do tempo incerto*. "Trabalhar, trabalhar, trabalhar" como você diz ao Simões. Sim, vou tentar, julgo que Coimbra – ainda melhor agora que arranjei um esplêndido quarto, isolado, luminoso, mais ou menos confortável – não me deprime como o Porto, que é verdadeiramente esterilizante para mim, lá, nunca sei ter tempo para nada e ainda por cima ando quase sempre chateado. Veremos se aqui me disciplino; para já, vou preparar uma conferência sobre o Aquilino Ribeiro,[24] para uma série que a *presença* organiza e que começará por uma do Hourcade sobre Supervielle.[25] Já nos leu grande parte, é excelente; e parece-me que difícil seria o Supervielle encontrar melhor intérprete. Devem fazer conferências o Gaspar Simões (*A Arte do Romance*) o Nemésio (*Herculano*), o Régio (andamos a convencê-lo, mas é difícil) e mais alguns rapazes nossos.[26]

---

23 Augusto Ferreira Nobre, *Antonio Nobre e as grandes correntes literárias do século XIX*, Porto, 1931.
24 Pelo que se infere das coletâneas *O romance e seus problemas* e *O romance (teoria e crítica)*, Casais Monteiro não realizou essa conferência sobre Aquilino Ribeiro.
25 *Jules Supervielle, ou une présence poétique*.
26 Hourcade, Simões e Nemésio realizaram as conferências previstas em 1932 e, além deles, também se apresentaram Almada Negreiros (*Direcção única*) e Carlos Ramos (*Urbanismo*).

Quando vem você afinal? Quantas vezes já tem sido adiada esta anunciada viagem? Cá o esperamos de braços muito abertos. Entretanto, não nos deixe sem notícias. Espero essa longa carta prometida na carta ao Simões. Não se esqueça também de mandar o retrato que me prometeu. Não lhe mandei ainda o meu porque os únicos bons que tenho, fê-los um amigo que é o mais perfeito dos preguiçosos, ao qual venho pedindo algumas provas há mais de um ano.

Neste número da *presença* (a sair em princípios de fevereiro) devo publicar breves notas sobre seus dois livros de poemas, sobre a *Libertinagem*,[27] sobre *Alguma Poesia* e talvez sobre Alcântara Machado, enquanto não posso fazer o longo estudo que quero dedicar à sua poesia, e o ensaio sobre "A nova literatura do Brasil" que farei quando mais profundamente a conhecer.

Aceite o maior abraço do seu muito amigo Adolfo Casais Monteiro

A minha nova direcção é: R da Ilha, 12

8

Paris, 3 de Abril de 1932

Meu caro Casais,

Um artigo como o que v. escreveu sobre a minha poesia, é dessas coisas que enchem de alegria por muitos anos; melhor, pela vida inteira. Não sei com que frases lhe diga o quanto as suas linhas, profundas e simples, me encantaram. Tudo ali é justo, no sentido seguinte: da exatidão do traço. Não há uma nota falsa, um mal entendido, nada dessas diferenças de interpretação que, via de regra, eriçam o pelo a um autor, ao ler o que pensa dele um crítico. Porque, seja isto o que for, a verdade é que fazemos de nós uma certa idéia – e é muito difícil que com ela coincida a idéia que de nós faz a crítica.

---

[27] "Notas sobre poetas novos do Brasil I ribeiro couto II manuel bandeira", *presença*, n.34, p.14-15, nov.-fev. 1932.

Já no bilhete que nesta mesma data escrevo ao Simões, explico a minha partida para o Brasil. Causa-me pena não poder, já e já, como desejaria, conhecer pessoalmente você, o Simões e alguns outros grandes jogadores do primeiro *team* de Coimbra, o Régio, etc. Que Deus permita que seja ainda este ano. Tudo depende dos meus negócios no Porto: pois lá tenho haveres, que andam em mãos da justiça.

A sua crítica sobre o Bandeira é ótima. Há a notar só que v. (não por culpa sua, antes do próprio Bandeira que é um teimoso, ou desleixado) não conhece o volume *Poesias* dele, onde estão reunidas as suas duas primeiras *plaquettes*, filhas em parte da influência portuguesa. Bandeira e eu temos a mesma filiação racial. No Bandeira, isso é mais nítido, tendo ele escrito coisas deliciosas no tom do Eugenio de Castro da "Sylva". Ele tem um soneto a Camões e outro ao Nobre que são também primores. E tudo mostrando a sua origem espiritual: a costa entre o Tejo e o Douro.

Não é possível escrever numa mesma língua e pertencer a uma mesma raça sem troca de influências (A influência, para mim, é prova de força, quando há personalidade).

A gente enterra as raízes nas praias atlânticas e, debaixo do plaino marítimo, vai tocar as raízes de vocês. Tudo são rapazes que dizem "ai, meu Deus", quando tem uma dor, e "oh, que bom!" quando estão contentes. Esse é o desenho simples da nossa fraternidade.

Não há tempo de escrever-lhe mais longamente hoje. No Brasil: Ministério das Relações Exteriores.

Até breve, caro irmão português Ribeiro Couto

Tenho aqui duas ou três maravilhosas cartas suas, às quais devia desde há muito umas páginas de correspondência. V. deve compreender em que torvelinho tenho vivido aqui ultimamente, com os aprestos da partida, anunciada de supetão há algumas semanas. Levo tudo para o Brasil, nos *dossiers* e também na alma.

9

Coimbra 6-IV-32

Meu querido e admirado Ribeiro Couto:

Se fizermos bem as contas, creio que se provará que v. prometeu escrever-me uma longa, longa carta – e nada! Mas, por outro lado, cá recebi – e há tanto tempo já! – aquela parte que me cabia do exemplar de *Cabocla*, e assim deveria ser eu a escrever-lhe. Aqui lhe peço todos os perdões por não o ter feito em seu devido tempo.
Duas palavras sobre *Cabocla:* gostei muito, muito. Há uma tal simplicidade, um tão humano e simples decorrer da vida, no seu livro! Ah! Como são bons os livros assim, cheios de sabor à mais terna e forte simplicidade! No seu livro, em todas as páginas, sinto a revelação dum sentido da vida que está no regresso a uma forte e sã humanidade que na verdade só pode encontrar-se longe das cidades, lá no fundo longínquo das aldeias, em seres não envenenados, não debilitados pela adulterada vida das cidades, seres que estão mais perto da terra e como ela são fecundos, cheios de seiva, pletóricos de amor pronto a entregar-se... *Cabocla* é um dos romances mais otimistas que tenho lido: como tudo ali está longe das invenções, das superficialidades, das misérias da nossa pobre civilização de doentes! Só me choca uma coisa: aquele casamento do pai de Jerônimo, inútil, a meu ver desviando a nossa atenção, dispensável. Que lhe parece? Mas se me deixar ir, não terei tempo de lhe falar de mais nada.
Quero pedir-lhe desculpa da nota sobre a sua poesia, que publiquei na *presença*. Recebeu? Escrevi-a num momento infeliz: podia dizer mais, e o que disse, dizê-lo melhor. Mas num livro de ensaios que devo publicar em breve – parece que terei editor! – farei sobre a sua poesia aquele estudo que desejo, e espero será mais digno de si. Queria mandar-lhe uma fotografia minha. Mas não consegui obter aquela que queria mandar-lhe. Mando-lhe todavia uma foto do retrato que me fez Arlindo Vicente, uma grande esperança da nova geração. Não se esqueça que me prometeu também um seu retrato. Cá o fico esperando.

Mas quando escreverá você? Soube pelo Hourcade, que chegou hoje, de seu próximo regresso ao Brasil. Não passará antes por cá? Veja se rouba à sua vida uns momentos para me escrever e aceite um grande abraço em que vai toda a amizade e admiração do Adolfo Casais Monteiro R. da Ilha, 12 – Coimbra

10

Coimbra 17-VI-32

Meu caro Ribeiro Couto:

Escrevo-lhe muito à pressa, quase telegraficamente. Peço-lhe, pois, desculpa pela negligência e desordem do que segue:

Chegou a receber uma foto dum retrato meu que lhe mandei para Paris? Como a mandei pouco antes da data por si indicada como do embarque para o Rio, talvez não o tenha alcançado.

Outra coisa: no próximo número da *presença* (por estes dias deve receber o último) tenciono publicar um breve estudo sobre Jorge de Lima, que já em parte está escrito. Mas, eu dele só conheço os *Poemas*, acresce que não os possuo, e não os tenho aqui, pois me foi o livro emprestado pelo Hourcade, que com ele foi para Paris. Além disso, falou-me o Osório de Oliveira nos *Novos Poemas*, que ainda não conheço. Você, que está agora no Rio, poderia conseguir-me os dois livros? Desde já fico infinitamente reconhecido. Estou ansioso por ler algum livro de Murilo Araújo. O pouco que dele li me encantou o suficiente para desejar conhecê-lo melhor. E seria você tão bom que me consiga algum livro dele?

Espero arranjar-lhe em breve um *Só*. Já tinha a promessa de alguns exemplares mas o irmão do Antonio Nobre zangou-se com os sobrinhos que editavam o livro, e que só pensam em fazer dinheiro com o livro, de modo que não sei se por essa via o conseguirei. De qualquer modo, conte com o livro. E a propósito: poderá v. mandar-me o endereço de Valéry Larbaud, que eu lhe enviarei o exemplar prometido do *Só*?

Perdoe esta carta meteórica. Depois lhe escreverei com vagar. Você não tem nada – poesia ou prosa – que nos mande para o número 36 da *presença*? Como este último saiu atrasado, o seguinte sai já a seguir: e por isso lhe peço se nos pode e quer dar a sua colaboração que não a demore. Posso contar consigo. Um transatlântico abraço, com toda a admiração e a amizade do Adolfo Casais Monteiro

11

Coimbra 12 VII 32

Meu caro Ribeiro Couto:

Envio-lhe hoje o prometido exemplar do *Só*, pois só hoje o dr. Augusto Nobre mo enviou.
Recebeu a minha última carta? Parto amanhã para o Porto (R. Miguel Bombarda 516), onde fico esperando notícias suas.
Creia na admiração e na amizade do Adolfo Casais Monteiro

12

Rio de Janeiro, 6 de Nov. de 1932.

Meu caro Adolfo Casais Monteiro,

Explicar porque passei tanto tempo sem lhe escrever seria longo e inútil. Os telegramas daqui devem informá-lo melhor...
Somente agora estou recomeçando a minha verdadeira vida, a vida do espírito. Enviei ao Simões os originais de *Província*. Tenho no prelo, em S. Paulo, *Noroeste e outros poemas do Brasil*. E hoje, ao tomar da máquina para escrever-lhe bati este poema,[28] que sai ainda

---

[28] "Correspondência de Família", republicado em *Dia longo* e *Poesias reunidas*. Casais Monteiro não voltaria a publicar o poema inserido na *plaquette*.

quentinho do coração. Logo depois de fazê-lo, comecei a imaginar em que revista publicar tudo isto. (Exatamente, a coisa nasceu de eu ter copiado os seus "Poemas da amizade" para dar a uma revista daqui. Depois veio o impulso de publicar também uma resposta. Meti as mãos dentro do peito e trouxe de lá todos esses ritmos.) Refleti, porém, em que a publicação dos nossos poemas numa revista brasileira devia ser seguida de sua publicação – ou antes, devia coincidir com a sua publicação simultânea numa revista de Portugal. E a idéia de revista trouxe a de separata. E a de separata trouxe a de *plaquette*.

Fiquei na idéia de *plaquette*, que submeto a v. Se aprova, deixe as despesas por minha conta, e mande ao Osório de Oliveira os originais, que com carinho ideei e compus.

O Osório tem muito gosto para trabalhos gráficos e, além disso, é o homem indicado para um pequeno prefácio, que deve ser qualquer coisa como uma advertência para a franquia postal. O título dos nossos poemas, penso, seria: *Correspondência de Família*[29] (É o título que eu dei ao meu poema. A este porém, ao publicá-lo aqui, darei o nome chão de: "Carta a Adolfo Casais Monteiro".)

Aprova? Diga o que pensa de tudo isto. Guarde cópia da sua carta, pois é capaz de ela cruzar comigo no oceano – o oceano da nossa família. De fato, só espero aviso do meu advogado ao Porto (Dr. João Ruella Ramos) para partir. Partir para o Porto. O Porto da nossa família também.

Gostaria de que, ao chegar a Portugal, já a *plaquette* estivesse impressa e distribuída pelos homens a quem valha a pena *en faire cadeau*. (O espanto de bacalhoeiros ao saberem um dia que somos os porta-vozes do seu inconsciente lirismo!...) De haver uns trinta poetas a quem seria interessante dar o nosso poema; a muitos outros, talvez, seja indiferente o sentimento unificatório que os percorre, como um fluido hereditário.

A *plaquette* deve ser fora do comércio e muito bonita, em excelente papel; e é como uma condecoração afetuosa que nós pregamos ao peito de Portugal e do Brasil.

---

[29] Edição fora do comércio, 1933.

Como vai a sua poesia? Continua no Porto? O romance que o intimei a escrever? Os seus projetos? A vida prática? (Desta vou assim assim, trabalhando muito, jornal, Ministério, questões político-econômicas, advocacia, livros, o diabo a catorze.)

Cá tanho (como dizem os labregos) cá tanho o seu retrato pelo Vicente. (Bolas, eu daria um pedaço do dedo mindinho para possuir uma coisa tão bonita feita a propósito da minha cara.) É positivamente estupendo, este seu retrato. V. é assim mesmo, com umas magrezas românticas? Ai! Vou a caminho da pança, e já no meu focinho antipático se anunciam curvas da idade madura. Exemplo aqui vai junto.

Idéia: a capa da nossa *plaquette* deve ter uma caravelazita. Isso cria logo o ambiente do poema. (Creio que sou mais saudosista do que v. Diabo aqueles avós, ainda tão próximos, vivem a clamar no meu sangue por imperativos regressos. Gesto longo de alma para a terra inicial da raça...)

Até breve. Nesta data escrevo ao Osório, a quem será bom comunicar esta carta.

Abraço por conta e o referido aperto de mão por cima dos mares Ribeiro Couto.

O dinheiro para a *plaquette* mandarei diretamente ao Osório, a quem escrevo – já não hoje, pois estou fatigado, mas nesses dias.

A idéia do prefácio do Osório está também e principalmente nisto: ao fazer o poema respondi a v., mas pensei muito nele, que, mais talvez do que v. próprio, está integrado no espírito dessa voz. V. viu em mim o poeta, eu vi em v. o poeta português. Por isso, a presença do Osório (que em mim vê o poeta brasileiro) será um elemento a mais para a perfeição do milagre.

13

R. da Ilha, 12 Coimbra
Coimbra 25-XI-32

Meu querido Ribeiro Couto:

Da tipografia, enquanto pagino o próximo número da *presença*, lhe escrevo essas linhas apressadas. Tenho tido tanto que fazer! A preparação das aulas que tenho de dar no liceu, e estas constantes coisas que nos tiram o tempo. Em primeiro lugar, um grande abraço. Obrigado, amigo e poeta! Como é bela a sua idéia de *plaquette*. Já mandei tudo para o Osório; veremos se a coisa se faz antes da sua chegada. Então sempre é verdade que o verei em breve? Como terá visto, escrevo-lhe de Coimbra onde continuo estes trabalhos forçados do estágio; enfim, antes isto que coisa pior.

Não sei se receberá esta carta, pois, como diz na sua, a sua partida está para breve. E tanto mais, que a sua carta e o resto andou atrás de mim, até vir encontrar-me em Coimbra!

Gostei imenso do seu poema – e é como senti aquilo de "subir a rua 31 de Janeiro, ao crepúsculo, melancolicamente"![30] Ai, como é verdade! Estarei em Coimbra até 20 de dezembro, e passarei depois as férias (até 7 de Janeiro) no Porto. Não sei quais são os seus projectos, se v. vai primeiro a Lisboa e depois no Porto, ou como é. E como disse, não sei para começar, se v. não está porventura já a caminho (Desculpe a caligrafia e a pouca gramática: mas escrevo de pé, numa incômoda escrivaninha).

Recebemos a *Província*.[31] Mas, como v. não dá as indicações necessárias quanto a tiragem, papel, etc., esperamos pela sua chegada (ou carta sua que o diga), para a mandar para a tipografia. Já li, e dir-lhe-ei que o considero um dos seus melhores livros. E a propósito:

---

30 Verso do poema "Correspondência de família".
31 Trata-se dos originais do volume de poemas de Ribeiro Couto publicado pelas edições presença em 1933.

quando é que nós veremos essas *Canções de Amor* que v. teria publicado? Ou v. não nos acha dignos de as ter? Esperamos também que o *Noroeste*[32] venha consigo.

Obrigado pelo seu retrato. E se se acha gordo, console-se com o Gaspar Simões que tem menos 5 ou 4 anos que v., e é – pelo menos – tão gordo como v.!

Adeus, querido poeta e amigo. O Gaspar Simões manda-lhe um grande abraço. Eu, outro, esticando transoceanicamente os braços na direcção do Brasil – ou porventura do barco que já o traz para nós. Seu de coração Adolfo Casais Monteiro

14

[Rio de Janeiro] [1933]

Meu caro Casais Monteiro,

Que é feito de você que não me escreve mais?
À guisa de carta longa mando-lhe o meu retrato[33] feito por um pintor jovem, Candido Portinari, que a Sarah Afonso conhece – pelo menos de nome.

E qual é o endereço da Sarah Afonso?

Breve vocês terão aí em Coimbra, por uns meses, o Georges Raeders – um amigo do peito, casado com portuguesa.

Seu afetuoso amigo
Ribeiro Couto

---

32 *Noroeste e outros poemas do Brasil*, São Paulo: Nacional, 1933.
33 O retrato de Ribeiro Couto por Candido Portinari pertence atualmente ao acervo da Academia Brasileira de Letras no Rio de Janeiro. A pintora Sarah Afonso, esposa do poeta e artista de vanguarda Almada Negreiros.

15

Ruivães l-X-33

Meu querido Ribeiro Couto:

Há quanto tempo não lhe escrevo! Nem eu sei já... Enfim, ou já sabe que sempre sou assim atrasado na escrita quer se trate de cartas, quer de prosas para a luz da publicidade. Contudo, desta vez tenho uma certa desculpa: é que durante muito tempo estive sempre à espera da sua chegada a Portugal, por si sempre anunciada e de cada vez retardada. E mais tarde, quere v. saber quanto tempo o seu retrato e o seu *Noroeste* demoraram a chegar-me às mãos, depois de chegados a Coimbra? Dois meses! É que eu deixei Coimbra depois dos meados de Junho, estive depois de uma semana em Lisboa, regressando depois definitivamente ao Porto. E foi pouco depois dessa data que chegaram o livro e o retrato, tendo o Gaspar Simões a infeliz idéia de encarregar a "Atlântida" de mos enviar, o que dá sempre mau resultado. O caso é que só há pouco os recebi. Aqui tem, pois, esta séria justificação, o que não impede que eu lhe deveria ter escrito há muito tempo.

Escrevo-lhe da aldeia, onde vim passar o resto das férias. Agora no próximo dia 6 regressarei ao Porto onde começarei o que se chama a vida prática. Esfolar aqueles escudos tão necessários a toda a gente, e muito especialmente a mim que nasci para gastar dinheiro à toa sem ter jeito nenhum para o ganhar. E a propósito: (eu de vez em quando faço tentativas destas para me dar a mim próprio a ilusão de que penso um pouco nas coisas práticas!): não haverá por esses Rios e esses S. Paulos uma folha que pague umas crônicas periódicas sobre coisas de Portugal? É que a minha situação econômica será, este ano, coisa bastante precária. Certo é que tenho a "cama, mesa e roupa lavada" em casa de meus pais; contudo, há o "supérfluo indispensável", coisa que v., como poeta que é, conhece muito bem. E dá se o caso que não sou ainda este ano professor no liceu, e tenho de me contentar com os míseros cobres de colégios particulares ainda menos generosos que o estado. Portanto, se v. descobrisse aí uma fontezinha de receita seria coisa deliciosa.

Mas falemos de coisas sérias: em primeiro lugar muito obrigado pelo seu retrato. Como v. já me mandou uma foto em tempos, segue-se que eu lhe estou em dívida duma foto; já que em tempos lhe mandei também a reprodução dum retrato. E tenho interesse em mandar-lhe uma foto para corrigir a opinião que v. terá feito a meu respeito através da visão que o Arlindo Vicente tem da minha pessoa. Digo corrigir, porque o retrato que v. conhece tem uma expressão demasiado *tendue,* que é minha, é certo, mas uma das minhas! E eu quero mandar-lhe um *especimen* de minha modalidade risonha e *detendue,* que não é menos verdadeira que a outra. Mas as artes duma loira jovem apanharam-me a fotografia que lhe queria mandar; e v. sabe que quando as mulheres se põem a coleccionar os nossos retratos...

No próximo número da *presença* (que é o 40, o 39 já saiu, mas, por conveniência da administração, só agora está a ser distribuído) direi de minha justiça sobre os seus poemas de *Noroeste*.[34] São bons como os melhores seus, principalmente aquele que deu o nome ao livro. E não lhe digo mais nada porque senão a crítica depois sai-me vazia de tudo! E a propósito: não lhe agradeci ainda os 20 exemplares da *Correspondência de Família,* que vieram mesmo a propósito, pois já não tinha nenhum. Por aqui todos aqueles a quem os tenho oferecido ficam encantados. Aqui lhe transmito toda essa admiração pois é a si que ela cabe. Gostava de transcrever aqui o que a esse respeito me escreveu o escritor inglês Richard Aldington[35] que ficou a ser um excelente amigo desde que passou uns tempos em Coimbra, este ano. Mas não tenho aqui a carta.

Outra coisa: sei que o Gaspar Simões – ou a *presença* – recebeu uma revista *Literatura*[36] da qual já me falou em carta. Mas como eu

---

34 Casais Monteiro não escreveria sobre *Noroeste* nas páginas da *presença.*
35 A correspondência com Richard Aldington estende-se de 1932 a 1938, conservam-se treze cartas.
36 Quinzenário dirigido por Saboia de Medeiros, Manuel Bandeira e Augusto Frederico Schmidt.

agora já não sou habitante de Coimbra, sucede que não lhe pus a vista em cima. Poderia v. conseguir que ma enviassem? Gostaria imenso, tanto mais que me sinto sem contacto com o Brasil. Se há por aí algumas revistas significativas, não poderia conseguir que mas enviassem? Ou dizer-me o que devo fazer para o conseguir? E ainda outra coisa: colaboro aqui numa revista de cinema,[37] que apesar de ser obrigada a sacrificar um pouco aos gostos do público, tem por outro lado uma atitude interessante, sendo sob esse aspecto, a única revista séria de cinema que há em Portugal. Haverá no Brasil alguma revista de cinema a sério? E se há, pode-me v. dar as indicações sobre a maneira de estabelecer o contacto? Ah, meu caro Couto: quando ao lado desses palavrórios inter acadêmicos ou por via diplomática poderemos realizar um verdadeiro intercâmbio entre Portugal e Brasil? Há agora pelas montras muito livro brasileiro, mas sabe v. que não aparece se não raramente e como por engano, um livro representativo da vossa literatura. E não só da actual, mas de toda ela! É assim, meu caro.

Esta minha carta está a tomar proporções monstruosas, mas é natural consequência de não lhe escrever há muito, agora vai tudo em catadupa! Espero que, se tiver tempo se vingue com outra das mesmas dimensões, pois não há coisa que eu mais goste do que receber cartas longas dos amigos. Fale-me do que faz, e dos seus projectos. Eu, infelizmente, quase só posso falar de projectos, já que para os realizar é o que v. sabe. Por exemplo, nos primeiros dias da minha estada aqui comecei uma peça de teatro,[38] velho projecto meu. Nem escrevi 3 ou 4 cenas e nunca mais lhe mexi. E já agora, aqui vai o boletim de minha produção: o meu volume de ensaios está todo impresso, faltando apenas a capa: daqui a pouco lho mandarei portanto. Continua na minha gaveta o manuscrito definitivíssimo dos meus *Poemas do Tempo Incerto*, que esperam verba para vir à luz.

---

37 *Movimento*, quinzenário cinematográfico.
38 Na *plaquette A poesia de Ribeiro Couto*, publicada em 1935, Casais Monteiro anuncia ter em preparo o volume *A jaula e os inocentes*, teatro.

E *Descobertas e Conquistas*,[39] o subseqüente livro de versos, está quase pronto, assim como uns *Poemas em louvor da carne*,[40] que terei de publicar *hors-commerce*, pois são demasiado escandalosos para a moral pública. E é isto.

E agora não lhe maçarei mais a paciência. E não se esqueça de me escrever. Aceite um muito grande abraço do tão amigo como admirador Adolfo Casais Monteiro

P. S.: Não lhe mando a direcção do Francisco Bugalho porque a ignoro, e tenho me esquecido de a pedir ao Gaspar Simões. A propósito: a minha direcção continua sendo: R. Miguel Bombarda, 516 – Porto

16

Rio, 2 de Nov. de 1934

Casais meu caríssimo Casais,

Estou recebendo os *Poemas do Tempo Incerto*,[41] numa lindíssima edição que não quero crer custe só Esc. 7,50 como está impresso na capa. Com certeza v. me mandou um exemplar em papel especial. Pois doutro modo não se explica. Está uma coisa bela, exata-exatamente como eu venho desejando publicar outro livro, *Segredo*:[42] nome do autor e título, sem mais nada na capa, e esta em papel pardo. (O revestimento da essência tem uma tal importância para nós! A poesia começa no amoroso cuidado pela fisionomia do livro.)

Mas bem: estou recebendo o seu novo livro, em cuja dedicatória v. "lembra-me a sua existência" e pergunta-me se recebi as *Considerações Pessoais*.[43] Sua existência, é claro, v. não precisa lembrar-me, pois cá

---

39 Publicado como uma das secções de *Sempre e sem fim*.
40 Que permanece inédito e aguarda ser integrado à edição de suas *Poesias completas*.
41 *Poemas do tempo incerto*, Coimbra: presença, 1934.
42 Publicado com o título *Cancioneiro do ausente*, inclui o poema "Segredo".
43 Volume de ensaios de Casais Monteiro publicado pela Imprensa da Universidade

tenho, no meu quarto de dormir, o seu retrato feito pelo Arlindo Vicente. Além disso, v. está também por toda a parte aqui em casa, no desejo que tenho de apertar-lhe a mão, e flanar pelo Porto com v. Mas, quando? As coisas estão atrapalhadas. Era certo que eu ia para a embaixada da Espanha (sou 2° secretário), mas agora tenho tido uns trabalhos por aqui, e o Ministério me vai prendendo.

Tem v. razão, entretanto, em reclamar contra o silêncio. Dos 5 exemplares de luxo das *Considerações Pessoais*, v. me mandou um. E isto já foi em Dezembro do ano passado! Há quase um ano! É que eu queria agradecer-lhe as *Considerações* com um artigo, e esse artigo até hoje não o escrevi, arrastado para outros caminhos, por mil circunstâncias de luta quotidiana. Pediram-me um livro de viagens, e tenho aproveitado as minhas 5as. feiras no *Jornal do Brasil* (assim mesmo, falando muito) para ir bosquejando uns capítulos do livro que terá de aparecer em breve sobre a França.[44] (Quando o conheça bem, darei um livro sobre Portugal.) Só pessoalmente, olhos nos olhos, poderei explicar-lhe como é tumultuária a minha vida aqui; as tarefas dispersivas em que me esgoto; os deveres de ganha-pão que me pesam sobre os ombros; além dessas naturais necessidades de tratar gratuitamente de coisas políticas ou apolíticas, para servir a uns e a outros, e afinal, roubam-me horas, dias, semanas; e de tudo resulta uma espécie de vida em permanente comburência, longe dos frescos assuntos e dos tranqüilos caminhos por onde eu gostaria de perder-me deliciosamente. Um grande livro, de ensaios superiormente pensados e escritos, como as *Considerações Pessoais* não é para um seu amigo "noticiar". Eu desejo ocupar-me dele com largueza, daí a demora. E, não tendo feito o que queria, fui deixando para depois uma carta na qual deveria incluir o retalho

---

de Coimbra em 1933. A dedicatória a Ribeiro Couto é a que segue: "Meu caro Ribeiro Couto: dos 5 exemplares de luxo que me deu o editor, além dos para a família, e para o Simões e o Régio, quero que um seja para si. Não tenho agora outra maneira de lhe testemunhar a minha amizade, a minha admiração e o meu reconhecimento. Aceite-o com o mais apertado abraço do Adolfo Casais Monteiro Pto. 10-XII-33".

44 *Chão de França*, São Paulo: Nacional, 1935.

ADOLFO CASAIS MONTEIRO

CONSIDERAÇÕES
PESSOAIS

COIMBRA
IMPRENSA DA UNIVERSIDADE

Considerações pessoais: primeiro volume de ensaios de Casais Monteiro, 1933, página de rosto.

CONSIDERAÇÕES

PESSOAIS

Dedicatória de Casais Monteiro a Ribeiro Couto em exemplar da tiragem especial de *Considerações Pessoais*.

do jornal. Já conhecia grande parte dos seus ensaios das páginas da *presença*. Isso não quer dizer que não os haja relido com alto prazer. Eu estou, como homem, naquele segundo grupo, a que v. se refere no seu ensaio sobre a inquietação. Minha vida é um "desbravar e reconstruir" de cada momento, e até no plano material. Vou por aqui afora com aquela "fé apesar de tudo". Vou já, perto dos 37 anos, procurando por um pouco de ordem na confusão dos instintos e da inteligência; e desses esforços resulta uma espécie de direção, que talvez os outros não entendam, mas eu entendo, porque me guia, e é o essencial. Tenho a impressão de que v. está no mesmo caso. Do seu livro, quem quiser pode tirar toda uma arte-de-viver-e-de-agir-do--poeta-moderno. Notáveis definições, bem da nossa inquietação, bem das nossas indagações, ali se encontram. Com os livros de crítica do Simões, e as críticas esparsas do José Régio, seu livro é, em suma, a única província do pensamento português em que um escritor estrangeiro pode achar territórios ricos de análise literária. Em Portugal, como no Brasil, há sempre lirismo, mas dificilmente se encontra essa outra face do lirismo, o lirismo não-fluido, mas em cristais que é a crítica viva. Gostaria de poder discutir com v. alguns conceitos, e afirmar-me, também, diante das suas afirmações. Sobre a ordem, por exemplo, (1° ensaio) V. foi maravilhoso escrevendo: "Existe no verdadeiro artista uma ordem interior que dispensa qualquer ordem aprendida". Mais adiante: "O artista é essencialmente o homem que desobedece". Excelente, também, o seu juízo sobre a crítica, "um comentário pessoal e relativo". Razão tinha, pois, o francês: criticar é confessar-se. Sobre "claridade e obscuridade", sobre Goethe, sobre o Sá-Carneiro, quanta coisa admirável v. escreveu! E que dizer do "Mais além da poesia pura", que eu já lera, há uns três anos, na *presença*? V. denunciou "esse novo formalismo, essa nova concepção anti-poética". O "mistério da poesia" escapa a todas as tentativas prosaicas de prisão professoral. Noto, porém, que me estou estendendo sobre o livro, o que, ao cabo, daria um artigo. Valha isso como *entrainement*.

 Gostei muito de ver os *Poemas do tempo incerto* dedicados ao Supervielle, de quem gosto muito. Não há em França uma zona mais poética. Naturalmente v. já leu *L'enfant de la haute mer*. Que maravilha de mistério humano e divino, que conto de fadas e que mistura de planos líricos! (Refiro-me ao primeiro conto do livro, com o mesmo título.) Aqui no Rio morava o Henry, filho mais velho do Supervielle. Agora está de novo em Paris. Tornamo-nos amigos, como amigo já era eu do pai.

Passo agora a outro assunto. Ou antes, a outros. Sabe v. que até hoje não recebi a *Província*? O Simões entregou os caixotes em Lisboa, para serem despachados, mas até hoje aqui não chegaram. Agora, depois que o Getúlio Costa, que tem uma Agência Editorial Brasileira em Lisboa, teve a bondade de se interessar pelo assunto (Getúlio é um dos fundadores e diretores da Civilização Brasileira, casa editora em que tenho parte), parece que o caso se resolverá. Mas assim mesmo, não fiquei sabendo pela última carta do Simões quem foi o homem que fugiu ou foi desterrado com o dinheiro entregue pelo Simões, para o despacho; nem com quem ficaram os caixotes. Disse-me o Simões, porém, que os caixotes já se encontram a caminho, e estou com esperança de distribuir ainda este ano (fim de 1934) um livro impresso em fim de 1933. Se só chegasse aqui em 1935 seria desagradável. Houve um pouco de negligência do Simões, que devia ter exigido um recibo do despacho, o conhecimento, para enviar-me. Ele se teria, então, logo apercebido do impasse. Parece que o intermediário foi vítima de perseguição política. Já uma carta do Getúlio diz outra coisa. Uma embrulhada. O fato é que o Simões, que teve tanto trabalho com a cuidadosa, a primorosa publicação do livro, desde Novembro de 1933 entregou a edição ao despachante, e até hoje nada chegou ao Brasil. (Exceto os exemplares de luxo, que vieram imediatamente pelo correio.) Isso deve ter aborrecido ao Simões, tanto quanto aborreceu a mim. Ainda em 20 de Abril de 1934, o Simões, em resposta a uma carta minha, indagando do livro, dizia-me que seriam necessárias duas mil páginas para explicar o longo silêncio dele, e o mistério do livro que não chegava. Ia providenciar, etc. E longos meses passaram-se. Foi aí que, instalando-se em Lisboa o Getúlio Costa, pedi-lhe para agir, para ajudar o Simões a deslindar o caso, e liquidar o assunto. Mas, de Lisboa me escrevia o Getúlio explicando que nem resposta recebera da carta enviada a

Página de rosto de *Província*, 1933, volume de versos de Ribeiro Couto publicado pelas edições presença, com ilustrações de Sotero Cosme.

Coimbra, cuja cópia me remetia. Há cerca de um Mês passei então um telegrama ao Simões, dizendo só: "admiradíssimo". O Olavo d'Eça Leal, que aqui está, (encantador), aprovou. Eu não queria que nem de longe o Simões interpretasse mal o apelo. Mas, "admiradíssimo" dizia tudo: era, de fato, para admirar que, tendo-me ele escrito em Abril prometendo providenciar, em Setembro e Outubro tudo permanecesse na mesma. Afinal, dias depois recebi uma carta do Simões, com a qual o telegrama cruzara. E aí ele explica que, tendo encarregado da coisa o gerente da Atlântida, este encarregou não sei quem em Lisboa, etc., etc. "Foi dito ao gerente da Atlântida que os seus caixotes seguiram em Julho". Mas, afinal: as caixas vieram ou não? Foi dito, mas por quem? Em que rua e número? Se o Simões me houvesse dado esses necessários pormenores, eu teria telegrafado ao Getúlio Costa (Calçada dos Santos, 19, Lisboa). Termina o nosso querido Simões fazendo votos por que os caixotes, à hora em que recebesse a carta, já aqui estivessem. Mas não estão, nem recebi o CONHECIMENTO DO EMBARQUE. (Perdoe v. isto ao antigo vice-cônsul em Marselha.) Quando se despacha uma mercadoria, faz-se uma fatura consular e recebe-se da companhia de vapores, um papel discriminativo da mercadoria, que é o conhecimento. Sem isso, estamos no vago, no tempo incerto e no mistério da poesia! De modo que me parece o seguinte: – Por falta de saber destas coisas da vida prática, embrulharam de novo o Simões. Por outro lado, ele não me dá os elementos para agir, porque fala sempre na terceira pessoa: "Alguém disse", "foi feito", "prometeram", etc. Quem, onde, em que rua e número? Eu teria posto o Getúlio Costa no encalço dos caixotes e eles haviam de aparecer de qualquer jeito; pois é mercadoria que não tem valor comercial, e só pode ter acontecido isto: ela está no porão de algum descuidoso parente do despachante conspirador. O que me admira (continuo admiradíssimo) é que o Simões se dê satisfeito por respostas vagas: "Os caixotes foram despachados em Julho, etc.". Mas, sem deixar nenhum rasto nem no consulado brasileiro, nem numa companhia de vapor? Por outro lado, sobram-me carradas de razão para a estranheza, fico atrapalhado, com receio de magoar o Simões. Além de perder o livro, perder o amigo – é que não. O fato é que em tudo isso o Simões não exigiu precisões, e por isso não mas pode dar a mim. E fica esta pedra no meio do caminho, a impedir cartas puramente literárias, que eu desejaria trocar com ele, de preferência a cuidar de coisas práticas.

Imagine v. que até hoje o Simões não me mandou, também, a conta com a *presença*. O Simões, em carta de 16-6-33, calculava que o livro ficaria mais ou menos em 2:500$000. A 30 desse mesmo mês, telegrafei-lhe: Indiferente despesas – 500 exemplares – *Confusão* (o papel que ele havia escolhido) transparente – Escolha encorpado – Mande provas – Aprovo resto". Vieram então as provas, com um cartão do Simões, de 22-9-33. Devolvi-as, com uma carta, na qual pedia: "Esqueceu-se v. de mandar-me dizer em quanto fica o trabalho todo etc.". Isso, em outubro de 1933! E o nosso Simões NUNCA me mandou dizer quanto eu ficara a dever à *presença*, pois eu só adiantara 2:000$000. Lirismo comercial absoluto!

Em coisas práticas, é preferível que a gente seja exata. É mais cômodo para todos.

Nesse ponto, tenho bem no sangue as vozes de meus antepassados portugueses, reitacos comerciantes minhotos emigrados para o Brasil e abrasileirados pela torna-viagem à rua da Firmeza. Não imagina v. a minha aflição quando fico sem poder agir, por falta de elementos precisos, dados minuciosos, endereços, datas, nomes, etc.

Ao receber v. esta carta – já terá o Simões recebido a informação precisa do vapor em que seguiram os caixotes, e do nome e endereço da companhia? Peço-lhe que lho pergunte, pois nesta parte a presente carta fica sendo também para ele. Grandemente aprecio a delicadeza moral com que ele me escreve: "quanto à sua conta, ela só lhe chegará às mãos quando você me der a grande nova de ter recebido os misteriosos caixotes" (carta de setembro 1934). Eu preferia que ele me pusesse no encalço um meirinho, com a conta e a intimação, mas me disse: "Fulano de tal, rua tal número tantos, fez o despacho, pelo vapor tal, em data tal, conforme o recibo tal". Eu apressava-me em espremer a bolsa para pagar a conta, e bebia uma garrafa de vinho do Porto, para comemorar este estado de graça do Simões! Pois só em estado de graça é que o nosso poeta compreenderá a necessidade humilde de por os pontos nos ii em informações desta ordem. De modo que, não chegando agora aqui os caixões (já deviam estar, pois a viagem demora tanto quanto a carta), fico, DE NOVO, sem saber quem foi o homem das calças pardas que fez o despacho. Pedi-lhe a ele, Simões, que de tudo encarregasse o Getúlio Costa. Te-lo-á feito? Getúlio volta agora ao Brasil, por três meses. Se perco a presença dele em Lisboa, de novo estaremos no ar. Salve-me disto, Casais! Como v. é do Porto, naturalmente terá mais jeito para as coisas práticas. O Simões tem de ser alentejano, terra de mistério e poesia da natureza.

Numa carta que me escreveu há tempos (antes ou depois de enviar-me as *Considerações Pessoais?*), v. me perguntava se era possível arranjar-lhe uma colaboração remunerada no *Jornal do Brasil*.

Sim, se o jornal fosse meu. Mas não é, e não há, ali, nenhum colaborador estrangeiro. Os jornais aqui pagam apenas a alguns colaboradores e da terra. Quanto ao estrangeiro, usam e abusam das transcrições, traduções, etc. Essa situação se agravou depois que algumas agências européias e americanas compram artigos a alguns grandes nomes da política, e vendem as cópias, com exclusividade local, a várias capitais do mundo. De modo que, em jornais nossos, temos Lloyd George a escrever "especialmente para esta folha", mas Lloyd George não sabe que o Brasil existe desta banda de cá do Atlântico.

Quando me escrever agora, conte-me alguma coisa da sua vida atual. Há tanto tempo que não me vêm notícias suas! Pelo Olavo, sei que o Régio é professor num Liceu e vive com desafogo; que o mesmo sucede ao Simões, o qual, de resto, trabalha muito, na imprensa da Universidade. Quanto a v., vi, pelo seu pedido, que as coisas não correm tão fáceis quanto seria para desejar. Eu também me multiplico em atividades para reunir todos os meses, um punhado de dinheiro que baste para meus grandes compromissos de família. Mas em que país a vida correrá fácil para os intelectuais? Creio que em nenhum. De resto a vida perderia o seu trágico sentido (tão necessário ao nosso pensamento) se os dias nos fossem leves e descuidosos, como aos pássaros no outono.

Há cerca de 15 dias mandei-lhe um livro[45] (reedição dos 2 primeiros, de poesia, um dos quais v. não tinha) e uns 15 exemplares da *Correspondência*, para distribuí-los a quem queira. Ainda tenho alguns exemplares.

Escreva-me sempre, ainda que pouco. Não havendo atraso, as cartas se simplificam, tornam-se fáceis. Mesmo que sejam bilhetes, escreva! Seu Ribeiro Couto

Estou na Academia, mas não m'o leve a mal. Serei recebido a 17 deste mês. Só agora pude, a troxe-moxe, escrever o discurso de recepção.

17

Porto 3-III-35

Meu muito querido Ribeiro Couto:

2 de Novembro de 1934! É a data da sua carta a que ainda não respondi. E os livros, todos os livros que v. me tem mandado, e que ainda não lhe agradeci.

Há na verdade, uma desculpa: até certa data, permaneci na ignorância do seu paradeiro; a cada momento esperava a notícia da sua chegada, e afinal v. se ia demorando, demorando. Porém em face da nítida e precisa indicação escrita na página de guarda de *Bahianinha*,[46] creio poder situá-lo exactamente nesta velha Europa.

E começo. Mas... ah, meu amigo, começar por onde?! Pois se v. ainda não sabe (pois creio que não lho disse ainda!!) que vai em seis meses que me casei!!! Sim, após sete meses do encontro, casei, e não me arrependo. Quanta transformação na minha vida. Professora como eu, conheci-a (conheci-a verdadeiramente, pois

---
45 *Poesia* (Rio de Janeiro: Civilização Brasileira, 1934) reúne os volumes anteriores *O jardim das confidências* e *Poemetos de ternura e melancolia*.
46 *Bahianinha e outras mulheres*, Rio de Janeiro: Annuario do Brasil, 1927.

um amigo comum já nos apresentara há uns dois anos sem que daí saísse qualquer convivência) num colégio onde ia ganhando uns cobres enquanto não fazia o exame do Estado que havia de me abrir o ensino oficial (tenho de sintetizar senão esta carta sai-me um nabo ilegível!). Casei em Setembro, depois de fazer esse exame e com tanta sorte andei que consegui ficar este ano (por enquanto só ano a ano é que estou fixo) num dos liceus do Porto[47] onde não ganho muito (agregado ao quadro eventual: 900 e tal contos), mas onde tenho a vantagem de estar em casa de meus pais e de minha mulher trabalhar também.

Eis, em resumo, o que se passou – e, para mim, foi imenso. V. bem o pode compreender. Dos outros amigos, dir-lhe-ei que o Régio continua professor em Portalegre, e que o Simões, tendo sido extinta a Imprensa da Universidade de Coimbra, deve ser colocado em Lisboa, na Imprensa Nacional.

Adiante. Tenho, há já dois meses talvez um nabo respeitável sobre a sua poesia metido na gaveta à espera de que o mande dactilografar, coisa que a minha preguiça ainda não conseguiu. Queria mandar-lho, para que v. o publicasse aonde quisesse (ainda não sei onde o publicar em Portugal – gostaria de lhe dar grande publicidade: a que v. merece).

Gostaria de dedicar um livro inteiro à literatura actual do Brasil. Há, porém, poetas que não conheço senão por fragmentos – Cecília Meireles, Murilo Mendes, outros ainda – e ainda os que nem de amostra porventura conheço. Uma revista do Porto – *Portvcale* – publicou um ensaio meu sobre o Jorge de Lima,[48] ensaio que é em maior, a nota que a *presença* anunciou, há que tempos. Mas se sobre v. dois pude escrever longamente, o mesmo não se me é possível acerca de outros. Imagine que ignoro na quase totalidade o actual romance brasileiro. Donde se conclui que os ensaios sobre os dois

---

47 Liceu Rodrigues de Freitas.
48 "Um grande poeta do Brasil: Jorge de Lima", *Portvcale*, Porto, n.41/42, p.188-195, set.-dez. 1934. Integrado ao volume *Figuras e problemas da Literatura Brasileira contemporânea* (São Paulo: IEB – USP, 1972).

vão, provavelmente, para um livro gênero *Considerações Pessoais*, que publicarei quando lobrigar editor.

A nossa geração vai-se afirmando perante o público e, se ainda longe do sucesso, o caso é que já nos tomam a sério, isto é, os que afectam troçar o fazem sem segurança, e sem o antigo à vontade. A política é que é o diabo porque os senhores da ditadura, com o palhaço Antonio Ferro à frente – o homem menos considerado pelos *verdadeiros* intelectuais portugueses é aquele que a ditadura foi escolher para Secretário da Propaganda, lugar de responsabilidades culturais! Pois o Salazar e o Ferro, em discursos recentes, descobriram que há uma inquietação da ordem (esta é boa) e uma inquietação da desordem (esta é má) e que os que estiverem na segunda categoria – leia-se: os que não fingem de nacionalistas, de católicos, de idólatras do Estado Novo – não tem direito à vida.

Primeiro resultado: proibição da venda do *Jogo da Cabra Cega*, o romance do Régio, porque nele há várias descrições do acto sexual. Ó juízes de Flaubert e de Baudelaire! Podeis rejubilar lá no túmulo!

O pior é que tudo isto tem um sabor cômico extraordinário; e é ao mesmo tempo sinistro. Como deve saber, a censura continua (exercida por militares) apesar de haver Constituição, na qual se garante o direito de liberdade de expressão, e de haver – também promulgado pela ditadura – um decreto-lei regulador do exercício de liberdade de imprensa. Pois tendo sido apresentada no Parlamento, assinada por mais de duzentos escritores, artistas e jornalistas, uma reclamação no sentido de acabar com a censura, já que existem as leis necessárias. Pois o Ferro, num discurso, achou que tal protesto provava a necessidade da censura; está a ver: é ilegal pedir que se cumpram as leis da própria Constituição da ditadura!

Quando vier constatará pelos seus olhos que vigário formidável se tenta aqui: um governo que só tem a seu lado os que põe o estômago acima de tudo, e que quere inventar uma cultura à medida da mediocridade dos princípios salazaristas. No meio disto tudo, Salazar parece-me um homem cheio das boas intenções, mas um teórico, e rodeado da pior gente. A dor deles, e o motivo da raiva manifestada ultimamente contra os intelectuais, provém de que todos os que pensam pela própria cabeça estão contra eles, e que só as revistas e jornais que eles pagam, os defendem. Este desespero de ver que há homens que não se vendem, que a todo o custo dizem *não* à ditadura, é o que os enlouquece. E depois tomam esta atitude, que só os coloca mal: agora chamam comunistas a toda a gente, mesmo aos que não se ocupam de política. São incapazes de ver que, mesmo fora da política, há quem não os possa tomar a sério. Resultado: até alguns monárquicos (ou seja: adeptos da situação) e católicos assinaram o protesto contra a censura.[49] O Ferro resolve a situação, dizendo que esses assinaram por não saber do que se tratava (!!), que foram ludibriados!! Espantoso! V. verá.

E então? – quando vem? Sempre será agora em Março, ou em Abril? Há anos que estou contando com a sua presença em carne e osso.

Quanto à sua entrada para a Academia... enfim, acho, de acordo com o que já dizia não sei que jornal brasileiro, que v. não precisava disso. Mas v. lá sabe, e pode ser que a Academia não seja no seu país o que é cá em Portugal.

Como vê, temos muito o que conversar. E eu estou em vias de tornar confortável o meu gabinete de trabalho, onde o seu retrato o vai substituindo à espera que a vera efígie o venha substituir.

Minha mulher, que é uma grande admiradora sua – tanto do poeta quanto do prosador – envia-lhe cumprimentos.

E deixe-me dar-lhe um enorme abraço. E escreva! Seu do coração Adolfo R. Miguel Bombarda, 516 PORTO

P. S. Queria que me mandasse colaboração sua para a *presença*. Peço-lhe com o maior empenho! Mande o que quiser, prosa ou verso.

---

49 Carta enviada ao presidente da Assembleia Nacional em 1º de maio de 1935. Realiza um histórico da introdução da censura em Portugal e exige sua abolição. Assinada, entre outros, por Adolfo Casais Monteiro, Agostinho da Silva, Antonio José Saraiva, Aquilino Ribeiro, Arlindo Vicente, Antonio Sérgio, Carlos Queiroz, Domingos Monteiro, Eduardo Salgueiro, Egas Moniz, João de Barros, Luiz de Montalvor, Rodrigues Lapa, José Rodrigues Miguéis e Teixeira de Pascoaes.

18

Haia, 10 de Abril de 1935

Adolfo, meu querido gajo porreiro:

Cá o tenho, numa nova imagem: a da visita ao Nobre. Vou colocar na parede o instantâneo que o Alberto de Serpa teve a bondade de mandar ampliar, e ficou excelente: nós três junto à cabeça de anjo fanado do mais triste poeta.

Não lhe poderei dizer o bem-estar com que li a sua carta de 3 de Março, aqui encontrada, e à minha espera. Porque já agora de cada linha salta v., vivo e de óculos, ingerindo consecutivos líquidos: conhaques, licores, vinhos, café de S. Tomé (portanto, o único de que não temos o direito de duvidar). Salta v., iluminado de literatura e de exigências cerebrais, meu caro rapaz do Porto! (Para mim, é um título).

Que prazer v. a me contar seu casamento, a dar-me notícias de sua mulher, e eu a acompanhá-lo tão bem em todas as linhas, porque tive a satisfação vivíssima de apreciar-lhe o encanto e a doçura portuguesa.

Vejo que cometi uma *gaffe*, ao tocar-lhe em certos assuntos (relativos à situação, ao homem dos *Discursos*, etc.). Se eu soubesse que a sua posição era tão irremediavelmente contrária, não lhe teria dado o dissabor de discutir política. Aliás, não discutimos. E v. viu que esse assunto em mim é mais um instinto que uma convicção.[50] Acho as suas críticas muito fundamentadas e certas. Porém, não há parto sem dor. Toda criação política traz consigo a violência e a injustiça. De todas essas mortes é que nasce uma nova vida. Pessoalmente, o sujeito pode parecer-lhe antipático. De acordo que assim lhe suceda. É razoável.

---

50 Não há menção na correspondência ao convite de Antonio Ferro para a primeira ida de Ribeiro Couto a Portugal em 1935, que corresponde aos encontros registrados com Casais e Alberto de Serpa, mas também àqueles promovidos com Georges Duhamel, Jules Romains, Jacques Maritain, Mauriac, Unamuno e Wenceslao Fernandez Flores.

Com ele, porém, está a boa doutrina; sobretudo porque se trata de uma doutrina em movimento, em estado de gestação (e penosa) num país que estava habituado à mais fundamental indisciplina.

Agora, o que nos interessa mais. Quando eu estava no Brasil, era uma dificuldade escrever-lhe. Levava uma vida dos diabos. E tinha, para agravar isso, a distância: uma carta leva um mês quase; para se saber da resposta, há outro mês, e mais outro proveniente das naturais demoras em falar a quem está longe. Agora, na Holanda, e, sobretudo depois da minha viagem aí, parece que estou a dois passos de v. Olhe, eu telefono mais tarde...

Por isso posso acompanhar melhor, e até muito bem, a evolução do seu trabalho, as suas atividades, o seu pensamento, a sua carreira. Quero saber de tudo que se passa com v. E v. também vá telefonando...

Num número do *Dante*,[51] que aqui tinha (sem o haver lido), vi os seus poemas, traduzidos pelo Lionello Fiumi.

O Pierre Hourcade, no Brasil, está na ponta. Por uma entrevista dele, vi que foi o Georges Readers quem o indicou. Minha alegria foi grande, pois fico querendo mais bem ao Readers.

Não sei o que o Martinho Nobre de Melo se resolve a fazer com o Instituto de Alta Cultura Luso-Brasileiro. *D'ores et déjà*, v. vá matutando esta idéia: que é preciso que se faça alguma coisa, e a principal é o envio de professores portugueses, para aulas de alta cultura numa universidade, liceu ou coisa parecida, com que a máquina do Martinho venha a ligar-se. Amadureça no seu espírito este projeto: ser v. o professor que primeiro vá falar, no Brasil, do pensamento português moderno. Não vejo isso, porém, sem a intervenção da bondade divina. O melhor de tudo que os homens realizam é guiado pela mão invisível... Ah, seu Casais, num país tão cheio de amoráveis capelinhas, você tão distante da fé católica! (Bom. Não tenho nada com isso. Não insisto neste assunto.)

V. me fala, nesta sua carta, do ensaio que escreveu sobre a minha coisa poética. É meu, não é? Pois se tem os 60 linguados que me anun-

---

51 *Dante*, revista literária italiana dirigida e editada em Paris de 1932 a 1940 por Lionello Fiumi.

ciou, dê-mo para uma bonita *plaquette* a imprimir-se em Coimbra ou no Porto. 60 linguados dão bem para uma *plaquette*, a 500 exemplares de cuja distribuição também me encarrego. Mando para o Brasil uns 200, deixo em Portugal uns 50, e os outros 250 são seus e meus, para dar a amigos. Que lhe parece? Se já estiver pronto, diga-me. E pode, também, cuidar da impressão, etc., pois para isto não há nenhum embaraço. Há uns escudos que dormem na Praça da Liberdade, à minha espera. E para que eles despertem, não preciso ir lá. Creio que se faria uma coisa bonita com uns 1.000, ou por aí. Que diz de tudo isso? Naturalmente, gostaria de ver o trabalho publicado numa revista; mas, qual? V. é que sabe (refiro-me às revistas portuguesas). Talvez um trecho no *Portucale* e um trecho na *presença*. E uns trechos eu mandaria ao *Boletim de Ariel* e a outras revistas brasileiras. Partia-se o peixe em vários pedaços, para esses efeitos. E sairia depois inteiro, de forno, recheado com azeitonas, na *plaquette* (que regaríamos a verde-branco, no tasco da Calçada das Cardosas, em tarde em que lá não houvesse muitos carrejões.).

Mando a v. as *Canções de Amor*, com as correções da próxima edição.

A essa *plaquette* (se v. concordar com ela) eu gostaria de acrescentar uma lista de referências bibliográficas (críticas do Brasil e alhures). O livro, assim, teria o ar das edições da *Nouvelle Revue Critique*, e dos antigos livrinhos verdes do *Mercure*. (Isto é: o trololó sobre o cujo, mais uma tábua de indicações bibliográficas, para que os interessados quando os há, vão saber de alguma coisa mais, ou do que pensam outros gajos porreiros.)

V. esqueceu-se de dizer-me, tanto nesta carta, como aí em Portugal, se recebeu o pacote de *Correspondência de Família* que lhe mandei do Brasil, semanas antes de atravessar o mar sempre navegado depois de 1500. Recebeu ou não? Como todas as coisas sérias, nosso livrinho não é para atenções fáceis; a lição e o exemplo que ele contêm só serão bem apreciados depois. (Vou incluir o meu poema numa próxima edição do *Um Homem na Multidão* e *Noroeste*, visto que tem todos esses trabalhos uma técnica e uma essência mais ou menos parente. E, aliás, "não é intimidade", a não ser "intimidade com as coisas – com a terra, com os seres, etc.").

Ainda não mandei vir de Rotterdam os meus caixões. O que quer dizer: ainda não reintegrei os seus livros na minha atmosfera cotidiana. Tenho só o seu retrato, com este novo, de agora, onde estão Alberto de Serpa e onde estou eu, junto ao gajo porreiro que nos antecedeu na fabricação de inteligentes melancolias.

O Rodrigues de Freitas já pagou os 7$500 da *presença*? Os detalhes que v. me deu, a propósito da dificuldade em reunir os esquivos assinantes, impressionaram-me. Estou sempre a ver o Rodrigues de Freitas, às 2 da manhã, torcer o beiço enjoado ao nome do Eça de Queiroz (que ele não considera um romancista, ora pois!) e a apertar no fundo do bolso os 7$500 da *presença*. Tudo isso é vizinho da tragédia. Sinto-me no fundo de um poço, rodeado de sombras, e há vozes que me ensinam o medo. De repente, da escuridão emerge o Grande Drama: o recibo da *presença*, bailando no ar, entre tíbias e fêmures, e a voz do Rodrigues de Freitas: "Não, não, meu amor! Como no pavilhão da *Ilustre Casa de Ramires*. Não, não – não é um romancista! Não! Não! Não tem trocado para os 7$500, etc.".

Veja v., meu queridíssimo Adolfo, a que fantasias me levam um simples pormenor da minha última estada no Porto.

Estada cheia dos mais contraditórios lirismos. Porque ao Drama referido acima, ajuntam-se traços idílicos da paisagem marinha: O Bem Arranjadinho, e o "Orania" como uma tartaruga assassinada nas águas chatas de Leixões, e lá longe o farol do Antonio Nobre, com a capelinha mais longe, dizendo a verdadeira verdade aos insanos e aos distraídos.

Continuo lírico. A sua cara, aqui no postal do Serpa, e mais a sua carta na minha mesa, e mais a certeza de que estou a escrever-lhe, põem-me lírico e natural. Arranco roupas de ordem lógica no meu discurso e sacudo os assuntos, como o vento sacode o pessegueiro em flor, e todo meu ser são galhos de analogias e insinuações. Por isso falo de tudo ao mesmo tempo, apresentando sem querer, como denominador comum deste fim de carta, o Rodrigues de Freitas do pavilhão filisteu.

A propósito: v. já foi buscar o livro do Leonardo[52] no "Gato Preto"?

---

[52] Leonardo Coimbra, ao que indica carta posterior de Casais Monteiro.

Fiquei com um profundo arrependimento de haver lido em voz alta, àqueles rapazes inexistentes, as frases horríficas do livro chocho. Pois afinal o Leonardo é um dos nossos, e é preciso ser solidário: não ceder um milímetro senão em família. Foi uma coisa covarde, indigna de mim, da qual me arrependo. Submeter o Leonardo à opinião de alguns clientes noturnos do "Gato Preto"! Ainda se fosse apenas ao *barman* – que não sabe ler!

Tive a surpresa, ao chegar aqui, de encontrar uma revista feminina com um artigo da Rachel Bastos sobre a viagem dela ao Brasil, revista enviada pelo Osório de Oliveira! No artigo (que te mando), eu apareço debaixo deste véu: "o nosso amigo". Não se sabe quem é. Era um Zé qualquer, que "queria mostrar a cidade". Foi o que eu ganhei, como castigo de cumprir um dever de hospitalidade. Não há referência ao nome, sem dúvida mofino, do reles literato nacional. Sou "o nosso amigo".

O Osório mandou-me também o suplemento do *Diário de Lisboa*, de 29 de Março de 1935, com um artigo sobre D. Ana de Castro Osório.

Pergunto: Que pensar de tudo isto? E que fazer? O Osório saiu do Brasil sem despedir-se de mim, apesar de ter ido ver-me no escritório a negócios, depois do incidente que narrei a v. Quer dizer: ia ver-me por questões de interesse, mas não foi, ao partir, para cumprir com a simples cortesia. Pois quem não quer saber dos outros, não procura para coisa nenhuma.

De Lisboa, ao chegar, mandou-me a *Psicologia de Portugal*.[53] Eu agradeci enviando-lhe também um livro. A dedicatória dele dizia: "Com a admiração de sempre pelo escritor". E agora bombardeia-me com jornais e revistas. Ora, não sei como é que ele se arranja para desgostar do homem, e mandar essas coisas ao escritor. Como eu descendo de uns austeros minhotos de Cabeceiras do Basto, freguesia de São Martinho de Arco do Baulhe, e tenho uns pés de camélias na leal cidade do Porto, não posso compartilhar da doutrina do Keyserling do Largo Contador Mor.

---

53 *Psicologia de Portugal*, Lisboa: Descobrimento, 1934.

Minha posição é a seguinte:

O Osório foi ingrato e conduziu-se mal comigo. Nossas relações estão findas, de vez que ele retirou-se do Brasil sem despedir-se e, sobretudo, porque nessa viagem *j'y étais pour quelque chose*.

Ora, toda vez que ele me manda um livro, sou obrigado a agradecer. Se é ao escritor – mando-lhe também um livro. Não posso deixar de responder à cortesia, ainda que provenha de quem foi descortês. Mas, por esse andar, eu saio roubado no meu magoado sentimento e ainda pago multa. Pois, mandando-me ele agora jornais e revistas, força-me a agradecê-las; e agradecendo, não posso deixar de escrever-lhe sobre a morte da mãe (que a mim causou bastante pena, sobretudo por saber que lhe era dedicado e bom filho). Mas, se eu puser-me a obedecer a tais ditames do escrúpulo e da delicadeza, estou, *ipso facto*, a restabelecer relações com quem agiu mal, sem praticar nenhum ato provando o reconhecimento desse mal. Simples jornaizinhos não provam nada.

Que fazer então?

Não desejo, realmente, voltar a ter relações com o Osório. Ele é imperdoável. Além do mais, veio do Brasil a dizer mal de quem só lhe fizera bem em todos os terrenos.

Vou violar a minha tendência à conciliação e ao esquecimento de agravos e desta vez não respondo. Minha natureza, porém, exige uma testemunha: e, no caso, ninguém melhor que v., a quem mando estas linhas de desabafo. Perdoe, pois, que eu o ocupe com estas coisas. Verifique, porém, que apesar de dizer mal de mim, o Osório está a mandar-me coisinhas. Estranho, muito estranho!

Bom, esta carta já vai longe, e não há tempo sequer de a reler. Deve haver muita asneira por aí acima.

Um grande abraço no seu largo peito, e saudades a sua mulher, a quem peço desculpas pelo adiamento do passeio ao Bussaco. Será em Maio, não? Se Deus quiser Ruy

19

Ruivães 23-IV-35

Querido Couto:

Esse bandido do Serpa já lhe escreveu há que tempos e eu danado com ele pois comparando a distância você dirá: "Que preguiçoso é aquele Adolfo!" Mas a veia epistolar só se abre em dados momentos e ocasiões há em que escrever me é impossível. Note que o presente momento não é dos melhores: vim passar oito dias à aldeia, e a descaradona recebe-me com frio e chuva, o que me provocou um estado arrepiante de má disposição, só me apetecendo estender-me num sofá, e ler, ler até não poder mais. Por isso não repare se esta carta for imbecil.

Quarta-feira, 24. Como hoje me sinto menos imbecil, aqui reato o fio da conversa. Vamos à história da *plaquette:* eu acho uma idéia excelente e veio-me a idéia de inaugurar com ela uma colecção de monografias sobre escritores contemporâneos. Estou, pois, absolutamente de acordo. E acho que se poderá fazer a coisa com menos de 1.000$. Falta só você dizer se quer tiragem especial, e se tem esta com aquela preferência quanto a papéis quer para a especial quer para a comum. Muito bem quanto às referências bibliográficas; mande-as você sem demora. Penso que uma nota bio-bibliográfica (do gênero das que publicamos na *presença*, quase todas feitas pelo próprio) indicando simultaneamente os *jalons* significativos da vida e as obras publicadas, não seria mau. Se acha bem, faça e mande.

Quando pensa você que essa coisa deve ser posta à venda? Pergunto-lhe por causa da publicação fragmentária em revistas. Na *presença*, só poderia sair no número de verão. Na *Portvcale*, não sei, mas como está um número a sair, só daqui a dois meses suponho. Há os semanários, mas só com o *Diabo* estou relacionado (como vê, sou uma alma perdida!) E esse *Diabo* não merece prosa séria!

Mas... não lhe parece que antes de mais, você deve ler a prosa? Acho que sim, e por isso, logo que chegue ao Porto (no próximo domingo), vou mandar dactilografar a prosa em questão.

Cá espero as *Canções de Amor*, cujas me permitirão por mais um linguado no ensaio. Não sei se lhe disse que só falo na sua poesia, pois não conheço da sua obra em prosa senão *Cabocla, Bahianinha* e a *Presença de Sta. Teresinha*.[54] Pensei, quando você sugeriu a *plaquette*, que seria então preferível considerá-lo também como prosador. Que diz a isto?

Recebi os exemplares da *Correspondência*, sim, senhor. Fizeram um jeitão, pois já não tinha um único! Em vista do que, um "Obrigado!", com abraço.

Quer você saber? Pois ainda não fui ao Gato Preto buscar o livro! Se você soubesse o estado poético em que andei mergulhado enquanto você cá esteve! Você, companheirão admirável, tão cheio de vidas (o plural é propositado), dinâmico, efervescente – você que não é só um literato, nem só um homem cheio de necessidade de agir, nem só um amante apaixonado da vida imediata, mas tudo isso, ah, como eu senti a sua diferença, nessa passagem rápida. A sua diferença em relação ao meio que vivo, este meio semi morto (Não continuo, senão saía todo o meu pessimismo lusíada!).

Querido amigo: espero que o anúncio da sua vinda em Maio não seja apenas uma resolução passageira. Cá o espero, cá o esperamos.

Ilustre nobrista: Estão prontas as *Cartas* do Antonio Nobre![55] Até que enfim! Devo receber exemplares logo que chegue ao Porto, e imediatamente lhe mandarei um.

E acabo, que está a cheirar-me a almoço, e você sabe quanto as sugestões gastronômicas são violentas! Ai de nós, poetas que não vivemos só de raios de sol e de luar!

Receba, de minha mulher, as mais afectuosas saudações. E um portentoso abraço do seu do coração Adolfo

---

54 *Presença de Santa Teresinha*, Rio de Janeiro: Civilização Brasileira, 1934 (ilustrações de Portinari).
55 *Cartas inéditas de Antonio Nobre*, Coimbra: *presença*, 1934.

20

Haia, 22 de Abril de 1935

Meu querido Adolfo,

Aqui vai a colaboração para a *presença*. Muito contente ficarei se ela chegar a tempo para o número que v. prepara.
Que notícias me dá daquela idéia, que v. achou absurda, do "grupo de apoio" à *presença?* Eu estou às ordens, mesmo que não cheguemos a recrutar o regimento. Para não parecer que fico no mundo das palavras, aqui lhe envio um cheque de 300 escudos. Não resmungue, porque possuo diversos números da *presença*, etc., e nunca paguei nada.
Mande-me o exemplar em que aquele menino precocemente ilustre achou que sou um poeta em formação, em vias de afirmar uma personalidade, etc. Deixei o meu (exemplar, dado por v.) na casa de jornais do Largo da Batalha, com o cinzeiro subtraído ao Escondidinho... Eu tinha jantado muito bem, e não estava com vontade de levar o artigo para casa, porque as linhas finais, lidas na mesa, me haviam produzido uma esquisita impressão de um veneno suave. Fiquei de mau humor.
Dê-me notícias dos seus últimos trabalhos. Empreste-me artigos aparecidos sobre os *Poemas do tempo incerto*. Quero ver como é que em Portugal receberam a sua obra. Devolverei tudo. Parece-me que só irei ao Porto em meados de Maio. Até agora ainda não recebi uma só linha dos homens de negócio que deverão chamar-me no momento necessário. E já estamos a 22 de Abril (Descoberta do Brasil, que linda que é esta data!)
Beijo as mãos de sua mulher e mando-lhe um apertado quebra--costelas, à velha maneira portuguesa.
Ruy

21

Porto 30-IV-35

Querido Ribeiro Couto:

Resmungo, sim senhor! A *presença* fica-lhe gratíssima – mas eu resmungo. Enfim, não é direito! Mas, para que protestar? Na verdade, talvez o seu gesto tenha, além do seu valor econômico, um outro, moral: obrigar-me a trabalhar a sério na constituição do grupo de amigos da *presença*. Você até a distância é dinamizador, safa! Todavia, poucos poderemos reunir. Há por cá tanta falta de dinheiro! Vou--lhe mandar as críticas que suscitaram os meus *Poemas*. Por elas você poderá fazer idéia do ambiente. Chamo-lhe a atenção para a do F. de Mira,[56] no *Diabo*, que ao ser lida em Coimbra pela nossa gente (a família, *quoi*!) suscitou a idéia de mandar ao dito Mira (um médico ilustre, prof. da Faculdade de Medicina de Lisboa, pois então!) o seguinte telegrama: "Segue vagão de aveia". Na verdade, aquilo é aflitivo. Duma maneira um pouco diferente: a diferença que existe entre um imbecil a dizer mal e um imbecil a dizer bem! A da *Portvcale*[57] é bem curiosa: o autor dela – o actual administrador da *presença* – foi um dos críticos desfavoráveis à *Confusão*. É preciso lê-la pensando que o seu autor está a escrever numa revista cujos leitores é preciso não *éfaroncher*. Finalmente a de Guilherme de Castilho[58] (um desconhecido) no *Diabo*, feita evidentemente em reacção contra a do Mira, é não só a melhor crítica aos *Poemas*, mas a melhor de todas que tenho lido a meu respeito. Ah! E há a do T. R. Colaço[59] no *Fradique*: se o entender, dou-lhe os meus parabéns (e, não obstante, diz algumas coisas acertadas). E aí tem você o panorama. Sabe onde estão as verdadeiras críticas? Nas cartas que recebi (em poucas delas,

---

56 *O Diabo*, Lisboa, n.33, p.4, 10 fev. 1935.
57 "Adolfo Casais Monteiro – Poemas do Tempo Incerto", *Portvcale*, Porto, n.41/42, p.221, set.-dez. 1934.
58 *O Diabo*, Lisboa, n.35, p.4, 24 fev. 1935.
59 Tomás Ribeiro Colaço no *Fradique*, n.56, p.6, 28 fev. 1935.

é claro!). Hei de ler-lhe depois a da Irene Lisboa,[60] que bastaria para me consolar de todas as incompreensões.

E junto com essa papelada (não me perca, pela sua rica saúde!) vai um exemplar das *Cartas* do Nobre.[61] Diga se gosta da minha introdução. Mando-lhe também um belo artigo do J. de Castro Osório sobre o Nobre.

Infelizmente, a *presença* já estava a imprimir quando chegou o seu belo poema; é do melhor "Couto"!

Você não perderá com a demora: reservo-lhe a companhia do Supervielle e do Michaux, para o próximo número. Este (o 44) deve chegar ao Porto por estes dias. Dir-me-ia se lhe agradam as minhas traduções do Capasso.[62]

Faz mal em levar a mal a crítica do Nogueira.[63] O que v. devia levar a mal era nós ter-mo-la publicado; sabe, aquele Nogueira (que é muito novo, não o esqueçamos), muito fino analista, falha sempre na visão do conjunto. Sim, é talvez analista demais, falta-lhe... creio que lhe falta o afago do sentimento de comunhão poética. É áspero – é muito novo!

E adeus, até Maio! Que os homens de negócio o chamem urgentemente, eis o que a Alice e eu pedimos às divindades que amam os Poetas!

Não deixe de dar a sua mulher os meus respeitos (perdão por esta expressão burguesíssima!).

A Alice e eu saudamo-lo (diabo de palavra). Bom, é melhor acabar antes que saia outra odienta palavra.

Seu do coração Adolfo

---

60 A correspondência com Irene Lisboa estende-se de 1935 a 1957, oito cartas são conservadas no espólio.
61 A dedicatória de Casais é a que segue: "Para o Ribeiro Couto ao poeta e ao amigo, ambos igualmente queridos, de todo o coração of. o Adolfo".
62 *presença*, n.44, p.8, abr. 1935. A nota de Casais Monteiro sobre Aldo Capasso saiu neste número, à página 10.
63 Referência à crítica de Albano Nogueira ao volume *Província: presença*, n.43, p.11-12, dez. 1934.

22

Haia, 23-5-35

Meu querido Casais,

V. sabe o que é mudar de casa duas vezes no espaço de um mês? Esta aventura é a minha. Mudei-me, no fim de Abril, para um apartamento que afinal verifiquei ser insuficiente. Por isso, andei a procurar casa, que afinal achei. Depois, outro drama: comprar as coisas para a casa. Fui a Bruxelas, onde me demorei 10 dias. Tudo isso, e mais outros mil contratempos interrompem a minha correspondência. Perdoe-me o repentino silêncio, e a falta de cumprimento de várias promessas. Estou com a vida de pernas para o ar.

Logo que me arrume (nestes 25 dias) voltarei a saber onde andam os meus papéis, e então lhe escreverei enviando os livros, críticas, etc., e respondendo a vários tópicos das suas últimas cartas.

Também, pode suceder que, em vez de responder por carta, eu responda em pessoa; pois, logo que me instale na nova casinha, vou ao Porto.

Como vê trata-se de sumir por mais algum tempo na correspondência e reaparecer, nela mesmo ou então em pessoa, com tudo aquilo que tem sido objeto de nossas conversas.

Muito obrigado pelo livro do Nobre. Está uma delícia de apresentação. O meu exemplar é no. 9, e outro agradecimento lhe devo por essa atenção tocante.

Outra coisa. Precisamos arranjar uma viagem sua à Holanda. Casa, comida e roupa lavada – 0000$00.

Não há procissões (como na Bélgica) mas é um país para se ver. Que tal? Sua senhora virá também, e o preço da hospedagem não fica aumentado. O que fica aumentado é o prazer do hospedeiro.

Afetuoso abraço do Ribeiro Couto

23

Porto, 5 de Junho de 1935

Queridíssimo Couto:

O seu convite é mais que tentador... mas... mas: olhe, em primeiro lugar não me julgo capaz de abusar de sua paciência a tal ponto, feitio meu? Sim – e de família! O que há de mais individual em mim disse logo: esplêndido, admirável – vamos lá à Holanda. Porém o gênio familiar deu lá no interior da consciência um empurrão ao outro, e opôs: que idéia! Apresentar-se em casa dum homem, abusar da sua generosidade, comer, beber, dormir a sua custa, obrigá-lo a preocupações que sem isso não teria, à necessidade de nos pilotar numa terra onde temos de andar com a língua no saco – não, isso nunca! Entre os dois, eu hesito (isto que lhe comuniquei é exactamente o que se passou em mim); qual dos dois será mais forte. A tentação é grande, ó se é! Enfim, não querendo provocar uma guerra civil no interior de mim mesmo, sirvo-me do que lhe ia dizer "em segundo lugar": que actualmente não posso pensar nisso. Estamos em Junho? Pois daqui a dois meses ainda serão férias! Se você mantêm o seu convite eu sou capaz de me encher de violência, e de assassinar o gênio tutelar!! Não lhe agradeço com adjetivos o seu convite; o agradecimento está cá no fundo, bem juntinho dos fraternais sentimentos por si que habitam em mim. Entretanto, esperamos nós por si (ainda que com o remorso de não lhe podermos fazer convite idêntico; mas você bem sabe, e é quanto basta). Venha logo que possa. Agora outra coisa. Estou a escrever-lhe à pressa, porque estou enervado (esse trabalho imbecil de corrigir exercício) e, ao mesmo tempo não quero adiar mais o envio do ensaio. Você, lendo vai dizer, sinceramente, se gosta dele, como se não estivesse em questão, confesso-lhe que ao vê-lo dactilografado (muito mal, não repare, mas o talento dactilográfico do Rodrigues de Freitas não deu para mais!) não fiquei insatisfeito, mas sinto-me incapaz de saber se aquilo vale alguma coisa, ou se não vale nada. Eu não o quero publicar se não for digno de si. Peço-lhe ainda que, caso o ache publicável, mo diga sem demora, e me mande os elementos bio-bibliográficos para o acompanhar – e as transcrições em que falou, é claro. Espero ansioso pelo seu *veredictum*; o amor pelo que faço não vai ao ponto (nem o prazer de publicar) de publicar coisas que não o mereçam.

A *Portvcale*[64] publica no próximo número a introdução. Desagradar-lhe-ia que publicasse um fragmento no *Diabo*?[65] Enfim, se não é bom, é lido por muita gente, e nesse caso importa. Não lhe parece? Por extraordinário que pareça, visto que lá se tem atacado a *presença*, o certo é que estou em muito bons termos com o director. Diga o que pensa sobre o caso.

E não demore a resposta.

A Alice dá-lhe fartas saudades. Eu, idem e grande abraço. A propósito (o espírito, o gênio familiar e tutelar está distraído) você sabe quanto custa uma viagem daqui à Holanda? Quais são as melhores vias de acesso? Mar ou terra? (em 2ª classe, claro, claríssimo! Em 3ª é contra o meu olfacto, em 1ª contra a minha bolsa).

Mais outro abraço do seu do coração Adolfo

24

Porto 21/6/35

Meu querido Casais,

Não posso ir ver-vos às 9 horas, conforme prometi. Fica para amanhã. Está bem? Aliás, o Alberto e eu combinamos ver-te amanhã, às 7 horas, no Sport. Lá te esperamos.

Estive, pela manhã, vendo os cadernos relativos aos livros de versos (artigos e notícias). Passa os olhos nalguma coisa, só para

---

64 "Introdução ao ensaio 'Ribeiro Couto, poeta da intimidade'", *Portvcale*, Porto, n.44/45, p.85-89, mar-jun. 1935.
65 Não foi publicado um fragmento em *O Diabo*.

veres como é que me olham do lado de lá. Segue também o volume com o estudo do Ronald.[66] Sobre o *Jardim das Confidências*[67] o que de melhor se escreveu (e derramou-se muita tinta) foi transcrito no volume *Poesia*.[68] Vale a pena fazer uma lista bibliográfica com tudo isto? Acho que não.

Li ontem o teu ensaio, que me pareceu excelente. Generoso no tom geral. Sério, sóbrio, e com ar de pessoa estranha, como convêm! Só no fim é que achei *rapetissant* o conceito, não explicado, da tua profecia. De resto, penso que seria bom v. explicar desde o início o que pensa da intimidade. A meu ver (e é a verdade) v. quis dizer: intimidade com a essência do drama cotidiano; tom de ternura amiga para com todas as coisas de todos os dias – o amor, a paisagem, a rua, a luz, a chuva. Certo. Certíssimo! Tal, porém, como v. voltou ao assunto, no fim, há dois inconvenientes (a meu ver), e são inconvenientes por não terem, talvez, o seu pensamento: 1°) Parece que se trata de um poeta capaz de sentir só a intimidade do amor ou quejandos acontecimentos; 2°) Parece que v. condena o poeta a uma incapacidade total, no futuro, quanto a tudo que não seja essa espécie de intimidade.

Isso, em poucas e rápidas linhas. Faça como entender, está claro. Tenho, porém, a impressão de que o seu pensamento não é o que ficou quase desprimorosamente expresso no fim do ensaio.

Gostaria de que v. se demorasse um pouco mais no *Noroeste* (conversaremos!) e aludisse às *Canções de Amor*, que lhe mando.

Estas se filiam ao grupo *Jardins* e *Poemetos*. Aliás, a permanência de intimidade que v. nota é o meu orgulho. Sou um poeta sempre igual à sua própria essência. Apesar disso e grosso modo, parece haver dois grupos de livros meus, dois blocos diferenciados pela expressão:

---

66 Ronald de Carvalho ("Um poeta novo", *O Dia*, Rio de Janeiro, 25 set. 1921).
67 Publicado em São Paulo por Monteiro Lobato em 1921.
68 Ver nota 45.

1)				2)
Jardim			Um homem na multidão
Poemetos		Noroeste
Canções			Província
				Correspondência

Os livros desses grupos constituem, no fundo, uma só atividade poética, um só clima.

Se engrossássemos o livro com algumas citações mais?

Se v. se interessar pelo assunto, a ponto de dar maior desenvolvimento a uma ou outra página (integração no ambiente brasileiro em *Homem* e *Província*, etc. etc. – veja os ensaios de M. de Andrade[69] nas críticas do *Homem*), a *plaquette* ficará mais bonita.

Podemos dar isso à tipografia quando v. entender. Na semana próxima vamos ver isso. Como e onde quiser.

Alguma nota bibliográfica pode ser ajuntada em prova.

Corpo 12, entrelinhado, boa arte tipográfica, etc. Tem algum modelo?

Precisamos conversar sobre o Jorge de Lima. É um grande poeta, mas veio depois e atrás do meu grupo. Quando eu reformara, pelo combate ao formalismo, ele ainda era parnasiano!

Até amanhã. Saudades a mais doce menina da terra portuguesa Ruy

25

Haya, domingo, 25 de ag. de 1935

A mais doce das Meninas Portuguesas,

V. deve estar estranhando o meu silêncio. Culpa dos Marconi que ainda não inventaram a onda epistolar. Essa onda, um dia, porá os amigos em comunicação dialogada através dos espaços. Por en-

---

[69] Mário de Andrade, "Um homem na multidão I-II", *A Manhã*, Rio de Janeiro, 18 e 25 set. 1926.

quanto, as cartas que escrevemos mentalmente, e não mandamos, ficam no mistério da nossa cabeça, mesmo da cabeça dos carecas.

Jovem professorinha das enérgicas atitudes: como vai v.? Como vai o seu Porto? Que saudades da esquina da Miguel Bombarda, onde o pequenino vulto ciumento aparecia, debruçado no balcão, para ver sumir, no rumo da rua do Triunfo, o latagão de chapéu desabado que se ia pela cidade afora, a fazer um cigarro e a citar Marcel Proust, a dizer mal do Nacionalismo Oficial e a engendrar um novo poema do tempo incerto!

Quando eu voltar ao Porto (se Deus quiser, no fim do ano, pois não quero deixar de ver duas coisas: a serra da Estrela e o sul do país) peço a v. que se conduza com mais discrição nos seus derramados carinhos; pois, uma das coisas que mais me aborreciam, aí nesse pedaço de mundo, era estar longe de mil acontecimentos possíveis (possíveis simultaneamente noutros rincões da Europa) e ver, semanas a fio, vocês dois num agarramento que fazia mal à imaginação. Modos, menina. Tenha modos. Do contrário, não apareço mais. É muito pau a gente estar longe da Holanda, da Bélgica, etc. etc., e assistir a um idílio português.

Dito isto, quero saber de notícias vossas. Foram (misturo aqui segundas e terceiras pessoas, à maneira do Brasil) foram à aldeia?

Escrevam-me. Mandem-me contar se tem ido à Leça, papar os jantares da Senhora Dona Emília.[70] Tomar banho de mar, etc.

Não abandonem o meu tasco da rua dos Caldereiros. Vão lá de vez em quando. (estavam à espera de um ótimo verde branco, quando fui lá pela última vez. Já deve ter chegado.)

A poesia, ó distinta poetisa Alice Gomes? Que tem feito? Ou não tem feito nada? Se assim é, explique porque quebraram o seu violão de estimação.

Peço licença para despedir-me de V. Ex, e subir ao gabinete do sr. professor Casais Monteiro.

Com as reverências e irreverências do seu humilde cro. Afcto. Vnr. Serv. Ato. Dr. Ruy Ribeiro Couto

---

70 Esposa de Alberto de Serpa.

Mesma data. Haya, etc.

Casalote,

Fiquei com o refrão do diabo da Celeste Grijó. Vocês não gostaram que eu não gostasse da insignificante espanholinha. Entretanto, assim foi. Achei-a inexistencial. Apesar disso (tal é o mistério da arte: conservamos de memória, às vezes, versos e músicas que nos são indiferentes) ando com aquela coisa no ouvido:

Los hombres son malos y orgullossos Cruelles, mentirosssos, etc.

Eu podia começar esta carta de outro jeito. Começo pela Celeste Grijó. Tal, num país, ao desembarcar, nos achamos diante de um feio pedaço de mato.

E agora sim, sinto que entro no assunto: – Só hoje, neste domingo, em que vou dentro de 1 hora, ver o Museu Franz Hals em Haarlem, em companhia de uma alemã de 22 anos, pintora, natural de Colônia, bonita e sã como um cão de caça, só hoje tenho alma para escrever. O domingo é cheio de sugestões amigas. Aos domingos é que eu escrevo a algumas pessoas que andam espalhadas pelo mundo, e com as quais vivo.

Recebi do Osório antes de ele partir para a África, um cartão que me comoveu. Ele ficou achando que encontrou em mim, em Lisboa, o mesmo homem de Paris, e que não vira no Rio. No Rio, eu era o mesmo de Paris. Apenas, não se pode exigir que, no momento de carregar pedras, ao sol, com 42 graus de calor, a gente se dê aos mesmos abandonos espirituais do momento em que, disponível e nostálgico, descobre Alfama e os horizontes do Tejo. Lá eu era obrigado a trabalhar em três empregos, das 9 da manhã às 11 da noite, e não queria saber de contemplações. Também o Osório lá era muito diferente, e achava tudo ruim. Depois que voltou para Lisboa, acha tudo bom... E por isso mesmo também se tornou mais simpático ao brasileiro feroz.

Mas tudo isso não é ainda o que eu quero lhe dizer. Seu Casais, hoje à noite eu tomo um táxi e apareço na sua casa para contar o passeio a Haarlem.

Desde já, porém, saiba: a maior parte dos Rembrandt que há pelo mundo estão neste momento expostos em Amsterdam. Que maravilha! Depois de ver a *Ronde de nuit* é que eu sei o que é pintura. Antes, eu só conhecia quadros. Rembrandt é pintura, como Camões é a poesia.

Que tem havido com o seu ensaio? Alguém prestou atenção a isso? Do Brasil ainda não tenho notícias.

Saudoso, seu Casais. Estou saudoso do Porto, do peixe frito que eu comia em casa de D. Alice, e daquele bairro das Fontainhas, onde o mais desgraçado amor nasceu e morreu em trinta minutos, ao estampido dos mais belos insultos que existem em nossa nobre língua!

Não me deixe sem notícias por aqui. Senão, temos briga séria. Peço que me recomende aos seus pais.

À distinta poetisa Alice Gomes já escrevi nesta mesma folha, por isso para ela não mando mais nada aqui. A não ser uma careta, com língua de fora, como fazem as crianças quando querem estar de pirraça Aaaaaaaaaaaannn! (foi a careta.)

E toda esta carta é escrita num domingo. Parece que vou morrer num acidente de automóvel no mês próximo, no qual visitarei, com minha mulher, os castelos do Loire. Se eu morrer, queira-me sempre bem.

Está um domingo cor de cinza.

Franz Hals.

A alemã tem o ar de uma deusa nórdica. É tão bonita que não sei o que faça com ela.

Mais tarde vou tirar fotografias da minha casa (que trabalho tem dado) e mandarei a v.

Todos estes assuntos vão misturados Ruy

Um abraço, à tapona, no Faria.[71] Saudades ao poeta De Serpa, a quem ainda não pude escrever, infelizmente.

---

71 Morador de Leça, do círculo de Alberto de Serpa e Casais Monteiro.

26

Haia, 1-10-35

Meu querido Adolfito,

Estou recebendo a tua boa e longa carta. A primeira parte, sobre a paisagem do Douro é de antologia. Ótima!
As burrices do A. de Paiva, etc., me fizeram rir. Portugal é um país sem ironia. Ou a lágrima ramelada ou a porrada labrega. De modo que não é mesmo possível, senão por exceção, encontrar quem sinta o mundo de sarcasmo – termo que há "nas principais pessoas da localidade". Daí os espantos e azedumes dos F. de Mira, etc. Quanto à Aurora, v. já sabe que não tive tempo de vê-la no Jornal, pois não queria conflitar com o bigodinho do Serpa...
Acabo de mandar a minha mulher a cartinha da poetisa Alice Gomes, a quem mando, como a v., todo o meu afeto. Este bilhete é às pressas. Do Brasil tenho recebido recortes que o Hélio Vianna me enviou. Cúmulo da surpresa foi uma crítica da solteirona Lúcia Miguel Pereira,[72] pessoa que me hostiliza, e desta vez se limita a franzir o nariz, achando só que eu não sou um grande poeta, um poeta cósmico, mas só um poeta., etc. Muito remarcável, Mlle Pereira! Que perigo seria, para um poeta, ser aplaudido de toda a gente, *Monsieur La Rue et Monsieur La Maison!*
Logo que a minha vida entre em ordem, escreverei mais e melhor. Saudades de Braga e do Porto, e até breve!
Couto
Deixe de ser besta. Nada de pessimismos. Menos agarração e mais discos de *fox-trots* no gramofone. Dança, homem, e serás feliz – cinicamente feliz! C.

---

[72] Referência à resenha de Lúcia Miguel Pereira sobre "Adolfo Casais Monteiro – A poesia de Ribeiro Couto", *Gazeta de Notícias*, Rio de Janeiro, 1º set. 1935.

Capa do ensaio *A poesia de Ribeiro Couto*, de autoria de Casais Monteiro, em publicação das edições presença, 1935.

A POESIA DE
RIBEIRO COUTO

"A Manuel Bandeira ao poeta admirável! of. Adolfo Casais Monteiro
P.S. Peço-lhe que me mande "Poesia". Só tenho "Libertinagem".

Mãos à obra e solta o Eça.⁷³ Nada de 2 contos. Faze um contrato de 10% sobre cada edição.

27

Haia, 18 de dez. de 35

Adolfito,

Um bom abraço pelo Natal, para ti e a doce menina portuguesa. Não te tenho escrito porque ando numa horrível acumulação de trabalhos. Vou passar as festas em Paris, e fiquei em casa três dias para escrever cartas.

A tua última estava desanimada, triste. Adolfito, Adolfito, andas fazendo a vida muito escura. Que é que há? Com a tua mocidade, a tua família, a carreira que tens diante de ti, o teu talento, e o teu nome já irradiado para diversos territórios ilustres, porque cedes a imprecisas melancolias? O mal da poesia, esse é incurável. Mas é mal de que não nos queixamos.

Quero uma carta com bastante sol. Pede à Alice que te faça umas cócegas, e escreve-me nesse exato instante. Coisa alegre, bem disposta, ó gajo do chapéu desabado e do infecto cigarro enrolado em mortalhas sem goma!

Está cá, há semanas, um livro para mandar-te. Hoje? Amanhã? Desde novembro. Tenho punhados de recortes falando do teu ensaio a respeito do sr. Couto, poeta. No Brasil a imprensa foi ótima. Em Portugal, chut! Depois, há portugueses que se queixam... Lá como viste nesta oportunidade, há muito mais calor (*sans jeu de mots*). Ao acaso, pego em dois recortes que aqui estão na mesa, enviados pelo Hélio Vianna.

---

73 Estudo crítico sobre Eça de Queiroz anunciado no volume *Considerações pessoais* e abandonado em meados dos anos 1930 definitivamente (está entre os originais que integram o espólio do escritor na Biblioteca Nacional em Lisboa). Ambos colaborariam no *Livro do centenário de Eça de Queiroz*, organizado por Lúcia Miguel Pereira e Câmara Reys (Lisboa, Rio de Janeiro: Livros do Brasil, Livros de Portugal, 1945).

Se me escreveres para Paris, até 30, o endereço é: 10, rue Jean Bart, Paris, VI.
Afetuoso abraço para o casalzinho do 4° andar.
Ruy

28

Haia, 8 de fev. de 1936

Adolfito,

Hoje, indo procurar um exemplar deste livro *Ch. de Fr.*[74] Para dar a um amigo, descubro o volume que desde o mês de nov. de 35 te estava dedicado, e que eu julgava ter enviado na mesma ocasião em que enviei o livro para o poeta de Leça.

Deves ter achado estranhíssimo que eu, publicando um livro e mandando-o para um amigo com quem estás todos os dias, não t'o enviasse a ti.

E eu, por minha vez, estranho que não tenhas mandado de lá uma reclamação violenta, que poderia ser, mesmo, um palavrão punitivo, e eu receberia curvando a cabeça, logo que percebesse estares com a razão.

Sabes o que é fazer a expedição de um livro. Fazem-se pilhas de volumes dedicados, e vão-se fazendo os pacotes, um a um. Dão-se esquecimentos e enganos, na barafunda.

Notícias tuas e da Alice? Que se passa?

EXIJO NOTÍCIAS.

Dize-me uma coisa: o palerma do Ruela Ramos fez alguma coisa pelo teu sogro?

Mandou chamá-lo? (preciso que me respondas precisamente a estes pontos. Conta o que se deu. E, se não se deu nada, conta também.)

Um afetuoso abraço para o casal poético Ruy

---

74 Ver nota 44.

29

Porto, 24 de Fevereiro de 1936

Grande, queridíssimo amigo:

Cada dia que passava tomava maior a minha vergonha – mas mais difícil o escrever-lhe... Não sei se você é assim, se quando se desleixa com alguma coisa a dificuldade em se *ratrapper* vai aumentando com o engrossar dos dias? Como explicar, querido amigo, o que os amigos sabem sempre compreender? Mas você conhece uma das razões: aquele golpe tremendo que foi a morte do Leonardo.[75] Depois... a razão (que não é razão!) acima indicada. Estamos em férias do Carnaval. Chove (a única coisa que sucede neste país há não sei quantos meses). Estou sozinho (a Alice foi almoçar à casa da mãe), nesta mansarda que você conhece, no meio dos livros e da presença invisível dos amigos queridos. Ah, Couto, que vontades de trabalho, que formigar de idéias eu sinto! Se não fosse esta preguiça que só com a morte há de acabar, quantas coisas eu sinto que faria! E lembram-me aquelas excelentes cartas em que você (tem graça que, contra o costume me está a soar falso o você; pois seja o tu) me dava entusiasmo, aquelas cartas contagiosas, dinamizantes. Mas tenho a impressão de que apesar de todo o entusiasmo e actividade em potência que sinto, não conseguirei nunca aquele ritmo de trabalho que não é preciso para fazer versos e ensaiecos, mas que me parece indispensável para escrever romances – sim, homem, eu sinto uma tremenda exigência interior que quere que eu faça um romance! Não é o tempo que me falta: é precisamente aquele apego às folhinhas em branco, a resistência a todas as seduções da divagação (da divagação interior e exterior: o café, a querida vagabundagem). Mas não se fale mais nisso.

---

[75] Anos mais tarde, Casais Monteiro integraria com Álvaro Ribeiro, José Marinho e Sant'anna Dionísio a comissão organizadora do volume coletivo *Leonardo Coimbra testemunhos dos seus contemporâneos* (Porto: Tavares Martins, 1950) no qual colaboraria com o texto: "O meu mestre Leonardo Coimbra".

Vamos responder à epístola de 8/II: antes que me esqueça: não protestei contra não teres enviado o *Chão de França* porque... já o tinha recebido! Sim, insulta-me: tinha-o recebido, e não tinha dito sequer: cá recebi! Como vês, sou um desavergonhado sem conserto. O "palerma do Ruela Ramos" nunca mais deu sinal de si; o pobre do meu sogro lá continua *desoeuvré*, apesar de várias promessas de vários lados. Paciência!

Não sei se o vate Serpa te tem escrito; almoçamos ontem com ele, mais um simpatiquíssimo rapaz que ainda não conheces – o autor daqueles excelentes artigos em *O Diabo* sobre os meus *Poemas*.[76] Pois o seu Serpa está transformado! Entrou como director comercial para uma importante sociedade de engenheiros, e trabalha que até faz impressão – principalmente por se tratar daquela mansidão que nós conhecemos! Mas deve fazer-lhe bem – ainda que ele julgue que a poesia se prejudica com isso.

E essa Holanda de Ramalhais[77] recordações? E a fêmea? E a literatura? Quando vem esse *Segredo*? E antes que me esqueça: estamos preparando um número especial dedicado ao Fernando Pessoa (e agora me lembro: terás tu sabido da morte dele? Mas suponho que, ou eu ou o Serpa to teríamos dito). Gostaríamos que o Brasil, pela tua pena, dissesse qualquer coisa. Não se trata, como podes imaginar, dum *In Memoriam* no sentido vulgar, mas duma colectânea de estudos sobre a personalidade do Pessoa[78] – homem e obra, como se diz nas histórias da literatura. Queríamos ver se o número saía em Março.

Mando-te juntamente o plano para um semanário que há esperanças de se poder lançar em Lisboa; pensou-se em que, a par dos directores portugueses houvesse outros tantos brasileiros. Que seriam tu, o Jorge de Lima, o Tasso da Silveira, o Mário de Andrade,[79] etc.

---

76 Guilherme de Castilho.
77 Referência à obra de Ramalho Urtigão publicada em primeira edição pela Tipografia da Gazeta de Notícias do Rio de Janeiro: *A Hollanda* (notas de viagem), 1883.
78 *presença*, n.48, jul. 1936. Não há colaboração de brasileiros neste número da revista.
79 A iniciativa não teve desdobramentos. Registre-se que Casais possuía um exemplar dedicado da *plaquette* de Tasso da Silveira *Canto ao Christo no Corcovado* (Rio de Janeiro: Forja, 1931).

Que pensas de tudo? Peço-te que sugiras os nomes que te pareçam mais convenientes, e digas o que se te oferecer, na tua qualidade de director (quero crer que não te recusarás). Bom. Agora que esta epístola conseguiu ver a luz do dia, espero que as comunicações sigam sem grandes intervalos. A Alice não está, como te disse, mas é escusado ser bruxo para te dizer que, se estivesse, te mandaria toda a sua estima e amizade. Escreve, não te vingues do meu ignóbil silêncio! Um chi-coração do Adolfo

30

Haia, 1 de Março de 1936

Casalote,

Parto agora para Londres. Estou de volta lá para 12 ou 13 e então verei o que posso mandar sobre o F. Pessoa.

Escreverei então também sobre o jornal, que me cheirou mal, com aquele negócio de gaveta de fulano e gaveta de sicrano. Não é um jornal, é uma cômoda.

Irra, que já tardavam notícias tuas.

Abraços cheios de afeto para ti e para a Alice. Ruy

Seu Casais, v. não tem mais o que fazer do que insultar o Agostinho de Campos?[80] O homem mais vivo de Portugal: e chamá-lo morto-vivo! Porque é que v. atira pedras no velho, que é tão rijamente

---

80 "Comentário o sr. Dr, Agostinho de Campos e a poesia 'utilitária'", *presença*, n.47, p.18-19, dez. 1935. O artigo de Casais seria coligido no volume *De pés fincados na terra* (Lisboa: Inquérito, 1941). Ribeiro Couto escreveu a Agostinho de Campos: "O Casais sabe que V. Ex. é um espírito aberto a todas as curiosidades, a todos os ventos da inteligência", carta de 1 mar. 1936, reproduzida por Luís Amaro "Três cartas inéditas de Ribeiro Couto", *Colóquio Letras*, Lisboa, n.9, p.38, set. 1972. Em dedicatória pouco anterior, em seu volume *Chão de França* (1935), Couto registrara: "Ao mestre admirável, Agostinho de Campos, depositário da mais rica tradição da grande prosa portuguesa, seu dedicado Ribeiro Couto / Haia/Natal/1935".

"nosso"? Isso de ele não gostar de tal ou qual coisa, tua ou minha, que importância tem? Assim fôssemos todos nós tão vivos quanto ele. Combatê-lo a pauladas não é inteligente; inteligente é trazê-lo para o nosso lado. Mas, mesmo ficando do outro lado, ele é digno do nosso respeito.
 Que gajo és tu! Admiras o Agostinho, e metes-lhe a catana! Vai, faze as pazes com ele, que é hoje o portador do facho da grande prosa camiliana.

R

31

Haia, 9 de Maio de 1936

Meu querido Adolfo,

 Agora à noite, estando a imaginar uma carta para ti, pus-me a ler não a última, em que falas do Agostinho de Campos e vens para cima de mim com uma porção de coisas sibilinas sobre os bem-pensantes, a consideração dos bem-pensantes, etc. etc. (eu estou fazendo uma vasta banana para os bem-pensantes; o que tenho é ainda um mais vasto desejo de simpatizar, de encontrar em cada homem que luta o espírito amorável que o anima; e o Agostinho de Campos, com todos os defeitos, é um homem que tem consagrado muitas horas da existência a coisas boas e belas; isso de não gostar ou não entender de certos aspectos da poesia, que importa? Cristo se voltasse à terra gostaria da poesia do Apollinaire? Mas a comparação vai irritar-te, e, com a portuguesa valentia dos argumentos, vais-me dizer que o Agostinho de Campos não é Cristo, etc.)
 Como ia dizendo, peguei da máquina para escrever-te, e eis que começo a reler a tua carta penúltima, a de 24 de Fevereiro. É tão bela que transcrevo:
 "Ah, Couto, que vontades de trabalho, que formigar de idéias eu sinto!"

E adiante:

"Mas tenho a impressão de que, apesar de todo o entusiasmo e atividade em potência que sinto, não conseguirei nunca aquele ritmo de trabalho que não é preciso para fazer versos e ensaios (tu dizes: ensaiecos), mas que me parece indispensável para escrever romances – sim, homem, eu sinto uma tremenda exigência interior que quer que eu faça um romance! Não é o tempo que me falta: é precisamente aquele apego às folhinhas em branco, a resistência a todas as seduções da divagação (da divagação interior e exterior: o café, a querida vagabundagem)".

São palavras tão lúcidas sobre o teu caso (e o meu) que não desejava guardá-las sem que te ficasse uma cópia delas. Pois bem: trata de vencer os apelos à evasão divagatória. Estou certo de que os teus romances serão riquíssimos em movimento e substância. Vejo-o pelas tuas cartas. E, ainda que te surpreendas, ouve bem, limpa bem o ouvido: és positivamente um romancista. A tua própria produção poética é o anúncio de romances, pois são sempre fragmentos de histórias humanas. Não é aquele *jaillissement* de lirismo, aquele *bavardage* fácil dos poetas que só sabem construir poesia em esquemas rápidos. O que há em ti é mais completo, mais organizado; somente, há a notar isto: o teu mundo está organizado, sim (falo do teu mundo de romancista), mas organizado em brumas cósmicas. Ainda não aconteceu o *fiat lux*! A vida ainda não começou a mexer-se nos bichos que andam pelo chão, nas árvores que marcam pontos nítidos da paisagem, nas vozes da natureza. Está em fusão.

Eu agora ando mais animado na Holanda. Começo a escrever (poemas!). Sinto pouco a pouco renascer em mim o "homem na multidão". Antes, era uma multidão num homem (desculpa, que não é puro e mau trocadilho apenas).

Não sei se farei alguma coisa sobre o Fernando Pessoa. Depois do que vós outros, da tua geração, escrevestes sobre ele (o Simões, tu, etc.), que vou eu dizer? Demais não sou crítico. O que faço, quando escrevo crítica (quando escrevia) é um passeio; a narração das minhas sensações. Sistema do *Chão de França* aplicado às leituras. Por outro lado, a *presença* – posta de parte toda a questão da minha amizade por ti – não dá lá muita importância ao que eu faço, metendo num cantinho de página coisas que eu recusaria a outra revista. Refiro-me àquele poema que eu tão avaramente guardava, e dei à *presença*, e lá ficou esmagado num rodapé,[81] quando entretanto, para poetas portugueses, as páginas se armam de brancos importantíssimos, a isolar e por, em primeiro plano, qualquer coisa com menos matéria eterna. Tu bem sabes que eu não sou o "sujeito importante" que faz exigências, que damaso-salcedemente "não admite desconsiderações" etc. e tal batatas; mas que diabo, desde a publicação daquele poema fiquei com a pulga atrás da orelha. Francamente, dou demasiada importância íntima às minhas coisas nesta fase da vida. Detesto a poesia "fácil" e suo bastante para despojar o que faço das excessivas palavras com que a poesia anda carregada pelo mundo afora. E se eu sinto que uma revista não olha as coisas do mesmo jeito, fico quieto, e segue o bonde. No Brasil, felizmente, tenho o meu grupo de fiéis, que sabem para onde vou e com que espírito trabalho a poesia. Não me importo com o barulho que fazem outros sistemas, outras maneiras de escrever, outras escolas. Sou como Stendhal: tenho fé nos *happy few* de amanhã.

É por isso que o meu *Segredo* vem andando devagar através dos anos. Há de ser um livro puro, de uma perfeita naturalidade e simplicidade. Não sabes o amor com que eu trabalho a língua portuguesa! cada palavra é para mim uma fruta que eu chupo. A tal ponto me domina sempre e cada vez mais o amor da língua (o amor das palavras da minha língua), que chego a pensar às vezes nisto: há palavras que são vazias como púcaros abandonados; há palavras que são cheias como seios de mulher; há palavras que são moles e sedosas como relvas úmidas; há palavras etc. etc. Por aí adiante. De modo que escrevendo reescrevendo indefinidamente os meus poemas, sinto um gozo sem fim, um gozo às vezes doloroso (quando me sinto

---

81 Referência ao poema "Carícia noturna" estampado ao pé da página *Poetas Brasileiros* que publicava ainda *Cantiga, amor e descrição* de autoria de Cecília Meirelles (*presença*, n.45, p.5, jun. 1935).

impotente para encontrar as palavras que exprimam a sensação) e outras vezes um gozo gostoso, quando me encontro cara a cara com a matéria rítmica: matei! (Como as crianças quando brincam de chicote queimado e acertam o golpe no lombo do companheiro. Conheces esse brinquedo? A gente corre atrás dos outros com um pano em que deu um nó bem grosso, e toca a perseguir; em chegando a boa altura de um pequeno que corra menos e com menos habilidade fuja à lambada, zás! nas costas do outro.)

Puxa, que vastíssima carta! Nem perguntei ainda pela Alice. Como vai a minha querida poetisa Alice Gomes? Tem escrito? O marido já crê nela? (Ó Alice, deixa falar o Adolfito, que é um gajo muito besta, e tem um complexo de inferioridade em face da sensibilidade poética da mulher. Rivalidades de *ménage* literários. Vinga-te dele escrevendo um dia um livro de memórias *Água-furtada* (alusão ao quinto ou sexto andar em que a livralhada povoa o amor com imagens literárias). E sobretudo não o deixes ler esta intriga aqui enxertada na carta. Um marido bem educado não lê a correspondência da mulher. Ainda que seja um feroz marido português!)

Bom, seu Casais Monteiro, escreve-me. Dá-me notícias do sr. Conselheiro Serpa. Na última carta dizias que ele nem mesmo com uma doença emagrece. Com certeza furtou no jogo da moléstia e aparecerá breve com outro estupendo livro de poemas com um cheiro de Leça

Couto

32

Haia, 18 de out. de 1936

Adolfito e Alice:

Ando atarefado e tenho de reduzir a correspondência ao mínimo. Mas não quero deixar de responder à carta tão boa de vs., carta de Ruivães, um nome louro e cheiroso como o pão da aldeia.

Venha de lá esse novo livro de versos, o *Sempre e sem fim*[82] de tão metafísico título.

O meu *Segredo* continua secreto. O romance, afinal, quando é que sai? Diabo, uns bons quinze dias de febre criadora, e ele aparecerá, vivinho.

Alice, agora umas linhas só para v: Boa notícia foi para mim a de que seu pai já se empregou. Não imagina como me vexou a falta de préstimo do Ruella. Mas o mundo é assim: e afinal existe uma pátria, acima das fronteiras, que é a dos espíritos e dos corações que se estimam. Por essas congêneres razões, nós somos muito mais compatriotas que muitas vezes os filhos de nossos respectivos países. E como vai a poetisa Alice Gomes? Que versos tem feito? Está sempre bonitinha e ronronante, como gatinha mimosa ao pé desse forte cão de guarda, de ferozes maxilas, que é o Adolfão?

Eu, em vésperas de ser transferido para Londres. Quanto a Portugal, ai quem me dera agora uma viagem aí! Estou a aproximar-me dos 40 anos (tenho 38). O que peço à vida, agora, é uma coisa que me queime e que me devore. Talvez na Inglaterra a encontre. Para ambos, o coração do Ruy

Bilhete de negócios

Casais,

Sobre o livro do Régio (o romance) nada te posso dizer. O melhor que tens a fazer é te dirigires à Agência Editorial Brasileira, da rua Ivens, Lisboa. Eles podem encarregar-se de fazer alguma coisa. Como sabes, o *Jogo* não é livro para o grande público e não creio que se possa vender muito pelo Brasil.

Sobre o livro do Nobre, não me respondeu o Octalles, de S. Paulo. Vou escrever novamente.

---

82 *Sempre e sem fim*, Porto: presença, 1937.

33

Haia, 30-11-36

Querido Adolfo,

Ao ler as primeiras linhas da tua carta, já a minha carta ao Carneiro de Mesquita estava escrita na minha cabeça. Fui até o fim, para ver o que dizias mais, e tive a satisfação de ver que tiveras o mesmo pensamento. Assim, sem dizer tirte nem guarte, escanchei-me em duas páginas ao nosso bom, boníssimo padre, pedindo-lhe transmitir ao senhor patriarca[83] tudo que me aprouve dizer de ti e da Alice, e relembrando que sois os dois amigos que com ele, Carneiro de Mesquita, fizestes aquele delicioso jantar no Lagostim – com o sobrinho que acabava de fazer exames e se regalou de ir "jantar na cidade".

Meu querido Adolfo, como me doeu saber que a Alice está na prisão! Aquele passarinho de asas nervosas, por trás de grades! E por ter dado dinheiro a presos!

Na tua carta não havia nada que te comprometesse, senão uma frase sobre certos aspectos da situação atual; mas nada dizias de grave. Por isso, achei melhor mandá-la ao Carneiro de Mesquita, recomendando-lhe que o fazia a título confidencial. Estou certo de que a transmitirá ao querido patriarca, e que o tom enérgico da tua defesa muito valerá para que ele tome em consideração o meu pedido.

Fizeste mal em não dizer a prisão em que estás. Pois do contrário eu teria telegrafado ao cônsul do Brasil no Porto, pedindo para ir procurar-te e para fazer o que possa por ti. Morando ele no Porto, sendo autoridade no Porto, sua intervenção seria rápida e provavelmente eficiente.

Manda-me notícias imediatamente. Dize-me como está a Alice.

Acho que a prisão fará muito bem a vocês dois, sob o ponto de vista moral, pois será uma chibatada de bravura em pleno coração. Já estive preso, e saí com uma vontade maior de triunfar em tudo.

---

83 Referência ao cardeal Cerejeira.

Não penses em deixar Portugal por isso. É o teu país. Serve-o. Serve-o com as tuas idéias, que felizmente não são comunistas (pois então serias anti-português) e são, apenas, idéias que não agradam a alguns. Teu país é belo, é digno e é amorável. Os homens como tu devem felicitar-se pela possibilidade de lutar. Dessa luta sairás retemperado, e respeitado. Não lamentes os dias passados aí no xadrez.

Em todo o caso, como és vítima de uma injustiça, ou antes, como sois ambos, vítimas de uma injustiça, aqui estou, vigilante e ansioso, à espera das providências que não me poderá negar o Patriarca, pois sabe que não minto e que só seria capaz de pedir, com a alma com que pedi, por gente de bem e que honra Portugal. Meu querido Adolfo, até muito breve. Escreve-me para Paris 10, rue Jean Bart.

Dá-me notícias constantes. Dispõe do teu, de todo o coração Ruy Dize ao Alberto que sinto sabê-lo nessa situação.[84] Recebi o livro do Régio que, aliás, me havia mandado, uma quinzena antes, um exemplar com dedicatória.

Como na tua carta te referes ao Alberto, é possível que a intervenção do cardeal aproveite a ele e aos demais. Fizeste uma verdadeira defesa de todos.

E o Faria?[85]

34

Paris, 14 de dez. de 1936.

Meu querido Adolfo,

Recebi tua carta do dia 6 e estimei saber que, à parte o prejuízo material da prisão, tu e a Alice estais bem.

---

84 Alberto de Serpa, preso na mesma ocasião, foi libertado meses antes de Casais Monteiro.
85 Ver nota 71.

Ainda não recebi resposta do C. de Mesquita, nem acredito que ele me responda a esse respeito. Já sabes como é a maneira da Igreja: agir com prudência e em silêncio. Conheces a alma do C. de Mesquita e avaliarás, como eu, que em hipótese alguma ele deixaria de tomar as medidas necessárias. Apenas, não me dirá nada. Obtenha ou não obtenha a intervenção pedida ficará quieto. Agirá como quando reza. Sem dizer que rezou dois ou três padre-nossos.

Sobre os teus projetos literários, logo que saias daí nos escreveremos. Quanto ao material (aos livros brasileiros) confesso-te que não tenho tudo de quanto necessitas. Creio que o José Osório de Oliveira tem muito mais livros, dos escritores modernos, do que eu. Em todo o caso, logo que estabeleças a lista dos autores sobre os quais desejas te ocupar, posso encher os buracos, encomendando os livros no Brasil. Um guia excelente para isso (quanto à poesia, somente) é a antologia publicada há meses, pelo Dante Milano[86] (editada pela Ariel), Tens esse livro? Por ali poderás escolher os poetas de que desejas te ocupar. Já tens toda a lista de autores (para os teus ensaios) na cabeça, ou queres que eu te sugira os que podem interessar-te? Existe uma grande quantidade de autores novos, sobretudo romancistas. Posso até comunicar oficialmente o teu projeto ao Serviço de Cooperação Intelectual, do meu Ministério, para que esse organismo te envie todo o material. Está claro: É bem capaz de não mandarem nada. Mas, pelo menos, fica constando em nossos arquivos que um autor português quis fazer um livro sobre autores brasileiros, e que o Serviço competente não se importou com isso. Essa idéia me agrada. Por entre a cruz e a caldeirinha um serviço que fundei, e que, mau grado a má vontade de alguns cavalheiros oficiais ("Coisas de literatos" diziam), está vivendo. Esse serviço destina-se exatamente a fornecer livros a escritores estrangeiros que se interessem por determinados assuntos, etc. Responda-me se queres uma lista de autores organizada por mim e, sobretudo, de quantos poetas e quantos romancistas te desejas ocupar. Desde já te digo, quanto

---

[86] *Antologia de poetas modernos*, Rio de Janeiro: Ariel, 1936.

aos prosadores, não podes esquecer o Monteiro Lobato, novelista admirável em qualquer país (O nosso Aquilino, penso eu).
Devias começar agora o teu romance. Infelizmente na prisão não há comodidades.
Sobretudo, não se está só. Já experimentei isso. Não tinha vontade de escrever nada.
Estou certo de que o teu caso terminará por uma vitória tua. Não conheço prisão mais absurda do que essa de ti e de tua mulher! O comunismo não tem inimigo maior em Portugal do que tu. Como é que se fazem dessas coisas? É um mal entendido trágico.
Não te aconselho a aventura do expatriamento, quando te soltarem. Só poderias ter possibilidades de trabalho imediato no Brasil. Mas que trabalho, e em que condições? Conheço tanto a miséria, a áspera luta pelo pão no jornalismo brasileiro, que jamais aconselharei um companheiro a tentar isso! Foi também muito tempo a idéia do Osório, e sempre me pareceu má (mesmo sendo brasileiro quase, criado lá, etc., sentiu que a aventura seria pesada, quando lá esteve). Para um intelectual português tentar a vida no Brasil precisa ter o complexo da emigração, o desejo substancial de fazer efetivamente uma nova vida num outro ambiente, com outras gentes. Ir para o Brasil não é ir ali adiante a Vila Nova de Gaia. (Demais, o Brasil não devolve os portugueses que são felizes lá. Assim, eis o dilema: Se fosses feliz, não voltarias à tua terra. Se não o fosses, de que teria valido o expatriamento?)
Com o teu talento, a tua cultura, a tua posição na vida literária portuguesa, teu lugar é em Portugal.
Desgostos? Decepções? É a regra, em todos os países, para todos os não-conformistas, para todos os intelectuais. Deves avaliar o que me custou o pedaço de pão que vou roendo nesta burocracia! Anos e anos de luta, de teimosia, de perda da saúde, de reconquista paciente do terreno tantas vezes perdido.
E, quando faço algum sonho de felicidade, é sempre no Brasil que penso. As bananeiras são minhas amigas. A paisagem conheceu os meus brinquedos de menino. O mar me viu desejar os horizontes. Lá, lá é que quero fazer a minha vida. Para lá se voltam todos os dias

os meus olhos. Bom ou mau, é o meu país. Com muitos negros ou não (abençoados os negros de meu país), é no meio daquela gente que o meu coração se dilata sem limites.

Assim te deves sentir em Portugal. Nasceste num país paradoxal: que é pequeno, sendo dos maiores. De pé no adro da Sé do Porto, se estenderes os braços, quase que tocas as fronteiras, o mar e a Espanha. A luta é dura, as possibilidades de ganhar o pão são menos fáceis que nos países americanos; mas sendo tu Adolfo Casais Monteiro, tens o dever de ser um dos construtores do futuro da nação portuguesa. Digo-te isso como o diria o velho Camilo, ao Eça de Queiroz, ao Antonio, e a outros, se ressuscitassem. O Malheiro Dias não escutou essas vozes do bom senso. Que lhe sucedeu? Sente-se exilado em Portugal, sente-se exilado no Brasil. Secou como um rio cujas nascentes foram deslocadas. Nunca mais escreveu *Paixão de Maria do Céu*.

Não: o lugar de um escritor é em sua terra e, sobretudo se essa terra é Portugal, que necessita desses valores, que não pode perdê-los. Não és nenhum lavrador de Cabeceiras do Basto, que tanto pode lavrar o seu campo aí mesmo, como ir plantar café ou vender pinga no Brasil. (Esses até beneficiam Portugal, porque vão lá acumular fortuna em trinta anos de mourejo, e mandam mesadas à família, o que é fonte de renda para o país.) Tu, não. Tu tens que tomar parte na direção do país. O atual regime não gosta de ti? Tu não gostas do atual regime? Mas, o que são os regimes diante desta coisa eterna: a construção da obra de arte?

Já não tens vinte anos. Estás casado com uma portuguesíssima portuguesa. Que irias tu fazer fora da tua terra? Por um ano, por dois, por três, está bem, mais do que bem: porque as viagens enriquecem, fortificam o coração na adversidade, e o espírito, sempre.

Mas, pensas tu que no Brasil tu poderias escrever os teus romances, os teus poemas? Ah, iludido Adolfo!

Que escreveu lá o Malheiro Dias (além da *História da Colonização*), que escreveu ele como obra de ficção?

Que fez o Correia Dias,[87] pintor que tinha tanto talento?

---

87 Correia Dias trabalhou principalmente como ilustrador no Brasil.

E quantos mais conheço, que por lá andam, no professorado e no jornalismo, e que não são nada em nossa vida literária, e nada são também na vida literária portuguesa?

Um artista precisa ter sob os pés a terra donde lhe vem o fluido criador. Se fosses pintor, então eu te diria: expatria-te! Mas nunca haveria de ser para o Brasil. Para os pintores a França e a Itália. Sendo como és, escritor, é aí, com o instrumento da vida local, que tens de explorar a mina do teu espírito. Está revoltado com as injustiças de que és vítima? Escreve o livro da tua revolta.

Não mando agora umas linhas a Alice porque estas linhas são também para ela.

Se eu fosse secretário em Lisboa, já estás a ver o que sucederia. É por essas e outras que, sendo Portugal o país mais indicado para a minha atividade de diplomata brasileiro (porque Portugal é também o meu país), não posso e não devo ir para Lisboa. O governo acabaria zangado comigo, e eu teria de fazer as malas. Pois eu lá poderia ficar de braços cruzados diante desse "proposital equívoco" de que és vítima?

Enfim, se algum dia tiveres de ir ao Brasil ou para o Brasil, já sabes que contas comigo para tudo que esteja em meu poder. Os meus amigos serão os teus.

A propósito, o Hourcade de lá chegou. Viveu em S. Paulo, e não gostou. Tem ele toda a razão, pois não teve lá um R.C. para fazê-lo penetrar no que há de comunicativo na terra. Nas circunstâncias em que viveu lá, não poderia trazer impressões boas (da vida literária). O Hourcade é homem para viver no Rio. E era em S. Paulo que exercia a profissão. Escrevi-lhe contando o que te sucede aí. O endereço dele é: Rue Amiral Ducasse, no. 3, Pau (Basses Pyrenées), France.

Estou aqui em Paris a ver se consigo publicar dois livros.

Tudo muito difícil, nesta cidade imensa e inquieta!

Logo depois do natal, volto a Haia.

E que natal triste ides passar aí, tu e a Alice!

Este pensamento é amargo, e ponho ponto final na carta.

Para ambos, o afetuoso abraço do Ribeiro Couto

35

26/1/37 La Haye

Meu querido Adolfo,

Nada sei de ti. Que se passa?
Estás num silêncio!
Diga-me se tu e a Alice já estais bem. Escreva logo, Ruy

36

Aljube do Porto 2-II-37

Querido Ruy Ribeiro Couto:

Escrevi-te para Paris há já bastante tempo e mandei o meu livro. Creio que tinhas dito que ias para Londres, receei que não voltasses a Haia, e achei melhor escrever-te para a Rua Jean Bart. Concluo da tua carta que nem recebeste o livro nem a carta. Diz se se perderam, pois nesse caso mandar-te-ei outro exemplar.

Pois continuamos na mesma, com a diferença que fomos transportados para o Aljube, onde estamos muito pior que na outra prisão: lá tínhamos, além da hora das visitas, quatro horas por dia durante as quais todos os presos dos quartos particulares passeavam; além disso, era raro o agente que não nos permitisse ir ao quarto um do outro buscar qualquer coisa. Aqui, como o regulamento proíbe que os presos dum quarto comuniquem com os dos outros, não podemos ver-nos – ver-nos! – senão de fugida, e quem visita um não pode visitar o outro ao mesmo tempo. É claro que isto é imbecilidade pura; mas que queres: o regulamento não prevê a prisão dum casal!

O Governador Civil substituto, que é meu amigo e meu admirador, apesar de situacionista ferrenho, disse-me que o tenente – estamos na "civilização do tenente!" – que manda cá no tasco ia autorizar-nos a vermo-nos, comer juntos, a receber juntamente as visitas... mas até agora, há cinco dias que para aqui viemos, nada vejo. Esperemos que é coisa que eu aqui melhor tenho aprendido a fazer. E estas bestas não me deixaram trazer para aqui a máquina de escrever – que me permitiram na outra prisão – pois, diz o tenente, tem medo que se façam manifestos! Ó céus! Ó santa imbecilidade! E não se poder representar uma opereta que fizesse de tudo isto assunto! Como se não se pudessem escrever manifestos senão com uma máquina de escrever!

O pior é que sendo o quarto pequeníssimo e havendo aqui visitas quase de manhã até à noite, não consigo trabalhar. E digo-te que lá em cima – "lá em cima" é o Informa o edifício da Polícia de Investigação e defesa do Tacho – perdão – do Estado – estava a trabalhar como um valente.

Mandei-te, creio que para Paris, o *Diabo* com o meu artigo,[88] sobre aproximação luso-brasileira. É claro que também não recebeste, a julgar pelo certo?

Li ultimamente o *Jubiabá* do Jorge Amado. É um grande romance! Vou botar artigo no *Diabo*.[89]

Nunca mais tive notícias do Carneiro de Mesquita desde que esteve no Porto. Escrevi-lhe para lhe mandar indicações complementares do que lhe tinha dito – e nada! Compreendes que me custa escrever-lhe, pois ignoro absolutamente se ele tentou, foi mal sucedido e desistiu ou se continua a trabalhar. O certo é que continuamos na mesma. Os julgamentos devem ser só para Junho, e não vejo processo da Alice ser despronunciado – o que parece que se dará comigo, e a dar-se, será em Março, provavelmente. Nada se provou contra mim, e – inaudito – o investigador lá de cima disse-me que eu devia ser despronunciado. Então se essa é a opinião de quem faz as investigações, por que esperam? Mistérios sem fundo...

---

88 "Para um verdadeiro intercâmbio cultural luso-brasileiro", *O Diabo*, Lisboa, n.130, p.1, 20 dez. 1936.
89 "Jubiabá romance de Jorge Amado" (Figuras de um novo Brasil), *O Diabo*, Lisboa, n.142, p.2, 14 mar. 1937. Reproduzido em *O romance e seus problemas* e em *O romance (teoria e crítica)*.

O que te digo é Portugal não tem campos de concentração: é um campo de concentração. Não há palavras para dizer onde isto tudo chegou. Vem até cá, e verás, para que não digas que sou injusto.

Teu do coração Adolfo

P. S. Não sei se o endereço está certo. Manda duas palavras mal recebas, para eu ficar descansado.

37

Haia, 16 de fev. de 1937

Meu querido Adolfo,

Recebi há dias tua carta, dirigida para a Holanda. A que escreveste para Paris, não a recebi. Não chegou à casa, podes estar certo. O livro sim, chegou: e já aqui estava há uns quatro dias ou cinco, quando tua carta chegou.

Sobre tudo isso, escreverei mais tarde.

Mas, desde já, quero agradecer-te o me haveres associado à tua arte, pondo aqueles dois versos meus como epígrafe de um dos teus mais belos poemas.[90]

Não estou escrevendo a ninguém agora. A correspondência come um tempo enorme, do qual necessito para outros trabalhos. Em Abril ou Maio devo mudar de casa (moro num rés do chão, sem horizonte, sem um pedaço de céu e umas árvores para olhar) e suponho que então produzirei com gosto. Por ora, produzo com dificuldade, razão pela qual estou com muita matéria literária em atraso.

As notícias tuas e da Alice... Que dizer-te nesta carta? Tenho receio de que ela não te chegue às mãos.

Espero com ansiedade pela notícia da tua liberdade, da tua despronúncia, e a despronúncia da Alice também.

---

90 Que consta apenas da edição de 1937.

Sempre e sem fim, terceiro volume de poemas Casais Monteiro. Capa de Julio.

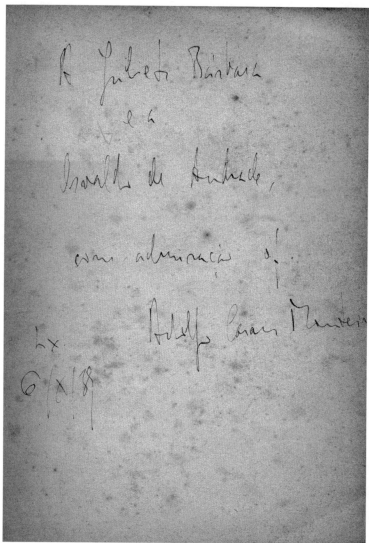

Dedicatória de Casais Monteiro a Julieta Bárbara e Oswald de Andrade em exemplar de *Sempre e sem fim*, datada de 6/X/39.

O Mesquita não me escreveu uma só palavra sobre ti... Estou a ver que a pressão é muita, e o ambiente é espesso. Mas, que valem pressões contra a inocência?

Duros tempos, estes em que vivemos. Felizmente, na Holanda respira-se a plenos pulmões.

Não penso mais em ir para Londres. Quero ficar aqui mais uns dois anos, a ocupar-me de assuntos relativos à história do Brasil.

A edição do Nobre não interessou a Cia. Editora Nacional... Motivo: o haver ainda três ou quatro exemplares da última edição portuguesa nalgumas livrarias do Rio... Ó céus! E dizer-se que é preciso ir engolindo esses sapos tão feios!

Preciso dedicar-te uns dois dias, logo que os tenha, para mandar-te os livros de poetas brasileiros que te interessam, com algumas notas.

Acaba de sair uma *Homenagem a Manuel Bandeira*[91] a 200 exemplares. Como comprei mais de um (os colaboradores pagaram a edição) espero poder oferecer-te uma das minhas duplicatas. Por ora (há três dias) só recebi o meu exemplar. Tirei, aliás, uma separata do meu estudo, que é o maior, e dizem que o melhor (diz o Rodrigo Melo Franco de Andrade, organizador do volume, e dizem os da família dele, que me escreveram a esse respeito).

Até breve, prisioneiro! Prisioneiro, tu, no Aljube! Que farsa trágica! A ti e à Alice, toda a minha ansiedade! Ruy

38

1-4-37 [Haia]

Meu querido Adolfo,

Só tenho tempo agora de dizer-te que escrevi ao dr. José de Figueiredo. É outra tentativa!

---

91 Edição organizada por Rodrigo M. F. de Andrade pelos 50 anos do poeta.

O Hélio Vianna, como o confundiste com outro? É um dos meus mais íntimos amigos, rapaz limpo e sólido. Podes recorrer a ele para os teus trabalhos. Por seu lado, o Hélio me escreve que recebeu carta tua e me pergunta se sei que estás preso! Se sei!

Lembranças à pobre da Alice, cuja situação me aflige mais que a tua. Estou ficando amargo com esse teu caso. Teu, Ribeiro Couto

A menina de Braga mandou-me um jornal com uma foto de uma conferência do João de Barros. Lá está, em primeiro plano, escarranchado numa cadeira, gordo e tranquilo, o poeta dos noturnos de Leça.[92]

Quanto ao teu Rodrigues não sei o que (um que tem um nome de rua)[93] nunca me passou da garganta. Não me espanta que se haja acachapado de vez.

O Bandeira te mandará a *Homenagem*. Já escrevi a ele sobre isso. Só recebi até agora um exemplar, de que necessito, como necessito da livralhada moderna, pois estou a fazer um trabalho que deve ficar pronto até o fim do ano. Mas assunto literário fica para depois. Vais dizer que não coopero contigo. Breve terás notícia do contrário.

39

(3.6.37) [Haia]

Meu querido Adolfo

Há muito que estou sem notícias tuas. Eu também não tenho escrito (há uma carta tua sem resposta, há mais de um mês) à espera sempre de melhores novas. Estareis os dois ainda nesse exílio da prisão, a Alice e tu? Estou doente (estive de cama) e vou descansar uns 20 dias na Suíça. Antes de partir, quero escrever-te, para saber como vai o teu assunto.

---

92 Alberto de Serpa.
93 Rodrigues de Freitas.

Mandei há tempos, ao Serpa a contribuição de um ano para a *presença*, de acordo com o que ele mesmo fixou, a tanto por mês. Estou de acordo com tudo o que queira fazer e mandar-te-ei a quota que me fixares. Mas não o faças numa carta longa que depois fica o assunto perdido entre mil outros. Dize só: manda tanto em tal data. Daí não tenho mais, creio (preciso verificar), pois o fundo de gaveta (Sotto Mayor) tem servido para comprar livros (ando a estudar coisas de história). De qualquer forma, mandarei a minha quota. Apenas, acho que devias esperar a solução do processo imbecil, para então fazeres as coisas com amplidão de movimentos. Como podes, daí da prisão, tratar de uma empresa comercial?

Dá notícia!

Abraço para o casal com um punhado de saudades Couto

Etablissements Stéphani

Montana (Valais)

Suisse

Até o fim de Junho

40

Aljube do Porto 14-IV-37

Meu querido Ruy:

Espero que a tua doença não seja coisa grave; vê lá se essas névoas holandesas não te são propícias. Porque não consegues uma legação menos... húmida?

Recebi o teu cheque, que muito agradeço. Não tenhas pressa em pagar os outros seis meses; eu to pedirei quando for altura. Muito ao contrário do que supões, aqui é que os meus dons de administrador se tem espanejado eficazmente. Estás a ver: tenho tempo disponível que não posso passar todo a ler e a escrever, pois não sou "trabalhador infatigável", antes pelo contrário. Tratar dos "amigos da *presença*", de fazer cobranças, etc. é-me distração.

Infelizmente, não te posso dar ainda boas notícias a nosso respeito. Contudo estou esperançado num conjunto de *démarches* de vários lados, das quais ainda não sei o resultado. A duas senhoras implicadas no mesmo caso foi dada liberdade condicional e o chefe do Estado Maior da divisão do Porto ofereceu-se para se responsabilizar pela Alice e escreveu para o tribunal nesse sentido para ter também liberdade condicional. Consta também que o tribunal virá no fim do mês. Logo que haja qualquer coisa de certo, escrevo-te.

Desejava escrever-te longamente, mas tenho andado mal disposto, sem forças para escrever. Diz quando regressas à Holanda.

Grandes saudades da Alice e um apertado abraço do seu muito amigo Adolfo

41

Haia, 6-6-1937

Meu caro Casais,

Achei e reli tua carta de 23 de abril. Aqui vão os 6 meses da *presença*. Não mando os 12 meses porque não sei se o que tenho no Banco chega para tanto. Vão só 120 Esc., que devem lá estar. De volta da Suíça escreverei ao Banco para saber meu saldo, e assim mandarei os outros 120 Esc. Quando me determinares um cheque de um Banco aqui, ou um cheque do Sotto Mayor mesmo (se houver saldo). Escreve para a Suíça. Parto amanhã. Saudades à portuguesinha valente e abraço do teu Ruy

42

Haia, 7-7-37

Adolfo,

Cheguei da Suíça. Da saúde vou bem agora, graças a Deus. Mas lutos de família me tem ensombrado o coração. Estou enjoado de Portugal, com o vosso caso. Parece incrível que uma rapariguinha magra e um poeta inteiramente poeta sejam considerados perigosos pelo Estado Português! As pequeninas misérias são as que mais comprometem um governo. Deve andar em tudo isso o dedo esquivo de algum covarde inimigo pessoal. Dá-me logo boas notícias, que preciso delas! Couto

43

Aljube do Porto 16-VII-37

Meu querido Ruy:

Quando eu, um dia, te contar todas as miseriazinhas de que temos sido objecto, todas as *raffinements* de cretinismo, de inútil má vontade, todas as subtilezas de imbecilidade de que tenho sido espectador por estes lugares – pasmarás mais do que já pasmas! Em Portugal é fácil ser perigoso: basta não ser covarde, olhar direito e andar de cabeça erguida. Portugal, ainda que te custe (e compreendo que te custe) é hoje o mais perfeito parque da hipocrisia, da calúnia, da deslealdade e da arbitrariedade que há no mundo. A piedade chega por vezes a superar em mim a indignação, podes crer!

Mas não falemos disso. És capaz de supor que acabo de traduzir aquilo que constantemente borbulha na minha cabeça e não: o facto é que consigo alhear-me constantemente dessa mísera realidade – e faço admirar as gentes com a minha coragem, na qual não há mérito nenhum, pois me é natural não ser vencido por ela.

Não sei que luto será esse de que me falas, de qualquer maneira, crê que me aflige saber-te aí, isolado e com tristezas íntimas. Bom é que tenhas trazido saúde da Suíça.

Lá vi nos *Cahiers du Sud*, o anúncio de *Enfances*.[94] Oxalá tenha bom acolhimento.

E em português, não pensas publicar nada? Esse *Segredo*? Uma nova edição da *Cabocla*?

Ouve: Revelou-se há pouco uma admirável declamadora: Manuela Porto (declamadora é mal dito, pois o grande talento dela está em não declamar) que é uma admirável intérprete dos poetas modernos. Fez há tempos cá no Porto uma conferência sobre poesia de hoje o Gaspar Simões e ela disse poemas de vários. Estiveram ambos aqui, e tive ocasião de a admirar; pois o caso é que ela me propôs fazer uma conferência sobre moderna poesia brasileira, dizendo ela versos. A necessidade de ir trabalhando para essa conferência fez-me lembrar que não tenho um único livro de poemas de Ronald de Carvalho. Poderás arrumar-me os que te parecerem indispensáveis? Muito to agradeceria. E se estiveres com paciência para isso, dá daí alguns conselhos. É verdade: consideras o Guilherme de Almeida moderno, ou melhor, modernista, no verdadeiro sentido da palavra? Eu não, e não penso incluí-lo nos poetas tratados. Se o escandalizo, prove-me que não tenho razão. Menotti del Picchia: abaixo! Mas acerca deste dás-me com certeza razão.

E essa famosa *plaquette* sobre o Bandeira?[95] Não há direito de te esqueceres assim de mim! É verdade: li que tinha saído um novo livro de poemas do Bandeira?[96] É verdade?

Vê se escreves uma daquelas cartas grandes! Muitas saudades da Alice. Abraça-te o teu amigo do coração Adolfo

---

94 *Enfance*, Marseille: Les Cahiers du Sud, 1937.
95 Separata do texto de Ribeiro Couto publicado na *Homenagem a Manuel Bandeira*.
96 *Poesias escolhidas*, Rio de Janeiro: Civilização Brasileira, 1937.

CORRESPONDÊNCIA – CASAIS MONTEIRO E RIBEIRO COUTO

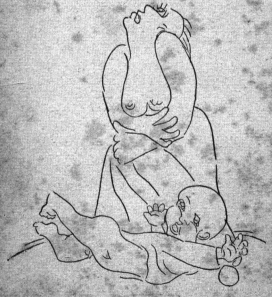

Poema *Europa*, de Casais Monteiro, publicado em 1946 pela Editorial Confluência. Capa de Antonio Dacosta.

A Manuela Porto,

com muita admiração,

e a sincera estima do

Adolfo Casais Monteiro

Lx. 7/II/46

Dedicatória de Casais Monteiro a Manuela Porto, em exemplar do poema *Europa*.

44

[Haia, 3.9.1937]

Meu querido Adolfo,

Só agora saiu o tal ofício ao Serviço de Cooperação Intelectual.[97] Nestes dois meses ou três, se tanto, veremos os resultados. Disse no ofício qual a tua posição intelectual e qual o objeto exato da tua curiosidade. Indiquei uma lista de nomes de poetas, etc. Justifiquei a quantidade de material a enviar-te, que é grande. Etc., etc. Ficou bem claro que desejas, com inteira liberdade de escolha, escrever ensaios sobre uns dez ou quinze poetas representativos de várias correntes do nosso movimento moderno. Disse também que esses ensaios constituirão um livro, etc., etc.

Quando recebas os livros, pois, já sabes que não estás preso a nenhum compromisso, de qualquer gênero. Dirás o que queiras e de quem queiras. Será sempre preciso, entretanto, que tenha em mãos um material profuso, como o que sugeri.

Bom, isto ficou liquidado. Só agora a máquina administrativa terá que falar. Mas tenho confiança em que a coisa irá avante. Quem está à testa do Serviço é um poeta que foi cônsul aí no Porto. Como poeta, é a meu ver muito mau. Parnasiano, *fija-te tu*... Chama-se Osório Dutra. Mas é pessoa de ação e está movimentando bem o Serviço.

Receoso da versalhada dele, deixei no ofício tudo bem claro (as tuas preferências e afinidades), para que depois não estranhe o teu silêncio sobre os sonetões soporíferos que compõe. Guardei cópia, que só não te envio agora pelo receio de que o correio seja indiscreto. O ofício seguiu "reservado", a fim de evitar-se que, assanhado, o Serviço transmita a notícia à imprensa, o que pode gorar o ovo. Escreve-me sobre a tua vida. Saudades à Alice e a ti Ruy

---

97 Anexo, texto 1.

45

(Haia, 5.9-37)

Querido Adolfo,

Aqui recebi a boa notícia, mas não tão boa como esperava. Enfim, conformemo-nos. Breve lhe escreverei com mais vagar. Aqui esteve o Fernandez Flores.[98] Jantei também com o Ortega y Gasset.[99] Nada sabem, além do que sofreram. O Flores vai ver a família na Galiza. Lembra-se de v. (no Hotel do Porto) e ficou penalizado com a sua carta. Escreva sempre: fique alheio a comentários e tudo. Deixe a onda passar.
Para v. e a Alice, um grande hurrah. Com afeto, Ruy

46

Porto 21-XI-37

Meu querido Ruy Ribeiro Couto:

DEVES ter estranhado o meu silêncio; e se não estranhaste, é caso para se estranhar! Não há nada mais triste do que sofrer desta doença: adiar o escrever com a mania de que não se está com a disposição própria para isso! É que não há outro motivo, outra explicação. Ou seja: é que não tenho desculpa, nem a meus olhos. E nem agradeci o teu belíssimo estudo sobre o Manuel Bandeira!! Nem os teus esforços para arranjar material de trabalho sobre o Brasil a este teu amigo!!! Enfim, tu és poeta e és cristão, e é nisso que confio para me perdoares.

---

98 O escritor galego Wenceslao Fernandez Flores cujo assassinato em Madri chegou a ser noticiado no início da Guerra Civil.
99 Ortega y Gasset se exila voluntariamente em Paris no início da Guerra Civil Espanhola e realiza conferências na Holanda a convite de J. Huizinga.

O nosso lírico Serpa esteve há pouco aqui, e como falamos em ti a propósito do pedido de colaboração que ele te fez para a REVISTA DE PORTUGAL,[100] eu senti mais agudamente que nunca a vergonha do meu silêncio, e aqui estou a penitenciar-me e a provar que ainda não morri, como é provável que tenhas imaginado. Mas a propósito do Alberto e da REVISTA: é preciso que não deixes de mandar tua colaboração, homem! Ou vingas-te do meu silêncio não respondendo ao Serpa? Não quero tal responsabilidade! O mesmo lírico se queixa de não lhe teres mandado a tua separata do estudo sobre o Bandeira. Insisto quanto à REVISTA: a coisa está a ter um certo sucesso material (esgotou-se em poucos dias o 1º número, o que, embora fossem apenas 800 ex., é muito para Portugal, sendo a revista aquilo que terás visto, i.é., uma afirmação do espírito moço). Urge pois que ninguém a abandone, e contamos contigo. Digo contamos porque vejo nela uma vitória da PRESENÇA, do mesmo espírito.

Já que falei na PRESENÇA: os últimos escudos que mandaste como AMIGO DA PRESENÇA pagaram as tuas quotas até Setembro, inclusive. Quererás mandar mais seis meses, ou seja, mais 120$00? Conto que por todo o ano que vem a PRESENÇA POSSA DISPENSAR OS AMIGOS!!! Mas muito trabalhinho me tem dado, nem tu imaginas! Mas até lá temos de cravar os amigos, nossos e dela, perdoa! Para veres que aqui há boa administração, mando-te o recibo dos últimos dinheiros que mandaste.

Sabes que tenho trabalhado no meu romance? No número da PRESENÇA QUE RECEBERÁS por estes dias verás um fragmento.[101] E como tenho editor (o Gaspar Simões foi encarregado de dirigir uma colecção de romances para um editor de Lisboa),[102] isso anima-me e

---

100 *Revista de Portugal*, dirigida por Vitorino Nemésio e secretariada por Alberto de Serpa. A contracapa do primeiro número anuncia, para breve, poemas de Manuel Bandeira e Ribeiro Couto.
101 Casais Monteiro publicara "um capítulo dum romance Madrugada" e "As Esperanças Comuns um capítulo da primeira parte" na *presença*, respectivamente nos números 50 (p.5-6, dez. 1937) e 52 (p.2-3, jul. 1938). Ambos os capítulos integram seu romance *Adolescentes* (Porto: Ibérica, 1945).
102 Edições Europa, coleção "Modernos Autores Portugueses", cujo primeiro título publicado foi *Nome de guerra*, de Almada Negreiros.

obriga-me a trabalhar mais a sério do que até aqui. Também espero dar à luz um livreco de ensaios. E tu? Esse SEGREDO, homem de Deus? E a respeito de romances não tens nada a sair?

Antes que me esqueça: nunca cheguei a receber a HOMENAGEM A MANUEL BANDEIRA, que me tinhas prometido. Também não tenho recebido a LANTERNA VERDE,[103] e sei que saiu o número 5. Não poderás fazer com que me seja enviado? Desculpa.

Gostava de cavaquear contigo demoradamente. Mas estou mal disposto, dói-me a cabeça, e não me sinto com forças senão para o que vou fazer mal acabe esta: por o chapéu na cabeça e ir tomar ar.

Estúpido que sou! Então não me ia esquecendo de te dar a sensacional notícia! Fica sabendo: Vou ser pai! Ainda não me afiz a essa perspectiva, mas daqui até lá ainda faltam uns meses – espero por-me à altura das circunstâncias!

Mando-te um impresso para a inscrição dos INDÍCIOS DE OIRO:[104] creio que não me enganei nem me apressei contando contigo para subscritor da edição de luxo, não é verdade? Como vês, tem-se trabalhado, e a verdade é que não tenho aproveitado mal o tempo desde que deixei de estar à sombra.

E agora fico esperando uma boa carta, daquelas que de ti já não recebo há muito, grandes, boas cartas do Ribeiro Couto I, como diz o Tristão de Ataíde. A Alice manda-te muitas saudades. Ambos nós desejávamos muito ver-te por este recanto pacato do mundo que é, não Portugal, mas a ilhazinha de independência que ainda conseguem manter meia dúzia de consciências que fazem as PRESENÇAS E AS REVISTAS DE PORTUGAL...

Um grande abraço do seu do coração Adolfo

---

103 Revista da Sociedade Felipe de Oliveira.
104 Primeira edição do volume de poesias de Sá-Carneiro.

47

Haia, 6 de dez. de 37

Meu querido Adolfo,

Respondo a correr. Ontem, isto é, hoje, trabalhei até 4 e meia da manhã. Agora, meio dia, salto da cama e a primeira e talvez única carta que escreva é esta. Portanto só aos pontos urgentes:
presença. Mando neste instante buscar ao banco holandês um cheque de cento e vinte escudos; pela mesma ocasião, compro aqui os escudos (vão no mesmo cheque) para a obra *Indícios de Ouro*, da qual peço 1 ex. de luxo e 1 da vulgata. Ao todo, 35$000. Junto com os 120$ da *presença* perfazem 155$000. O Banco me mandará isso à tarde e, pois, ainda dá tempo de pegar esta carta aberta.

Tu é que sabes estas coisas da *presença* e é a ti de dizeres quando precisas do meu pequeno auxílio. Quanto à "ordem na administração", de que te ufanas, deixa-me rir. O recibo que me mandas prova o contrário. Primeiro, porque o meu cheque foi mandado a 12 de Junho deste ano, e só em fim de novembro de 1937 vens com o recibo. Segundo, porque esse recibo não tem senão data de meses: falta o ano. Aliás, para que recibo? Bastas que tomes nota das datas num caderninho qualquer e me digas: em tal data, mandaste tanto. Estou a taquinar-te com a história da "ordem na administração". Vais reclamar: "Que gajo porreiro!" Sim, bem sei que em Junho estavas ainda naquele hotel pouco confortável e, portanto, a administração da revista sofria com isso. Nesse caso, não te gabes da "ordem"; pois, se havias guardado o recibinho, tinhas de enviá-lo. – Porém, não me venhas com esses recibos, que isso me aporrinha. Toma lá nota das coisas para ti, e para quando escrevas sobre o assunto, mas não me mandes mais estes papeizinhos.

– Segue a separata sobre o Bandeira para o Serpa.

– Da *Homenagem*, por mais que eu obtivesse promessas (inclusive contribui com o que foi necessário) esqueceram-se de me enviar mais uns exemplares à parte. A edição foi limitadíssima, e é por isso que, com antecedência, pedi ao Rodrigo M. F. de Andrade que imprimisse mais alguns para mim. Pode ser que ainda aqui me venha ter algum. Já escrevi ao Bandeira sobre isto.

– Do Ministério, isto é, do chefe do Serviço de Cooperação Intelectual, recebi o cartão junto. O meu ofício será, como vês, atendido com todo o carinho. Depois te mandarei também cópia deste ofício. A coisa levou tempo, mas enfim está saindo.

– Sobre a *Lanterna Verde*, estou escrevendo um cartão reclamando para ti o envio regular da publicação.

– Atão bais ser pai, ó rupás? Esta notícia é de arromba. Que seja um menino. Ora a Alice, mãe! Uma rapariga tão delgadita que cabe na palma da mão – a elaborar um cidadão português! – Sim, que seja um menino. E que o menino seja um dia um campeão da política portuguesa: para guiar o país pelos caminhos do amor e da glória.

Afinal, creio que aludi a todos os pontos da tua carta.

Mas, ainda assim, é bilhete a correr.

Para os dois abraço do Ruy

Ó Alice, que o menino
Que ainda trazes nas entranhas
Seja pastor nas montanhas.

Ou então, outro destino:
Soldado, em terras estranhas
Cometa ilustres façanhas.

Qual dos destinos preferes?
Ai as mães! Sempre mulheres!

"Que importa? Herce ou zagal,
quero só que o meu menino
Seja o mais lindo menino
Do reino de Portugal."
Ribeiro Couto

Está quentinho do forno este poema de circunstância.[105]

---

[105] Publicado com variantes como "Versos de circunstância", no *Diário Popular* (Lisboa, 29 mar. 1943).

48

Porto 26-II-38

Meu querido Ruy Ribeiro Couto:

É inacreditável – mas é verdade: a tua última carta é de 6 de Dezembro, donde se conclui sem grande esforço mental que vai para três meses que não te escrevo! Espero – é sinal de amizade – que estejas indignado comigo.

Mas tu perdoarás como puderes, eu só desejo que não penses que foi esquecimento – pelo contrário, tenho andado com esse espinho a atenazar-me: "Ainda não escrevi ao Couto, ainda não escrevi ao Couto!" Mas tu compreendes, não é verdade, que se posso – talvez mais facilmente? – adiar uma carta a um amigo do que a um indiferente.

Mas adiante: estou desde o princípio com a notícia aos saltos no bico da pena: O rebento já nasceu (ontem) e é um rapaz! (como tu desejavas – e eu!) Compreenderás, pois, que te escrevo precisamente quando menos facilidade tenho de te escrever com vagar. Mas agora não podia deixar de te mandar a notícia, embora deixando para daqui a alguns dias o escrever-te com vagar.

Correu tudo bem, e "mãe e filho encontram-se bem" como costumam dizer as folhas.

Também tenho remorsos por não te ter escrito para te dizer que a Alice (e eu, é claro!) ficou encantada com os teus versos. Sintetizando, tanto ela como eu pensamos sempre no grande amigo que está em Haia.

Recebi anteontem um pacote com dez livros e uma amável e simpática carta do Osório Dutra. Como vês, o que tanto empenho puseste em conseguir (como to agradecer?) começa a realizar-se.

É verdade: eu nem sequer te tinha dito um simples "obrigado" que fosse, do teu ofício ao Ministério! (sinto-me corar até as mais recônditas fibras).

Perdoe, pois, esta carta à pressa.

A Alice manda-te muitas saudades. Um fortíssimo abraço do teu muito amigo Adolfo

49

10, rue Jean Bart
Paris, 16-12-38

Casalote,

Nada tenho sabido de ti depois que te nasceu o garoto. Isto é sei muito de ti: por ex., o admirável ensaio crítico sobre o Manuel Bandeira.[106] Mas não sei do Adolfo, do marido da Alice, do gajo porreiro com quem, na saudade, continuo a beber litros de verde pelos tascos portuenses. Também, quem sabe lá se a culpa é minha? Não te agradeci o livro sobre o Supervielle:[107] mas porque já o saboreara nas publicações em revista.

Está pronto o teu romance? E novos poemas? imagino que deves estar com muitos livros prontos, porque sei da tua atividade criadora no amorável 3° andar da Rua Miguel Bombarda. Conta de lá o que fazes!

Entrei, eu também, numa fase de produção intensa, graças à casa em que moro agora: em pleno campo, a cinco quilômetros de Haia. Quando chegará o dia de ver-vos lá, a ti e à Alice?

Para o Brasil mandei um novo romance *Mau Passo*.[108] Estou aqui em Paris assistindo à impressão de um livro de contos já há anos traduzidos (mal, diz o Hourcade e reconheço-o, pelo Jean Duriau).[109] Na poesia, depois de uma fase de inadaptação à Holanda, desandei a chorar e a pedir socorro, ler poemas da mais triste tristeza. Além disso, afundei nas crônicas do Brasil colonial, e estou preparando diversos trabalhos sobre a nossa formação social. Em suma, estou numa dobadoura, e até com medo de sacrificar os mal remendados pulmões.

Então a grande *Revista de Portugal* perdeu o grupo luminoso da *presença*? Disse-me o Alberto, há um mês, em carta rápida, e verifiquei-o

---

106 Publicado na *Revista de Portugal* e que, ampliado e acrescido de uma antologia, seria editado pelos Cadernos Inquérito, em 1943.
107 Reedição *en plaquette*, pela *presença*, do ensaio publicado na *Revista de Portugal*.
108 Não foi publicado romance de Ribeiro Couto com esse título.
109 *Nuit tropicale*, Paris: Nouvelles Éditions Latines, 1939

eu no 1º número, com a falta de vocês todos – Régio, Simões, etc. – e mais a nota seca dizendo só que o Serpa deixara de ser secretário. Terá sido por motivos políticos?[110]

Em política, estou a colecionar engulhos e náuseas. A Alemanha e a Itália estão traindo a Europa. A miserável perseguição aos judeus faz-nos retrogradar aos piores tempos do obscurantismo medieval. Os estímulos teuto-italianos à ambição japonesa preparam o tufão asiático, que dentro de cinqüenta anos varrerá com a Europa e a América daquelas paragens e levarão o Ocidente à miséria, pela super-população industrial do futuro bloco sino-japonês, a fabricar marmelada, guarda-chuvas e vidros de aumento por dois centavos o quilo. Que mundo de pernas para o ar vais tu legar ao teu filho?

Refugiemo-nos na ciência e na arte. Somos incapazes, nós poetas, de outro esforço útil que não seja clamar pela piedade dos deuses. E isso dá poemas que os homens, quem sabe, um dia escutarão.

Se tiveres uma hora vadia, numa das tuas noites, conta-me de ti, da Alice e do rapaz. A vós, e a todos os de tua família, desejo um Natal feliz e Novo ano próspero.

Teu,
Ribeiro Couto

50

Lisboa, 4 DE ABRIL 1939

Meu querido Ruy Ribeiro Couto:

A tua carta de 16 de Dezembro veio agravar a minha vergonha. Não, não tenho atenuantes, desculpas, nem nada! É a vida que agora deu em fazer de mim, ao contrário de antigamente, um epistológrafo escasso. E quando as coisas começam acumular-se, quando começa a haver muito que dizer, uma carta não chega, precisa-se duma, de

---

110 É o que se depreende da correspondência Casais Monteiro – Vitorino Nemésio.

muitas boas conversas. Mas isto parece desculpa; e não é. Crê que aceito o peso da minha vergonha. Pois não te escrevo desde que te anunciei o nascimento do rapaz!

A verdade é que nem sei o que te conte. Não te posso dizer senão a correr o que, se fosse a dizer por extenso, me faria adiar outra vez esta carta, que há de ir hoje, custe o que custar!

Saberás que aí por fins de Outubro do ano passado tomei uma resolução violenta: vir para Lisboa, tentar aqui uma vida independente, que não podia ter no Porto depois de minha demissão de professor do liceu. Tinha umas vagas lições – mas continuava a ser dependente, e há coisas que de certa idade por diante começam a pesar demais. E vim sozinho por aí abaixo, à conquista da capital. Em Fevereiro veio a Alice com o pequeno (que tem agora 13 meses), e cá estamos instalados num andarzinho muito simpático da Graça, onde procuramos viver com pouco dinheiro e esta força que a vida nos deu para não nos deixarmos "ir abaixo". A minha situação não é brilhante – mas vive-se. Este é o grande acontecimento da minha vida. Mando-te uma fotografia do "homem" com a mãe, feita em fins de Dezembro. O rapaz é forte, não tem tido doenças, senão coisas insignificantes, e é o que vale.

A minha actividade "pura" está fraquinha; nunca mais continuo o meu romance, e pouco tenho feito senão um ou outro artiguito. Tenho um livro de ensaios[111] pronto a publicar, mas não contêm nada feito recentemente. Poucos versos tenho feito. Se recebeste, como espero, o último número da *presença*, lá terás visto alguma coisa relativamente recente.[112] Mas depois disso creio que só escrevi mais dois. Sabes, a mim, as preocupações com o dia a dia apagam-me o fogo sagrado! E também o principal trabalho que tenho tido é de traduções, o que, como sabes, não é muito próprio para deixar paciência para escrever outras coisas, pelos menos a um preguiçoso, e um "rapidamente cansado" como eu sou. Parece que não posso trabalhar muito; traba-

---

111 *De pés fincados na terra*, publicado em 1941.
112 "Mundo remoto", "Poema", "Fácil" publicados na *presença* (n.53-54, p.22-24, nov. 1938).

lhando muito trabalho mal; o que eu nasci foi para capitalista, mas...

Espero que os teus trabalhos históricos não exerçam sobre a tua actividade o mesmo efeito que as traduções sobre a minha: não te esqueças de que, por muito boa história que possas fazer, é outra coisa que "deves" fazer. Esse MAU PASSO que me anunciavas? E esse SEGREDO, nunca mais se publica?

Uma coisa: como sabes, suponho, a *presença* não tem um único exemplar da *Província*. Ora, como o livro figura nas suas edições, e nós agora, com a minha vinda para Lisboa, estamos a por a "casa em ordem", era preciso que dispuséssemos aí duns dez ou vinte exemplares, para fazer face a qualquer pedido. Não sei quem é depositário dela cá em Portugal. Conviria que fosse doravante a *presença*, para a qual tu poderias dar ordem para serem remetidos os ex. que houver, depois de liquidados por seu atual depositário. Se achas bem, dá ordens.

Vamos fazer uma tentativa de dar maior expansão à *presença*. Passamos a formato de revista (19 por 24) 64 páginas cada número. Tenho promessas de algumas pessoas para tentarem arranjar-nos numerosos assinantes. Vamos ver se acaba com a sua situação deficitária! É verdade; tenho há uns poucos meses, um recibo para te mandar. Já sei que não precisas de recibos, mas dá-me mais jeito mandar-to. Junto-lhe o dos últimos três meses, e agradeço-te que mandes esses escudos. São ao todo 240$00.

Estou cansado de escrever; estive a copiar a *Dispersão*[113] do Sá-Carneiro, que vamos reeditar agora. Os boletins de inscrição irão com o próximo número.

Agora vê lá se te vingas! Preciso de notícias, muitas notícias tuas. A Alice manda-te muitas saudades.

Grande abraço do teu sempre e muito amigo Adolfo. O meu endereço é: Rua Angelina Vidal, 52 2° Esq. Lisboa

---

113 Os boletins de inscrição seguiram com o número 39 da *presença*.

51

Paris, 27 de Maio de 1939

Adolfito,

Trouxe tua carta de 4 de abril para Paris, a fim de respondê-la daqui. Com efeito, deves ter vergonha de passares tanto tempo sem me dares notícias. Carta minha de 16 de Dezembro só a respondes em 4 de Abril, etc., etc. O pequeno já cresceu, já tem quase bigodes, e é a segunda vez que me escreves depois dele nascido – mas já estava nascido há muito quando me participaste o feliz acontecimento. Vês, pois, que me estás a mandar às urtigas, e muito de mansinho.

Perguntas-me se recebi o último número da *presença* e se vi os teus versos. Creio que não recebi, pois não me lembro de te haver lido. De resto, de nada me adianta receber a *presença* se não recebo do mesmo passo notícias tuas. A necessidade do contato é absoluta. Desde que não me escreves, não te leio. O principal dos meus amigos nisto de correntes fluídicas, são as cartas; a produção poética é um desdobramento (ainda que seja a parte destinada à vida exterior, à vida monumental).

Gostei muito do retrato do teu garoto. Delicioso. O pijamazinho (em Portugal se diz: a pijama) também delicioso. Parece um pinto calçudo. Também gostei de receber o retrato da Alice, em êxtase diante do gajo porreiro junior. Muito obrigado pela afetuosa lembrança.

Más notícias dás da "vida pura". Então paraste de escrever o romance? Talvez porque, pelo menos nos atuais anos, as tuas duas atividades naturais sejam a poesia e a crítica. O romance obriga a viver noutro plano de existência – com outros instrumentos de expressão.

O *Mau Passo* ficou pronto há meses e mandei-o para o Brasil, porém com ordem de ficar no cofre do editor. Não será publicado agora. Depois te explicarei isso. O essencial, porém, era acabar o livro. Ficou bom. Pode ser publicado depois da minha morte mesmo – sem vergonha para os meus ossos. Digo o principal, por todas as razões, e mais esta: que livro encalhado na gaveta, a meio caminho da conclusão, é carroça no meio da rua, com as mulas de pernas para o ar, e tudo a impedir o trânsito (passagem de procissão, de enterro ou de um bloco carnavalesco).

O rapidamente cansado com que te classificaste, foi para mim uma surpresa. Sempre te supus (e assim o demonstras, aliás) um trabalhador intensivo.

O livro de versos está pronto. Já não se chamará *Segredo*. Escrevi ultimamente mais de 30 poemas, e com novos desdobramentos de percepção poética. Andei visitado por anjos confidenciais nas últimas semanas. Dos novos poemas, mandei um para o *Ocidente* dedicado ao João de Barros. Verás ali (no. 14, de 1° de Junho) como aliei as duas rítmicas, a clássica e a moderna, e como enxertei de ironia realista um simples e velho motivo amoroso, o das sereias.

Não deves deixar juntar recibos dos "amigos da *presença*" e mandá--los de uma só vez, como fizeste agora. Imagina se todas as minhas contas obedecessem ao mesmo processo: era um desequilíbrio fatal. Os dois recibos de agora são: 1938 (abril a dezembro) 180 escudos; e 1939 (janeiro a Março) 60; total, 240. A quantia não é grande, mas o processo é mau. Porque não compras um livro de contabilidade e não pões em cada página o nome de cada membro da *presença*, anotando as datas – 3 em 3, ou 6 em 6 meses – em que lhes deves mandar o meirinho à porta, numa carta selada? Fico a ver, pois, que a *presença* continua a ser um mito em matéria de ordem e de organização; e como ela já está velha, quase com o dente do siso, não creio que pelo andar do tempo venha a criar hábitos metódicos.

Daqui escrevo ao meu banco em Haia para que te envie o cheque com os 240 escudos.

Inscreve-me para um exemplar de luxo do Sá-Carneiro (*Dispersão*). Como fico em Paris mais umas semanas, é possível que eu não receba aqui (a Legação só tem ordem de me transmitir as cartas) o último número da *presença*, com os boletins de inscrição.

Publiquei aqui um livro de contos *Nuit Tropicale*,[114] que te mandarei. São traduções de contos de mocidade, coisa entre os 18 anos e os 26. Enfim, o volume estava pronto, e pareceu-me de meu dever

---

114 Ver nota 109.

honrar a memória do tradutor, meu amigo Jean Duriau, que não era escritor, mas gostava de traduzir os meus contos. O Hourcade chama ao francês dessas traduções *franco-brésilien*. Mas, que fazer? Estou com a esperança de ver o Hourcade por aqui agora, ou de vê-lo em Pau. Escrevi-lhe há três dias. Convidei-o a vir passar uns dias na Holanda. Tomara que ele aceite. Quanto a ti, pela circunstância de teres mulher e filho, começo a desesperar de ver-te dar o indispensável passeio pela França, Bélgica e Holanda. Estás cada vez mais preso à vida cotidiana. Entretanto é preciso não perder de vista o enriquecimento que será para o teu espírito o tomar contato com a pintura flamenga e holandesa, com a atmosfera citadina de Paris, e tantas coisas mais. Inscreve lá nos teus projetos qualquer coisa a este respeito, manigança uma fuga dessa ordem, e eu cá estou para no momento oportuno dar o empurrão no trem que te trará a estes lados. É na Holanda que te quero receber.

Estive num jantar no *Journal des Poètes*, aqui em Paris, presidido pelo Supervielle. Falamos os dois muito de ti. Achei-o velho, o Supervielle, com uma cabeça comprida, calva e metafísica. Deve ser de andar a roçar as estrelas. Supervielle faz as "descobertas do mundo interior"[115] em viagens para as abóbadas celestes. Não exagero dizendo-te que ele dá a impressão de um anjo (um anjo encanecido e doente, mas positivamente um anjo).

Felicito-te pela mudança de formato da *presença*. O formato antigo é incômodo e dificulta a encadernação – mesmo a conservação da revista. Já a *Revista de Portugal* ou o *Ocidente*, estão a pedir encadernação e estante. As *presenças* tenho-as dobradas. Como procurar metodicamente qualquer coisa ali?

Não sei se mando o meu livro de versos para São Paulo, ou para a Editora, ou se o imprimo em Lisboa, no Anuário Comercial. Não me posso conformar com a idéia da distância entre Haia e São Paulo, distância que atrasará de meses e meses a publicação do livro, enquanto vão e venham provas a corrigir. Além do que, a ansiedade de saber o filho por águas do mar.

---

[115] Referência ao título da *plaquette* de Casais sobre Supervielle.

Queria mandar-te cópias dos novos poemas, porém a carta saiu mais comprida do que eu esperava, e já agora esgotou-se o tempo de que eu dispunha. Vou sair e por esta carta no correio. Depois será a noite de Paris, com um cheiro de árvore adolescente nas ruas que desembocam no Sena.

Saudades à Alice. Um abraço do teu Ruy

52

Haia, 2 de Julho de 1939

Querido Adolfo,

Aqui está o Pierre Hourcade, desde sábado, 29. Tem gostado imenso da Holanda, pessoas e paisagens. Falamos todos os dias de ti e de Portugal. Por vezes, com tristeza. Já imaginarás isto!

No momento em que te escrevo, Hourcade saiu para ver uns recantos do país, em companhia de uma senhora minha amiga. Estive a por em ordem, estes últimos dias, um livro que desejo publicar com absoluta urgência, chamado *Cancioneiro de Dom Afonso*.

Sai, portanto, antes do *Segredo* – que mudou de título e de distribuição de matéria. A razão porque te mando o livro é esta:

Desejo fazer uma edição muito bonita. Penso que só o Anuário Comercial em Lisboa, ou a Imprensa Oficial, pode fazer coisa a meu gosto.

Se isto não te maça demasiado, peço ires com o original a uma dessas duas casas – o Anuário ou a Imprensa Oficial – a fim de que peças (dá-me a tua afetuosa atenção) estas coisas:

1) um orçamento

2) amostras de dois ou três papéis da melhor qualidade, sendo que, portanto, o orçamento deverá mencionar o custo da obra em tal, tal ou tal outro papel;

3) uma página de composição, em dois tipos diferentes, que a tipografia (aliás, em conformidade com o teu gosto e escolha) proponha.

A obra será tirada em 500 exemplares numerados, sem nenhuma tiragem especial, pois toda ela já é, a rigor, em papel especial.

Podes fazer isto para o teu amigo?

Escreve-me logo. Sabe, quando a gente publica um livro, fica numa aflição de véspera de parto.

Não sei se gostarás do livro. Está cheio de "substâncias brasileiras", conservadas no álcool de complexas nostalgias.

Beijos na Alice e no pequeno. Hourcade te levará (mas só em Outubro) mil recados e relatórios daqui.

Teu Ruy

Não desejo um livro de proporções tão vastas como *Província* porque isso encarece e dificulta a remessa. Prefiro um tipo mais normal de livro. Aliás *Província* foi feita com um tipo grande por causa das ilustrações. Espero que, no orçamento da tipografia, me dêem pormenores sobre as dimensões. Assim farei uma idéia completa de tudo.

A capa, sem ilustração nenhuma.

53

Haia, 13 de Julho 39

Casalote,

Estou escrevendo para o Brasil duas cartas, a ver se arranjo colaboração para v. lá. Duas tentativas, dois jornais: *Estado de S. Paulo* e *Jornal do Brasil* (para este já apelei uma vez, sem resultado).

O Hourcade está para vir aqui. Escreveu-me a seu respeito, com o afeto de sempre e dando-me, a respeito de v., notícias não muito brilhantes. Não fiques silencioso tanto tempo, Casalote! Mande-me poucas linhas, mas mande-as.

Para a Alice e v.,

Saudoso abraço, R Couto

Espero o Hourcade aqui no fim do mês.

54

Porto – 3 de Agosto de 39

Querido Ribeiro Couto:

É de facto uma vergonha este meu silêncio! Mas é tudo conseqüência deste diabo de estado de espírito de que é responsável a vida um tanto dura que tenho levado. Dura, não que eu tenha jamais estado naqueles apuros do desgraçado que não tem onde cair morto. Em último caso, ou na casa dos meus pais ou na dos meus sogros eu teria sempre onde me refugiar. Mas todo o bicho homem tem o direito de aspirar a uma vida independente. E tenho de confessar que este ano de experiência "lisboeta" deu, bem apuradas as contas, um déficit de três contos! Podes dizer que não é muito pelos tempos que vão correndo. Pois não. Mas o caso é que eu precisava de ganhar o suficiente para viver e a continuar assim tenho de desistir, pois que outra saída há-de haver? Estão-me fechados os colégios: para ser professor do ensino particular é preciso um diploma: para se obter tal diploma é preciso um documento, um certificado do registro criminal e policial pelo qual se verifique não ter o pretendente nenhuma... nódoa na sua vida. Está a ver se tenho – e que nódoa! Alguns amigos estão interessados em conseguir que seja cancelado o meu processo, mas é um sonho de ingênuos adeptos do Estado Novo que não querem acreditar que a situação que apóiam seja tão mísera e mesquinha como certas coisas mostram. Portanto, continuo a não poder contar senão com uma ou outra lição particular, com traduções e uma ou outra colaboração. E bem sabes como são incertas estas fontes de receita! Comecei agora uma colaboração para o *Diário de Notícias*[116] do Rio: um artigo por mês. Mal pago,

---

[116] Casais Monteiro não registra sua colaboração no *Diário de Notícias*, seguindo o critério, exposto em nota a *O romance e seus problemas*, de não referir publicações brasileiras que acolheram artigos já estampados em Portugal.

aliás, 50 mil réis. Enfim... melhor que merda, como por cá se diz. Tenho mandado umas coisas para a *Revista do Brasil*,[117] não sei se terás visto. Isso é mais bem pago, mas é raro.

Muito te agradeço o interesse que tens posto em arranjar a que eu colabore noutras folhas. De todo o coração, obrigado!

A Alice, coitada, está arrasada com estes últimos meses em Lisboa, como é fácil calcular. Ela não é muito forte, e tem o seu filho que é o diabo! Com isto ser dona de casa, sem criada, estás a ver que a pobre dela não deve poder com um gato morto. Espero que se refaça na aldeia, para onde vamos depois de amanhã. Ficaremos lá até ao fim de Setembro. Endereço: Ruivães – Vila Nova de Famalicão, endereço teu já conhecido. E em Outubro lá voltaremos para Lisboa a ver se com o centenário da Independência, conseguimos a dita!

Calculo que o Hourcade estará por aí. Se estiver, peço-te que lhe digas que, por culpa minha só recebi a carta dele quinze dias depois, visto eu não lhe ter dado o meu novo endereço. E dar-lhe-ás um abraço. Vou escrever-lhe para Paris na incerteza do paradeiro dele.

Continuas mergulhado na história? Diabo, diabo! Vê lá, não traias de todo a literatura! Que venha esse *Segredo*, que venham esses romances, é um raio! Não te posso apontar o meu exemplo, porque estes últimos meses foram vergonhosamente improdutivos. Espero que o campo me seja melhor ambiente do que a vida angustiada de Lisboa com a preocupação constante do dinheiro.

Estou a ver se espremo um longo poema de que me tem brotado fragmentos e em que tenho certa esperança. Mandar-te-ei quando o acabar. Embora pouca, ainda é poesia o que esta árvore depenada tem dado nestes últimos meses. O meu romance continua a ser uma hipótese, perante a realização da qual me acovardo.

***

---

117 Casais Monteiro publicaria sete artigos na *Revista do Brasil* em sua terceira série, organizada por Octávio Tarquínio de Sousa, o primeiro deles já no segundo número de agosto de 1938: "O nosso contemporâneo Dostoievsky".

Releio a tua penúltima carta e coro! Em que abismos de ingratidão eu ando afundado? E se ainda alguma Obra (com maiúscula!) me desculpasse – mas quê!: nem obra com minúscula... A *Dispersão* não será publicada antes do fim de Outubro. A *presença* sairá infalivelmente no seu novo formato no dito mês, e como com ela vão os boletins de inscrição, o livro tem de esperar embora deva ficar pronto em Setembro. Cá registo o exemplar de luxo para ti.

É espantoso! – mas é assim mesmo: nem sequer acusei a recepção do teu bem vindo cheque para a *presença*. Não haverá magnanimidade que chegue para todas as minhas faltas!

Porque não me encarregas de olhar pela impressão do teu livro de versos em Lisboa? Bem sabes que seria um prazer para mim. E prometo fazer com que não haja atrasos se tiveres pressa.

Perdoa esta carta em que não digo senão pequena parte do que queria. Prometo responder logo, se me escreveres para Ruivães. Saudades da Alice e o mais forte abraço do teu do coração Adolfo

55

Haia, 4 de ag. 39

Adolfito,

Recebi ontem esta carta do Múcio, do *J. do Brasil*. Como vê, não é a primeira vez que me interesso por um amigo junto ao jornal, nem é a primeira vez que acabo vencendo. Vou PEDIR DIRETAMENTE AO DOUTOR PIRES DO RIO (antigo ministro da Viação) que te convide para a colaboração que desejamos. Sou "timoso", como dizia um galego que eu conheci em Minas.

Guarda reserva da carta, que contêm comunicações privadas a respeito do caso da C. M., caso em que o Múcio, homem fino e justo, ficou ao lado de nossa grande poetisa.[118]

---

118 Cecília Meireles. O "caso" é referência à tentativa de impugnação do prêmio

Hourcade ainda aqui está, encantado. Hoje foi a Amsterdam. Teu e da Alice, RRRRRRRRRRrrrrrrrúúúui. (voz de gato zangado quando as coisas não correm bem.) – Venceremos, pois não?

56

Ruivães, 10-VIII-39

Querido Ruy:

Apresso-me a escrever-te, com o fundadíssimo receio de que, ao receberes a minha carta, tenhas imaginado perdidos o original do teu livro e a carta endereçadas para Lisboa. Será grande pena que, visto exigires o Anuário ou Imprensa Nacional, eu não possa tratar agora o teu livro. Há três soluções: ou não trato, ou aceitas uma tipografia do Porto (que está aqui à mão), ou esperas por Outubro. De facto, melhor trabalho do que no Anuário será difícil conseguir. Mas, contudo, podias experimentar o Porto. Se deres licença, eu peço na Imprensa Portuguesa um orçamento. Se aceder, diz desde já se preferes tipo elzevir ou alemão, ou redondo, a composição em dez ou em doze, e se queres papel velino, vergé, pluma, etc. – enfim, generalidades que me permitiriam dar-te amostra com probabilidades de te agradarem.

Dito o que me permitirei dizer-te que gostei muito de parte do teu livro, e menos de algumas das composições. Creio que as que gostei menos são daquelas a que só o ser-se brasileiro poderá restituir a atmosfera necessária a senti-las – não será? Duma maneira geral, gosto muito do conjunto, e da presença do Nobre, do nosso querido Anto, em tantas das poesias. As minhas pessoalíssimas preferências vão para: "Cadeira de Cena", "Segunda Elegia", "Elegia de Wassenaar", "Adeus ao Porto", "Modinha do Exílio", "Sanfona do

---

concedido pela Academia Brasileira de Letras ao volume *Viagem*. Ver carta de Múcio Carneiro Leão, texto 2 do Anexo.

Menor Imperial", "Luar do Sertão" e as duas últimas.[119] Há no teu livro um sabor muito especial, que estou burro demais para sequer tentar definir. Mas é lindo, seu moço, como diria o Serpa (como diz o Serpa desde que o conhece!)

A propósito da tua antepenúltima carta, e antes que me esqueça: em Portugal não se diz a, mas sim o pijama, talqualmente na tua terra! Isto para que não venhas presumir de sábio! Ainda a propósito: o meu herdeiro está famoso e recomenda-se; a mãe do meu filho como se diz na China (estou a traduzir um livro da Pearl Buck[120] lá passado, não te admires), também vai regularmente, embora ainda não refeita das forças que a nossa vida em Lisboa lhe tirou.

Poderás dar-me o endereço do Hourcade em Paris? Suponho que já não estará aí.

Mas se está, dá-lhe um valente abraço, à portuguesa – ele está habituado a meterem-lhe dentro as costelas.

Olha que a tua carta só chegou cá em 8; não julgues pois que a demora é minha.

Saudades da Alice e grande abraço do teu do coração Adolfo
Atenção: meu único endereço até ao fim de Setembro é:
Ruivães, Vila Nova de Famalicão

57

Paris, 29 de agosto de 1939.

Meu querido Adolfo,

Vim a Paris buscar a Menina, que aqui estava. Vamos para a Holanda. Hoje deve resolver-se em Berlim a paz ou a guerra. Pelas estradas, ainda é possível transitar e não falta benzina. Mesmo que

---

[119] As duas últimas poesias são "Encarnação de São Benedito medroso" e "Consolações do caboclo devoto".
[120] *Os filhos de Wang Lung*. Tradução posteriormente abandonada.

faltasse. Trouxe da Holanda 150 litros em *bidons* de reserva. Que me dizes do pacto entre russos e alemães? Ou antes, entre nazismo e comunismo? Cínicos hein? A cara da Itália está comprida como a de um asno melancólico.

Daqui te respondo às informações que desejas sobre o livrinho. Remeto-te, registrado, o livro de Alfonso Reyes[121] *Romances Del Rio de Enero*. É um tipo assim que gostarei que escolhas, arredondado e graúdo (corpo 12, creio). O papel assim também: não sei se se trata de velino ou pluma, pois *je m'y connais très peu*. Por tudo isso, parece-me melhor enviar-te o livro do Reyes, excelente modelo.

A capa: – A capa do *Cancioneiro de Dom Afonso* não deve ter a vinheta azul que tem a capa do Reyes. Simplesmente o nome do autor e o título (o nome do autor em caracteres mais discretos que o título do livro). O título tanto na capa como na folha de testada, em tinta vermelha. Duas folhas em branco no começo, como o livro do Reyes (ou uma, se vier a calhar certo; mas pelo menos uma em branco); e mais a folha só com o título; e depois a folha de testada, etc. O resto, como está indicado no original. Na lombada, nome do autor e título em vertical (como no livro do Reyes; não gosto de livro, mesmo fino, sem estas indicações na lombada). Passo agora à questão da tipografia. Como a tua permanência na aldeia é curta, não convêm dar o livro à tipografia do Porto. Pois pode haver atraso na composição ou impressão e, dessarte, voltando tu a Lisboa, ficarias longe da oficina. O que talvez seja possível, desde logo, é escreveres ao Anuário Comercial, consultando-o. A mim, aliás, não deves mandar orçamento algum, pois orçamento que tu aches razoável, está de antemão aprovado por mim. Pois claro. Que elementos tenho eu para julgar disso, melhor que tu? Uma vez que estás munido de um modelo (composição, papel, formato), não tens necessidade alguma de me enviares orçamento. O que tu julgares de bom gosto, é o que julgarei também; o que julgares razoável como preço é o que julgarei também. Ficamos, pois, entendidos que mandarás original e modelo ao Anuário, para que te enviem orçamento; assim como amostras

---

121 Escritor, filósofo e diplomata mexicano. Este volume tem a primeira edição em 1933.

de papel, e amostra de composição (um poema composto). O que aprovares, aprovo eu. Se quiseres me enviar depois isso, então envia-me, mas sempre de modo que tais idas e vindas de correspondência não atrasem um livro que eu desejaria que fosse composto já. O papel sim é que (uma vez que há tempo de sobra para se resolver sobre essa fase do trabalho, isto é, a impressão), o papel é que eu desejo ver; assim, manda-me as amostras que te enviarem de Lisboa, com a tua opinião sobre o melhor, isto é, qual o que escolherias.

Distribuição da composição:

Penso que os poemas devem começar em cima, como no *Sempre e sem fim*. Quando o poema for longo, continua na página seguinte. Quando for curto, acaba na mesma página (Os espaços em branco, no pé, dão relevo à composição. Embelezam.)

Mãos à obra, meu Adolfito. Se o Anuário estiver muito sobrecarregado, então temos a Imprensa Oficial. Porém, como se trata de livro pequeno, e sou eu, em suma, o único poeta brasileiro que imprime livros em Portugal (não sei se já notaste isso), é possível que o Anuário leve o fato em consideração e desobstrua um pouco as máquinas, em meu favor, dando-me com urgência o que, a rigor, só poderia dar mais tarde.

A costura e a cola do livro devem ser muito fortes. O livro do Carlos Queiroz, por exemplo (Imp. Oficial), foi lindamente impresso, mas com defeitos de cola e costura. A capa, com duas ou três leituras, está a desprender-se do caderno. São detalhes em que certas tipografias relaxam: a qualidade do fio para costura; e a cola para a capa. Vê o livro do Reyes como está bem costurado e bem colado.

Não sei se notaste que tua carta, dando-me notícias e perguntando-me porque não te enviava um livro para o imprimires em Portugal, cruzou-se em caminho com o livro que eu te enviei para isso mesmo (tua penúltima carta).

Na tua carta de agora, 10 de agosto, tens a bondade de dar o teu juízo a respeito do *Cancioneiro*. Com efeito, o livrinho está cheio de intenções brasileiras, em qualquer das três partes. O primeiro poema ("Elegia civil"), que não citas entre as tuas "personalíssimas preferências", foi escrito na Suíça em 1931, em pleno domínio dos tenentes. No fundo, esse lirismo é político. Poesia social, portanto, com um tremendo pudor de o mostrar. São em suma, queixumes de dois meninos e moços, Afonso e Ruy, longe da pátria, amargados com as amarguras dela, mas consolando-se com a evocação de ritmos, cheiros e vozes dela. A "presença" do Nobre que indicas, não estará talvez em tantas, mas nalgumas dessas canções: as da neve, no tempo do sanatório, e as da Holanda, entre chuva e treva noturna. E é bem natural! Ainda que com diferentes desfechos a vida do grande Nobre, como a do teu amigo, tem pontos de contato até mesmo físicos e geográficos: tuberculose, exílio, solidão. E como somos da mesma raça, e eu sou tão português, como sabes, nada mais natural que o pretender eu, sem muita água benta, a honra de pertencer à mesma família poética dele. Não creio, porém, que já na altura em que vou, 41 anos, com a consciência bem nítida do que escrevo, amasso nas mãos e modelo, me possam "acusar" se "seguir" tal ou tal jeito ou tendência, do Nobre ou de outros. Tanto mais que toda a minha poesia é registro de vida cotidiana; e um desabafo pessoal; é um fragmento do meu jornal. Na terceira parte do livro, a nostalgia da terra natal (das gentes, dos matos, dos luares urbanos) exerceu-se em poemas folclóricos que só no Brasil, provavelmente, podem ser apreciados. E toda essa parte está também cheia de alusões, de intenções, de subestruturas sibilinas. Há ali matéria até mesmo para filólogos; pois, em certos poemas ("Consolação do Caboclo") toquei viola à maneira do centro-sul (São Paulo e Minas), falando exatamente como os caboclos de lá (quando um rancho acho, vento bota abaixo). Noutros, à maneira dos negros da mesma zona ("Encantação de São Benedito medroso"). Noutros à maneira do Norte (Bahia e Pernambuco). É, em suma, essa terceira parte, uma síntese melódica do povo do Brasil. Síntese à que não falta o Rio de Janeiro capadócio, com mulatas sestrosas e tocadores de violão falando difícil (pulcro, divinal).

Dizes-me que gostaste mais da "Cadeira de cura", "Segunda Elegia", "Elegia de Wassenaar", "Adeus no porto" (com p pequeno; cuidado na revisão, pois se trata do porto de Antuérpia, enfim, um porto qualquer e não da nossa cidade tripeira), "Modinha do Exílio",

"Sanfona do menor imperial", "Luar do Sertão" (que se chamava "Tocaia" primitivamente; sabes o que é, não? Esperar alguém atrás de um toco – donde tocaia – na estrada e matá-lo à traição); e das duas últimas (não sei quais são as duas últimas, pois não guardei cópias na mesma ordem do original enviado; presumo que uma dessas duas seja "Consolações do caboclo"). A tua escolha me lisonjeia; confesso que não tinha muita esperança de te agradar, pois que se trata de um livrinho especialíssimo, todo imbuído de um tema político local, e de uma intencional invocação de coisas afro-indo-brasileiras. Fiz esses poemas a uma *allure* de três e quatro por dia, na atmosfera que aqui deixou o Afonso Arinos de Melo Franco. Alguns, fi-los enquanto ele estava em Haia. Apenas uns cinco ou seis são feitos em data anterior.

E, na mesma ocasião fiz outros novos, rasguei vários antigos, e corrigi outros. Em suma, desandei numa poetização (melhor dito: numa poetorréa) intensa.

Creio que vou desdobrar em dois os poemas que aqui tenho, de velha e de nova data. Já o título *Segredo* foi furado: por um rapaz no Brasil, com um livro de contos; e agora por um poeta em Portugal. Não convêm anunciar títulos... (Não convêm anunciar nada. O melhor é trabalhar em silêncio.) Já sabes que anda sempre muita gente, consciente ou inconscientemente, de boca aberta, como as flores carnívoras: mosquinha que passa voando perto, é incorporada ao sistema digestivo da flor.

O Hourcade.

Não sabes a alegria batatal que me deu ele. Passou 10 ou 12 dias comigo em Wassenaar. Foi um regalo para mim – ainda que eu o tenha talvez agitado um pouco, pois fi-lo encontrar demasiadas pessoas.

Não te dou o endereço dele em Paris, simplesmente porque aqui não passou senão 24 horas. Está em Pau: Ville Le Pin, Avenue Ginot. Neste instante, aliás, Hourcade deve estar mobilizado – pois, quando me escreveu, há dias (antes da crise), ia entrar em exercícios militares. Naturalmente, ficou retido.

Devo ter carta dele em Haia – para onde volto hoje à tarde ou amanhã. (Estou à espera da resposta do Hitler à proposta britânica, hoje à tarde.)

Foi para mim uma revelação, esta visita do Hourcade. Pois verifiquei que pensamos de modo absolutamente idêntico em tudo que respeita a assuntos sérios: metafísicos, políticos, sociais, poéticos, etc. Logo que eu chegue em Haia vou mandar-te pelo menos outro livro. (Vou desdobrar em dois ou três a matéria que tenho). Vou mandar-te, também dinheiro para a impressão. Mas será bom, a esse respeito, que eu saiba tão cedo quanto possível do quanto custará o *Cancioneiro*.

Já sabes que a Holanda será provável campo de batalha entre alemães e ingleses, Ninguém tem a vida garantida aqui. Se por um acaso qualquer eu vier a ser vítima de um acidente, peço-te que dês andamento à publicação dos originais que eu já te houver enviado. O pagamento do que eu estivesse a dever seria então feito pela Civilização Brasileira, Rua do Ouvidor, 94, Rio de Janeiro – casa cujo diretor, Octalles Marcondes Ferreira, é meu amigo, e onde tenho ações. (Esta indicação, dou-a por um excesso de cautela. Mas cautela nunca é demais. Se te visses a braços com uma dívida minha, já sabes a que porta bater. Desejo, para evitar isso, liquidar tão cedo quanto possível o que deva no Anuário Comercial.)

Nada me disseste dos teus projetos da *presença*. Os tempos agora, aliás, são maus para isso. É preciso deixar passar a tormenta.

Com o Hourcade conversei muito a respeito de pessoas e coisas daí. Ele poderá transmitir-te o meu pensamento.

Vais ficar em Ruivães até o fim de Setembro? Se vier a guerra, voltas a Lisboa? Escreve-me para Haia. Não creio que por enquanto as comunicações, mesmo em hipótese de operações militares, fiquem cortadas com Haia. A única hipótese de ficarmos lá isolados é a dos alemães ocuparem Flessingue (*pislotet braqué* contra o peito da Inglaterra. Mas, já deves ter visto que a Holanda, ontem, mobilizou. Foi o primeiro país a fazer a mobilização geral). De todo o jeito, talvez as comunicações entre Rotterdam e Londres estejam a coberto de incômodos, mesmo se a parte Sul do país (isto é, da Holanda) ficar sob a pata alemã. De resto, em caso de ocupação alemã as missões diplomáticas (como sucedeu com Bruxelas em 1914) desaparecem *ipso facto*; e então o governo me mandará a outro posto, ou me chamará ao Rio. Bacoreja-me que muito breve vou ver-te. De um jeito ou de outro, ando muito desejoso de passar umas semanas em Portugal, para ver-te, falar-te, abraçar-te, e ver também aí uns pedaços que me faltam: Serra da Estrela e Algarve.

Saudades à Alice, com os votos, que faço, de uma solução pacífica do conflito atual, no interesse da humanidade e dos nossos pessoalmente. Avalio quanto andará ela nervosa, preocupada contigo e o pequeno. A minha mulher recomenda-se.

Abraço-te, decoração, o teu
Ruy

58

Ruivães, 13 de Setembro de 1939

Meu querido Ruy e poeta Ribeiro Couto:

Chegou ontem a resposta do Anuário, e hoje mandarei esta ao Serpa, pois não sei se continua a haver, se já não há ou se tornou a haver correio aéreo para a Holanda; tenho visto notícias de restabelecimento de várias carreiras, mas como para aí deve ser via França, suspeito que não funcione. Segui ponto por ponto as tuas instruções, oxalá não me tenha enganado em nada. Mando-te as duas amostras de papel que deles recebi, e mesmo as da página composta, embora quanto a esta já tenha resolvido, segundo disseste que resolvesse; escolhi o corpo 14, aliás, parece-me que este é o do livro do Reyes. Oxalá, gostes! Hoje mesmo, portanto, escreverei para o Anuário dando ordem para começarem a compor, dá tu resposta breve sobre os papéis. Eu escolheria o no. 1, embora o outro seja talvez um pouco melhor ainda (pelo menos é um pouco mais caro). Mas a respeito de compor: há no orçamento uma indicação impressa, e que, portanto, pode nada significar, sobre o pagamento adiantado de 50%. Creio, porém, que as referências que qualquer um de nós poderá dar evitarão isso; não obstante, talvez fosse bom mandares um cheque da importância respectiva – isto, digo-te com toda a franqueza, porque estou *à séc*, e, estando na aldeia, sem facilidade de o arranjar dum momento para o outro. O orçamento, mando-to também, embora, segundo a tua autorização, tenha achado bem, embora não barato, claro, mas o Anuário é o Anuário! E creio que está dito o essencial sobre o teu livro.

Eu ainda não te agradeci, suponho, o que tens feito para me abrir as portas do *Jornal do Brasil*. E se agradeci, não faz mal que me repita. Consigas ou não, é igual a minha gratidão para contigo, podes crer. Uma das coisas que mais me têm desequilibrado a vida é não ter coisas certas, e estar sempre arriscado a dum momento para o outro ficar sem receitas. Enfim, esta economia aos tombos não deixa de ser útil como lição de vida. O que comecei foi um bocado tarde, e o menino burguês perde às vezes a cabeça. Mas é assim a vida, saibamos amá-la com tudo isso, que diabo!

Não te digo nada da guerra. Contudo, nem sei como consigo pensar noutras coisas, pois para mim, como calculas, é também a "minha guerra" – e oxalá todos pudessem agora compreender o que é o fascismo, e que não haverá possibilidade de paz no mundo enquanto ele não for reduzido a pó! Oxalá os simpatizantes com a Alemanha de Hitler cá da terra aprendam duma vez para sempre onde os pode levar essa simpatia. Perguntas-me se voltarei para Lisboa: volto, claro, com guerra e tudo. Oxalá teus vagos projectos de vinda para cá se realizem. Seria formidável! Nos primeiros dias de Outubro lá estarei no 52 – 2° Esq. da rua Angelina Vidal, e espero que imagines a alegria que seria para nós a tua vinda e a de tua mulher. Mas, até lá, o que se vai passar? Não posso imaginar a extensão que pode tomar, e qual será nossa sorte, de nós, portugueses, embora me pareça que enquanto a Espanha for neutral, neutrais nós estaremos. E como o Mussolini parece ter muito pouca vontade de se meter na guerra, vejo esperanças de desta vez ficarmos apenas espectadores. Eu é que não me sinto nada neutral, e quando mais não seja, estou sempre a lembrar-me dos amigos que estão a lutar ou em sítios arriscados; é claro, o Hourcade, lá está mobilizado! Todas as cartas dele desde o verão passado estavam cheias de pressentimentos pessimistas – e tinha razão! Eu até aos últimos de Agosto acreditei que a paz se salvasse. Tenho de acabar, se meto outra folha, com os papéis e provas fica a coisa mais anti-aérea possível! Ah: não te mando a carta do Múcio pela mesma razão, claro. Olha: creio que a cartolina para a capa te agradará; de qualidade, parece-me do melhor. Saudades da Alice. O nosso rapaz está ótimo. Afectuosos cumprimentos para a Menina, e não demores. O maior abraço do teu amigo Adolfo

59

Lisboa 7/X/39

Meu querido Ribeiro Couto:

Isto é uma carta breve, de puras materialidades. Desculpa o estilo e a caligrafia. O Anuário deve ter-te mandado hoje as 2as. provas do teu livro. Aí verás se te agrada, e dirás o que quiseres que se modifique.
Não me agrada a capa. Uma das soluções que eu daria ao caso seria por o título em corpo maior, mas [é] mais uma capa pobre, vazia demais. Que te parece? A do livro do Reyes tem a vinheta e os três filetes a toda a volta que lhe dão graça, além de tipo mais bonito. Mas para o nosso parece-me que ficaria bem o que está. Manda dizer se tens alguma preferência quanto à lombada! Se a queres ao centro como o do Reyes; ao puxada acima ou em toda a altura.
Recebi a seu tempo o telegrama no qual a fantasia involuntária dos telegrafistas introduziu uma "boa piada": "papel hum"!
Vai mandando dizer o que te interessa para a distribuição. Queres por alguns à venda cá em Portugal? Se sim, quantos, distribuídos por quem, etc. Vai tudo para aí, ou para o Brasil? Etc., etc...
Ainda não recebi os anunciados mil escudos mas não tem importância, visto eles terem feito o trabalho mesmo a seco. Pela demora na chegada do dito, estou a ver que as comunicações devem estar muito lentas.
Tens notícias do Hourcade?

Cheguei há dois dias e ando numa dobadoira para "cavar" trabalho. Falaram-me na possibilidade da minha reintegração, e de ser até colocado em Lisboa, mas é provável que me peçam um "preço" muito elevado... Veremos.
Escreve.
Torna a desculpar estas linhas à pressa.
A Alice não manda nada para ti porque ainda está com o João Paulo no Porto, vêm só na segunda feira.
Teu muito amigo Adolfo

60

Haia, 8 de Out. de 1939

Adolfito,

Não sei se te disse que ia escrever ao antigo Ministro da Viação, dr. Pires do Rio, que hoje é o diretor da sociedade anônima que publica o *Jornal do Brasil*. Foi bom que, na tua carta, aludisse à trancinha que venho fazendo para te por lá, porque relendo-a, neste domingo de correspondência e papéis, verifiquei que ainda não escrevera ao Pires do Rio. Aliás, quando adio uma carta, nunca me arrependo, porque quando ela sai, sai melhor. A carta que acabo de escrever saiu boa. Gosto dela e faço fé. Sugeri (pois desci a minúcias) que ele te convide (o P. do Rio) para escrever durante três meses, 3 artigos por mês, a 400 escudos por mês (guarda esta carta e vê lá, depois, se confere).

Em três meses, o *Jornal* verá se a tua correspondência é "jornalística" e interessa ao público; e tu verás também se te convêm.

Se um dia eu estiver no Brasil e lá fores dar, será no *Jornal do Brasil* que trabalharás. Tenho algum prestígio na casa. Menos agora, aliás, porque me desliguei completamente da atividade jornalística. Não é possível chupar e assoprar um apito ao mesmo tempo. Demais, diplomata é proibido, pelo regulamento brasileiro, de se referir a tantos e tantos assuntos, que o melhor é não escrever nada.

Enfim, veremos o que sai disso. Sou muito teimoso. E se insisto com o *Jornal do Brasil*, é porque é gente séria, que paga. Do *Estado* ainda não tive resposta... Acabarei metendo mulher no meio! (Pois, entre as minhas boas relações de S. Paulo, tenho a de uma irmã do Julio de Mesquita Filho, a mais velha, a única intelectual da família toda, a não ser que se possa contar como intelectual o último rebento masculino, o Alfredinho, que faz contos).

Na página que me veio, na "Segunda elegia" faltava um ponto de admiração após o: "Ah, se pudéssemos!" Já deves ter recebido o cheque de 1.000 escudos que foi para o 152 da rua A. Vidal, e depois deve ter ido para o 52, pois retifiquei seu endereço em carta ao banco. Se o livro sair bonito, mando logo outro. Manda-me logo que possas as provas já paginadas, isto é a *maquette* inteira do livro, com, inclusive, as páginas em branco. Na lombada, desejo o título.

Também estou a pensar que convém que o título saia na capa e na folha de testada (dentro) em tinta vermelha. Dá mais vivacidade ao volume. Se sair, pois, coisa que muito me agrada, farei os meus próximos livros com o mesmo tipo de volume, composição, etc.

Como vai o projeto da nova *presença*? O momento é talvez pouco propício.

Pedi para ser transferido. Paris. Se não puder ser Paris, Bruxelas. Pedi uma das duas, nessa ordem de preferência. Eu aqui estou a gelar. Não imaginas quanto me acabrunha viver neste momento num país que não sente a França. A França, Adolfo! A França! A França! Até me dá a impressão de que se trata de uma pessoa e não de um país. Um mundo com uma França vencida, saqueada, humilhada, seria para mim um *regimen* de cicuta e fel. Nem quero pensar.

Do nosso bom, do nosso perfeito Pierre Hourcade não tenho notícias. Tenho-as de outros amigos, que estão todos sob as armas, desde os dos *Cahiers* (todos: Gros, Ballard, Bertin, Brion, Fluchére, etc.) até os de Paris (Pillement,[122] etc.). Fiumi está na Itália, aflito, sem notícias. Escrevi-lhe mando-lhe umas colheradas de xarope viril.

---

122 Jean Ballard, Jean-Gabriel Gros, Gabriel Bertin, Marcel Brion, Henri Fluchère e Georges Pillement.

(Sabes que o Fiumi é um grande italiano, um amigo da França e da civilização latina e deves imaginar quanto ele sofre. Além disso, a Marthe é francesa – a esposa dele.)

Pois aqui estou, já com os livros encaixotados: vinte e tantos caixotes! Minha mudança não será muito difícil, uma vez que a remoção se faça para Paris ou Bruxelas. Sou todo ansiedade nestas horas. Tenho um medo horrível de que as coisas vão arrefecendo e que afinal os *gangsters* ainda recebam coroas de louros. Nunca se viu tanto cinismo quanto o que vai por Berlim.

Sabes que se intervenções estrangeiras fizessem afrouxar a Inglaterra, o resultado seria que, no ano próximo, instalada a gosto no Danúbio e no caminho do Mar Negro, a Alemanha estaria em condições de agredir o Ocidente com forças muito mais eficientes. A última chance de liquidar com o nazismo é esta, a de agora. A de agora, repito, porque o fato da Alemanha deixar a Rússia firmar-se na própria Polônia e no Báltico, prova que ela está fraca. A Alemanha nazista é como um edifício de exposição, feito de cartão; nem há concerto de banda de música que iluda.

Muitas saudades à Alice e beijos no pequeno.

Teu Ruy

61

Lisboa, 17 de Outubro 39

Querido amigo:

Recebi hoje a tua carta de 8. Estamos quase a voltar ao tempo das diligências! O que porém mais me preocupa é verificar que não recebeste as provas do teu livro, que te devem ter sido mandadas pelo Anuário, calculo que no mesmo dia em que seguiu a minha última carta. E não recebi ainda cheque nenhum, o que também me inquieta. Mas não te dizia eu que seguiam as provas? Pergunto-o, por estranhar o teu pedido: "Manda-me logo que possas as provas já paginadas, etc."

O que foi eram o livro inteiro, paginadíssimo, tal qual, até com capa e rosto já a cor. É uma grande chatice se se perdeu. Dá novas mal recebas esta. Infelizmente telegramas internacionais é para arruinar famílias, senão tinha-te mandado um a perguntar se sim ou não recebeste a coisa. Quero crer que eles não se teriam esquecido de tas mandar!

A *presença* está-se compondo, e deve sair ainda este mês. Mais pronta ainda está a *Dispersão*, que não tardarei a mandar-te, espero, pois só falta a capa. Quanto à *presença*, sai com 72 páginas, no formato reduzido de que já te falei. O momento não é realmente propício, mas já tudo estava *en train* quando chegou a guerra. Senão, ainda tínhamos novo adiamento.

Mas porque não arranjas tu a ser transferido para aqui? É mais difícil? Ou preferes Paris, maganão, mesmo com a guerra? Compreendo bem o que dizes da França, e sinto o mesmo, apesar da embirração que tenho com o Daladier, como aliás contra todos os responsáveis, que não são apenas Hitler e família, mas os que se encolheram durante tanto tempo, e guardaram no saco o respeito pela palavra dada que só agora descobriram, quando já não tinham outra saída. Se tu soubesses a vergonha que eu tive "pela" França, quando foi da traição aos tchecos! Mas enfim, o que é preciso, para começar, é acabar com este Hitler, pelo qual nem sei se tenho mais desprezo do que ódio (não repare na construção "pretuguesa").

Do Hourcade soube aqui o que, suponho, tu próprio também me tinhas mandado dizer: que está (estava pelo menos quando mo disseram) já não sei se em Marrocos, se na Algéria. Que pena me fez ler os nomes desses que tu me dizes que já marcharam: Gros, Fluchère, Brion... lembra-se a gente que uma bala, absurda, à toa, os pode matar a cada momento! Como há ainda quem olhe com desprezo para os tempos "bárbaros", do alto da nossa civilização?!

Com as demoras que vejo nestas coisas, não seria mau que fosses tratando de mandar o resto da massa para o teu livro. Compreendes: não conheço a gente do Anuário, e com a minha velha susceptibilidade receio que não se lembrem daquela "arguta" desconfiança do portuguesinho... que se percata dos honestos e cai sempre no conto do vigário! Compreendes o caso, não é verdade?

Diz minuciosamente tudo o que não achares bem no livro para se emendar. Como vai no formato que o livro terá, e paginado, creio que te será fácil ver e indicar o que for preciso.

Vou terminar, que estou com medo que o João Paulo acorde com a música desta Royal, não sei porquê classificada de silenciosa. A Alice também já dorme, mas escusado é dizer que se estivesse acordada te mandaria muitas saudades.

Apertado abraço do teu muito amigo Adolfo

62

Paris, 17 de Outubro de 1939

Meu querido Adolfo,

Vim trazer minha mulher a Paris e aqui cheguei ontem. Deu-se mal de saúde na Holanda. Para lá volto dentro de uma semana, talvez dez dias. Isto é, lá para 28 estou de novo lá. Ela fica em França.

Recebi, três dias antes de sair de Haia, as provas do livro e a tua carta de 7. Como eu estava de malas feitas para aqui, pensei que o melhor era devolver-te as provas daqui mesmo, pois há maiores probabilidades de menor demora do correio. Esta carta é também de materialidades.

Primeiro, os escudos. Deves já a esta hora estar de posse dos mil. Escrevi-te uma carta, explicando-te que primeiro eu dera ao banco o no. 152; depois corrigi: 52, A. Vidal, etc. Quanto às provas:

Capa. Agradeço-te as sugestões. A capa não estará má, se pusermos à volta um fio fino, vermelho (ou preto?); e se enquadrarmos o título também com um fio; este, decisivamente, preto, para contrastar com as letras vermelhas.

Porém, de acordo com as tuas sugestões gostarei de que as letras do título sejam mais compridas, e finas; enchem mais a capa; e o

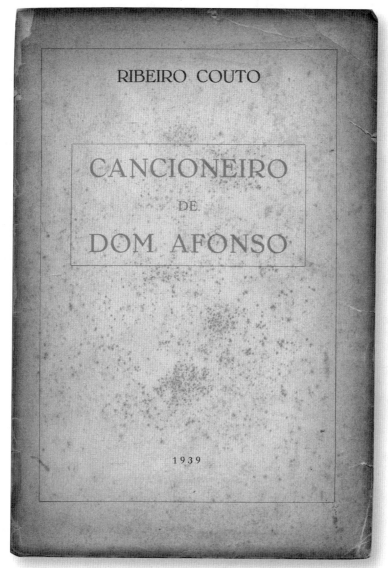

Cancioneiro de D. Afonso, volume de poemas de Ribeiro Couto
cuja publicação foi preparada por Casais Monteiro em Lisboa.

CANCIONEIRO
DE
DOM AFONSO

*A João de Barros,
grande poeta,
grande português,

meu mestre,
meu exemplo,

em testemunho de fidelidade

Ribeiro Couto

Haia
A caminho do Brasil
fev. 1940.*

Dedicatória de Ribeiro Couto a João de Barros em exemplar de *Cancioneiro de D. Afonso*.

nome do autor, em conformidade com isso, em letras também mais finas. Digo-te, porém, que não acho mal tal como está. O melhor é talvez experimentar por os dois fios primeiro (o de dentro e o de fora) e ver o efeito que faz. Se continuar muito pobre, então sim, trocar os caracteres por outros mais longos, etc.

O fio de fora, que eu pergunto se deve ser preto e não vermelho, é também coisa a verificar. Talvez em vermelho fique muito indiscreto. Uma vez que os fios sejam fininhos, ambos podem ser pretos, não achas? porque não sobrecarregarão a capa. (Os pretos, nos fios, são perigosos, por darem a impressão de cartão de pêsames.) Vê tu aí se é possível que te dêem duas provas, uma com o fio de fora em vermelho, e outra com ele em preto. Como eu tenho de receber novas provas de composição de algumas páginas (acho prudente recebê-las) decidirei na mesma ocasião qual das duas capas é a melhor. Talvez ao mesmo tempo possas mandar a prova da capa nova, isto é, da que sugeres. As despesas a mais é claro, pagarei à parte. Então entendidos? Provas: da capa antiga, sendo uma com fio de fora preto e outra com fio de fora vermelho; o fio de dentro é sempre preto; e provas da capa nova, com os caracteres finos e mais longos, e igualmente os dois fios (4 provas diferentes).

Responderei por telegrama o que eu decidir sobre as capas; em todo o caso, quando mandares tudo isso, manda, como agora, a tua opinião, que levo muito em conta.

No mesmo telegrama, se não houver mais nenhum gato tipográfico, direi: Pode Imprimir. Bem, passo às provas da Composição. Estão muito boas. Havia escapado pouca coisa. Fiz também umas supressões, na dedicatória e na poesia "Luar do sertão". À parte, segue uma lista das páginas de que peço nova prova. Manda-me tudo para Haia. Com mais vagar te escreverei de lá, sobre outras coisas deste mundo em chamas. Abraços do meu casal para o teu casal. Teu Ruy

Estou gostando muito do trabalho gráfico e vou ver se mando logo para aí o outro livro. O que tenho é vergonha do incômodo que te estou a dar. Como te agradecer o carinho com que estás a te ocupar disto? Ainda não tenho notícias do Hourcade. Vou escrever-lhe daqui para Pau com o pedido (aos pais) de que façam seguir a carta para o regimento dele.

63

domingo, 29 de out. 39 [Haia]

Meu querido Adolfo,

De volta de Paris (donde te mandei, há uns dez dias, as provas corrigidas), encontro aqui tua carta de 17. Na qual dizes não ter recebido ainda o dinheiro!... Pois, a 3 de Outubro foi feita a operação, aliás considerada a princípio como impossível. Não sei que complicações anda a arranjar o banco. Amanhã, 2ª feira, vou lá saber disto. Mandar-te-ei, também (salvo se tiver já outra carta tua na Legação), um telegrama, com 10 palavras para resposta paga. "diga recebeu provas dinheiro". Vou também providenciar desde já para mandar-te mais 500 escudos, ficando o resto para enviar no fim de Novembro, data, suponho, em que já o Anuário me terá enviado o livro pronto. "Aquela arguta desconfiança do portuguesinho" não tem nada que fazer no meu caso, mas compreendo-a, sobretudo depois que o procurador de minha prima de Lisboa, que tinha também procuração minha, resolveu por no bolso mais de 100.000 escudos meus – e abrir falência. (Esta coisa acaba de suceder-me. O ladrão chama-se Álvaro Costa e é corretor oficial da Bolsa de Lisboa. O mesmo Álvaro Costa, lembras-te, com quem andava às voltas no Porto, pois ele é quem representava a prima de minha mãe. Roubou as duas herdeiras). Aconselha-me o advogado dele, dr. Antonino Pestana, rua Conceição da Glória, no. 1, a não o perseguir, porque isto não daria resultados práticos.

Está agora esse mesmo advogado a ver se resolve, para mim, a devolução de uns dinheiros que nos tomaram uns hospitais e que nem a fórceps – como os seminários há quatro anos – querem largar (e que largaram... nas mãos do Costa.) Com tais experiências, vê lá se estranho que o comércio português seja o que é? Imagina tu que há um ano encomendei uns 200 escudos de discos portugueses no Porto, e a casa mandou pedir primeiro os cobres. Ao passo que compro roupas, livros, comestíveis, o diabo a quatro, em Londres, em Paris, nos Estados Unidos, na Holanda e a fatura me é enviada, após a mercadoria, com a menção amável: *With respectful compliments* ou *Valeur en votre obligeante remise*. Não, Casalote, quando a gente se acostuma a estes países organizados, não quer saber de comércio português ou brasileiro – pois no Brasil é o mesmo, por português que é o país.

Boas notícias me dás da *presença*. Esperemos que ela substitua a primitiva *Revista de Portugal*, à qual teu grupo faz uma falta irremediável. Toca a trabalhar.

Fui ontem à noite obrigado a comer mariscos numa casa amiga e estou hoje com o estômago em pandarecos. Andei a vomitar pela madrugada. E encontrei aqui uma correspondência enorme a responder. Estou atarefadíssimo.

Estou à espera da remoção para aqui perto. Os livros já estão nas caixas (vinte e tantas grandes caixas, imagina!). Só deixei de fora pouca coisa, por ex. a *Confusão*, as *Cartas* do Nobre (que publicaste dele – e que minha mulher, no mês e meio que passou aqui, leu e releu com lágrimas). A *Confusão* dá-me um trabalho dos diabos para achá-la porque não tem título na lombada. Fico furioso.

Uma nota de guitarra
Acordou na minha vida
Uma história adormecida
Aquela tristeza se agarra.[123]

Esse teu livro é ótimo até no papel "almaço Tojal". Onde anda essa fábrica de papel? Nunca mais vi livro nenhum impresso no mesmo. Creio que és como eu e que até a matéria gráfica do livro influi no gozo.

---

123 "Dois compassos".

Já viste a *História breve da Literatura Brasileira*[124] do José Osório? Tem coisas muito boas. Um detalhe, porém: não sei como foi ele arranjar-se para não se referir ao meu nome como contista, sobretudo ao falar do Antonio de Alcântara Machado, meu amigo-irmão, que constituía comigo uma parelha indissolúvel em matéria de contos, no dizer de Tristão de Athayde. Falar de literatura brasileira moderna e excluir os meus contos é realmente curioso! Tanto mais da parte do José Osório, que consagrou à minha novela *Cabocla* um longo ensaio no *Espelho do Brasil*.[125] Estou certo de que a crítica no Brasil apontará a falha escandalosa. Escandalosa da parte de José Osório, não de outro qualquer que escrevesse sobre os nossos autores. Todos poderão ignorar-me como contista, menos ele, que sabe quanto me devem autores mais novos, como o Marques Rebelo, que eu fui o primeiro, aliás, a publicar em Portugal, com uma nota crítica no *Descobrimento*.[126] Estás a compreender, Adolfo, que isto não é vaidade vã. Ainda agora no prefácio aos meus contos em francês o Ventura Garcia Calderón faz lá umas comparações com a Katherine Mansfield. No Brasil, num concurso da *Revista Acadêmica*,[127] fui dos mais votados com Machado de Assis, Lobato, etc., sendo classificado entre os dez melhores autores de contos. Enfim, não preciso acrescentar mais nada. Um livro como *Bahianinha e outras mulheres* ficará, mesmo que eu não quisesse que ele ficasse. Dói-me porém, que o José Osório, que o sabe tanto quanto eu, se "esqueça" de fazer-lhe uma referência, pois que se propõe a

---

124 Primeiro volume da série de Crítica e História Literária dos Cadernos Inquérito, publicado em Lisboa, 1939.
125 *Espelho do Brasil*, Lisboa: Empresa Nacional de Publicidade, 1933.
126 "Novelistas e poetas jovens do Brasil", *Descobrimento*, n.2, p.291-306, verão 1931.
127 "Quais os dez melhores contos brasileiros?", inquérito promovido pela *Revista Acadêmica* (Rio de Janeiro, n.38/43, ago. 1938 – abr. 1939). Resultado final "Missa do Galo" de Machado de Assis; "Chôo, Pan!" de Monteiro Lobato; "Circo de Coelhinhos" de Marques Rebelo; "O homem que sabia javanês" de Lima Barreto; "Piá não sofre? Sofre" de Mário de Andrade; "Gaetaninho" de Antonio de Alcântara Machado; "Pedro Barqueiro" de Afonso Arinos; "Bahianinha" de Ribeiro Couto; "Galinha Cega" de João Alphonsus; "A morte da porta estandarte" de Aníbal Machado.

dar um balanço, na página 118, nos contistas modernos. Também não consta ali nenhuma referência ao Lobato, o renovador do conto no Brasil, o mestre de todos nós que escrevemos ficção. Em suma, falar dos romances do Eduardo Frieiro e Galeão Coutinho e não falar de um Monteiro Lobato!..

O Hourcade deixou cá em casa um grande vazio. Ainda lhe recordo as boas e quentes palestras. Não tenho notícias dele, e é por ti que estou a saber de que se encontra na África do Norte. Deves ter recebido minha carta de Paris, com observações sobre o livro (*Cancioneiro*). Ali expliquei tudo pelo miúdo. O correio, com efeito, voltou ao tempo das diligências.

Se os homens do Anuário não te amarrarem a cara, ou não a amarrarem a mim, mando logo outro livro para compor aí. Não o faço desde já porquanto é preciso ver primeiro como sai o *Cancioneiro*. Por exemplo, qual a graduação que dão aí à máquina de imprimir, coisa muito importante e que revela arte do impressor. A *Confusão*, por exemplo, é um lindíssimo livro, mas a impressão é má, isto é, demasiado forte, deixa um *foulage* demasiado em relevo nas costas da página impressa. Isso é uma questão de graduação. Não é culpa do papel, como dizem os impressores. Pois não há papel que resista a uma impressão demasiado calcada. Gostaria de continuar conversando contigo. Estou a chá de camomila. Doente mesmo.

Não, Adolfito, não quero ir para Lisboa como 2° secretário. Quando avançar mais na carreira, será outra coisa. Pois tu me vês aí, com meu temperamento, com o meu pendor para a vida larga e constelada de amigos, a fazer uma existência de 2° secretário que morde os freios? Se a humildade cristã me impede de dizer que eu seria o embaixador natural do Brasil em Portugal, quero que me permitas dizer que deveria ser, pelo menos, o conselheiro da embaixada – com casa na cidade e casa no campo, com bastantes recursos para continuar em Portugal a vida que levou em Santos meu avô Alfredo Ribeiro – organizador de caçadas na serra de Cubatão, como eu serei organizador de caçadas na serra da Estrela. Para viver vida apertada neste degrau inicial da carreira, prefiro estes países em que sou estrangeiro, e onde um certo forçoso isolamento geográfico é o clima propício às minhas "invenções de menino aborrecido e só".

Beijos à Alice e ao gajinho porreiro.

Teu, de coração, Ruy

29/10

Já depois de escrita a minha carta desta data, e continuando a atender a minha correspondência, respondi a esta carta do Múrias,[128] que me foi enviada para Haia não sei quando, pois não tem data; em todo o caso, terá sido nestes últimos dias. Encontrei-a com a tua de 17.

Lê a carta do amigo Múrias. Vês o que ele diz no fim? Quer-me prestar um serviço. Pois bem, arrumei-lhe com uma daquelas cartas elétricas, dizendo-lhe que o único serviço que ele pode prestar-me não é a mim, mas a Portugal. E já sabes do que lhe falei: a tal nota "processado", que pesa sobre ti tão injustamente. Intimei o Múrias a falar com o Ministro da Educação.

Não sei se é *gaffe* ou não. Não me importa. O fato é que o teu caso, sobretudo depois das notícias que me deste (sobre o "preço" por que te quererão readmitir) é um espinho na parte portuguesa do meu coração (como escrevi ao Múrias).

Bom. Não vás agora, por impulsos de suscetibilidade, estragar este trabalho, que talvez dê algum resultado. Afianço-te que quero muito menos ao teu país enquanto durar a tua situação. Não sei se o Múrias tem relações bastantes no governo, ou se é homem para tomar na palma da mão uma causa como a tua. Enfim, veremos. Ficas avisado. É melhor que ignores isto – que só te comunico para impedir alguma imprudenciazinha tua. A dignidade do governo estará em fazer-te justiça sem lesão à tua dignidade.

Ruy

---

[128] Político, publicista ligado ao regime de Salazar, deputado da Assembleia Nacional e membro da Academia Portuguesa de História. Uma carta sua, datada de 1939, consta do espólio de Casais Monteiro.

Segunda, às 4 da tarde. 30-10-39.

Casais:

Resolvi não mandar o telegrama que preparara. Venho do banco, onde verifiquei pessoalmente que a quantia correspondente a 1.000 escudos (£ 9-10-04) foi enviada, no dia 3 de outubro, para Lisboa, às ordens de Adolfo Casais Monteiro no Banco Nacional Ultramarino.

O aviso do Banco Ultramarino, porém, deve ter ido para o no. 152 da rua Ang. Vidal, conforme o engano a que já me referi em carta anterior de 17 de outubro, de Paris. Escrevi ao Banco aqui, no dia 4, para retificar o endereço: 52 e não 152. Deves ser, entretanto, tão conhecido do correio, que não creio que o aviso tenha deixado de ser entregue por causa daquela diferença de numeração.

Assim, tudo me leva a crer que, se a 17 de outubro (tua carta é dessa data) ainda não havias recebido nada, foi por causa do correio. É impossível que já não estejas na posse daquela quantia.

Telegrafar-te seria por dinheiro fora e não vale a pena.

Se, por cúmulo, até agora não houveras recebido o aviso (culpa então do correio, que devia conhecer que homem tão ilustre mora a dois passos adiante), peço-te então que vás ao Ultramarino com uma carta de identidade.

Para evitar atrasos destes, estou escrevendo ao Sotto Mayor, no Porto, a ver se lá tenho ainda alguns escudos. Se os não tenho, então mando transferir algumas cédulas inglesas para lá e assim, ao invés de enviar-te cheque (difícil agora, pois os bancos só os dão sobre Londres, e o risco por conta do remetente) ou a tal ordem de transferência (como a dos 1.000 escudos), mando-te então cheques (que ainda os tenho, em branco) do Sotto Mayor. Vou enviar-te, por esse sistema 500 escudos, hoje não, mas amanhã ou depois. Em suma, estou atento ao aspecto material do assunto. Quando me telegrafares, deves saber que os telegramas correm por minha conta e é só dizeres o que gastaste.

64

Haia, 7 de Novembro de 1939

Casalote,

Não sei se recebeste minha carta anterior, explicando que as provas corrigidas foram enviadas a 17 de Outubro, de Paris, e que a quantia em libras correspondente a mil escudos foi enviada para Lisboa, pelo Banco Rotterdamsche daqui, para o Ultramarino aí, aliás com o engano de pouca importância do número da tua casa, 152 em vez de 52.

Anunciei também que te mandaria mais 500 escudos. Ao invés disso, operei de modo diverso e acabo de telegrafar ao Sotto Mayor, Porto, mandando que te entreguem mil escudos. Assim, se já recebeste os primeiros mil, quantia que cobre o orçamento e se a margem deixar, esta servirá para amortizar uma parte das despesas que acrescerem com as minhas correções e modificações de capa. É só dizeres o que acresceu, e também as despesas que tenhas feito com tudo isto.

Telegrafei-te hoje comunicando que enviei tal ordem. Acabo de receber as 2as. provas. Vai só o telegrama dando a ordem ao Sotto Mayor. *Figurate tu que hay una dificultad increíble de hacer giros bancários. No hay manera de comprar escudos aqui. No comprendo nada de estas cosas. Entonces, en he acuerdado de enviar un cable a Sotto Mayor, Oporto, preguntandole si yo tenia saldo. Pues, muchacho, yo tenia allá con que pagar una cena para veinte personas por lo menos. He sacado por telegrama mil escudos, dandole orden al banco que te los pague. Así, con telegramas rápidos, todo se ha resuelto bien.*

Ya sabes mi opinión sobre el porvenir de esta tierra. La hora está cada vez más próxima. Así, tengo miedo que, si las últimas pruebas de mi libro no llegan pronto, la segunda quincena del mês sea ya demasiado tarde.

De todas las maneras, como mi Ministerio hasta ahora no me ha dado satisfacción, quedaré aqui, bajo la ocupación. Esta va a ser el campo de batalla. No importa. Ahora, con el peligro, ya no tengo valor para insistir por la transferencia perdida – y que era merecida. Enfin, cosas de la burocracia.

No hay nada, como decimos nosotros, como um dia depois do outro.
No sé el provérbio en castellano.
Y porque te escribo yo en castellano? No sé.

Afetos para o casal Casais Ruy

Dos 500 exemplares do *Cancioneiro* peço-te tomar nota de que desejo sejam enviados para o Rio – Civilização Brasileira, 94, rua do Ouvidor – 100 exemplares, em pacotes protegidos por papelão bem duro, pelo correio. Suponho que sejam necessários 5 pacotes, vinte exemplares em cada pacote. Sob registro postal. Despesas por minha conta. Além disso, 50 exemplares podes entregar à Agencia Editorial Brasileira, rua Ivens, para que o amigo Rodrigues exponha alguns exemplares à venda, espalhando alguns se possível, por umas duas livrarias bem situadas. Tens carta branca para decidires sobre isto. Os demais exemplares devem aguardar os acontecimentos. Direi por carta ou telegrama se devem vir para aqui. O preço de venda deve ser estabelecido de acordo com o que for aí razoável, mais para barato do que para caro. Trata-se de divulgação (*les amis inconnus*) e não de negócio. Não é?

65

Lisboa, 8 de Novembro de 1939

Meu querido Ruy:

Recebi ontem a tua carta; ontem mesmo, recebi um aviso do Ul-tramarino, para ir receber o dinheiro; hoje, na minha ausência, veio cá o Múrias, que me deixou uma carta pedindo-me para o procurar. Deixa-me ir por partes, e começar pelo teu livro. Logo que recebi as provas revistas por ti, levei-as ao Anuário, onde as deixei com todas as recomendações necessárias; aliás, as tuas indicações escritas eram o mais claras possível – espero pois que tenham feito tudo tal e qual queres. Infelizmente, por terem sido estes últimos dias de imenso trabalho – não tanto pela quantidade, mas pela dispersão e variedade – não pude eu próprio verificar se eles tinham feito exactamente o que querias, e estou com remorsos, pois, se houve trapalhada, será um atraso que eu poderia evitar, se as tivesse visto antes de eles tas terem mandado, o que já devem ter feito há uma porção de dias, suponho. Mas não te preocupes com tempo gasto por mim com o teu livro, que afinal foi bem pouco; e gosto tanto de te poder ser útil em qualquer coisa! E queres melhor "pago" do que tudo quanto tens feito em meu favor?! Que diabo, se há dívida, só pode ser minha! Calculo – se é que nestes tempos haja cálculos possíveis pelo que respeita aos correios internacionais! – que devas ter recebido as provas. Manda-mas sem demora, e vai já dizendo o destino a dar aos livros; logo que estejam prontos. Calculo que queiras que alguns fiquem em Portugal, para serem postos à venda. Nós temos um distribuidor que, como naturalmente não queres uma distribuição muito larga, fará isto por 30%. A nós rapa 35%, mas faz uma distribuição larguíssima – vai fazer, aliás (sim porque a *presença* está mesmo prestes a sair). E a propósito: queres ser um anjo? Vê se arranjas um conto ou fragmento de romance para a gente publicar. Isto sem desprestígio para os teus versos, mas bem sabes que sempre há (há sempre, digo) mais abundância de poesia do que de prosa; e, aliás, nunca publicaste prosa novelesca na *presença*, que diabo!

Bem, vamos a outro capítulo. Eu estou gratíssimo pelo que fizeste escrevendo ao Múrias; creio que tem as melhores relações possíveis para o que agora interessa. Não sei se cheguei a dizer-te tudo o que se tinha passado comigo, quanto à minha reintegração; mas pela tua carta depreendo que te disse pelo menos o essencial. O que talvez não te disse é que não me interesso (isto à primeira vista parece escandaloso) em ser reintegrado; e isto porque não quero sair de Lisboa, onde, aliás, vejo cada vez maiores possibilidades, não de enriquecer, evidentemente, nem de viver bem (embora a possibilidade disso não seja inimaginável, mesmo nas actuais circunstâncias), mas pelo menos de viver sem pedir dinheiro emprestado, que é meu ideal mínimo de vida – e sou muito capaz de me satisfazer com um ideal mínimo, que diabo! O caso é que, se me reintegrassem, era para me mandarem para o fundo de uma província (claro, se se desse o caso de eu "aderir", claro que aparecia logo maneira de eu ser colocado na capital; mas como não se dá...) e eu, portanto prefiro estar aqui, e livre, tanto quanto isso é coisa possível em Portugal, e ganhando exactamente o mesmo, como ganho neste momento, que se estivesse no liceu. A minha única ambição, pois, é que me dêem o diploma do ensino secundário particular, o que me permitirá ser professor em colégios; nem penso ser só professor; mas posso dar parte de meu tempo a ensinar num dito, sem a escravização em que vive o professor do liceu, que é cada vez maior. Os colégios prendem menos, sob todos os pontos [de] vista, e um trabalho de 15 horas num colégio dá 2/3 do que ganharia no liceu com 23 ou 24 horas de serviço "aparentes", porque há sempre uma quantidade aflitiva de trabalho a mais do que nos colégios. O mais importante é que não serei obrigado só a ensinar, e constantemente. É a manhã ou parte dela e o começo da tarde, e pronto. E depois a liberdade de falar outras coisas. É claro que se estivesse aqui ao lado eu te poderia explicar bem melhor o caso; mas o que digo, conhecendo-me tu, parece-me que é suficiente. Agora, pois, não tocarei senão esta tecla: dêem-me o diploma! – e deixem-me em paz! Vamos a ver o que sai de minha entrevista com o Múrias. Agora o que podes é gabar-te do efeito fulminante da tua carta! Safa, que o homem afinal falava a sério ao oferecer-te os seus préstimos. Seguirá carta crônica logo que tenha falado com ele.

Não me parece que o José Osório de Oliveira te tenha omitido, e ao Lobato, como contistas[129] por sacanice ou quejanda "razão". Mais provável é ter sido pura trapalhice. Não que o considere incapaz de sacanices – pelo contrário, sei-o capacíssimo, e com provas aos montes! – mas não vejo que "interesse" ele pudesse ter em te ser

---

129 Na antologia *Contos brasileiros* (Lisboa: Bertrand, 1944), José Osório de Oliveira inclui tanto Monteiro Lobato quanto Ribeiro Couto. No volume posterior, *Contos do Brasil* (Lisboa: Portugália, 1947), Ribeiro Couto não é incluído por já ter publicado, pela Editorial Inquérito, em 1944, a coletânea *Numa noite de chuva e outros contos*.

desagradável. Por estranho que seja, creio que é deslize de jornalista, que é o que ele é, sem os escrúpulos do verdadeiro historiador, que não se fia só na memória, e não dispensa um ficheiro.

Falemos de papéis: o almaço tojal é um papel que não é de impressão, e que o chefe da tipografia da Atlântida, aqui há imensos anos, quando o Simões se lembrou de que podia fazer nele os *Temas*, lhe disse que não servia. A *Confusão* mostrou o contrário – e agora a *Dispersão* (edição vulgar) foi impressa nele. O único defeito é ser um pouco transparente. Os defeitos são de facto da impressão e não dele. Sob esse ponto de vista, só casas como o Anuário e poucas mais são de confiança quase absoluta. Aliás, a maior parte das tipografias portuguesas estão miseravelmente equipadas. Imagina que, pelo menos ainda há pouco: nenhuma casa em Portugal tinha máquinas de brochar, que dão um rendimento formidável, e trabalho perfeito, como o trabalho manual não pode conseguir! Mas voltando-se ao papel Tojal: é do Graham, e barato: 85$00 (agora sem dúvida mais caro) a resma de 500 folhas, cada uma das quais dá 16 páginas do formato da *Confusão*. Devo dizer-te, aliás, que, se não fosses tão exigente, se arranjava por metade do que pagas no Anuário um livro bem bonito – claramente, como risco de defeitos como na *Confusão*, mas... para a *Dispersão*, por exemplo, pago 100$ por folha de impressão (16 páginas).

Compreendo as tuas razões para não quereres vir para Lisboa senão em certas condições. Embora não as aprovando – mas bem sei como somos diferentes nesse capítulo! É claro que o meu egoísmo quereria que não fizesses questão de categoria e situação econômica para vires para Lisboa. Isto é sem dúvida uma das cidades mais belas que pode haver no mundo, não achas, poeta?

Se por acaso tiveres de me telegrafares é importante indicar o andar e o lado. Conheço casos de telegramas não entregues por falta disso. Esta gente por aqui tem a mania de andar sempre a mudar de casa (como já não se vai à Índia nem se dá a volta ao mundo, etc., isto deve ser uma forma de *transfert* de herdeiros de trazer por casa do falecido espírito de aventura...) nada mais vulgar do que não se saber quem mora nos outros apartamentos de cada casa. Contudo, talvez com um telegrama internacional haja mais cuidados, e os distribuidores se dêem ao trabalho de bater a todas as portas.

Bom. Tenho de abandonar a conversa. Estou traduzindo os discursos do Daladier,[130] de que o editor tem urgência, e vou ver se aproveito bem o resto da noite. Diante da minha janela Lisboa estende-se, infelizmente sem rio, que está escondido (é o maior defeito de minha casa, para mim, que para o João Paulo tem o grave de não ter perto nenhum jardim). Também por via disso vou mudar logo que possa, talvez para o Campo Pequeno, onde há avenidas com árvores, ruas largas, ar em abundância, e até um parque infantil. O meu garoto está estupendo, a falar pelos cotovelos; infelizmente não tenho fotografias recentes para te mandar. Mas porque não vens ver o original? Arranja uma dessas tuas fugas...

Que me dizes da guerra? Eu, não digo nada. Tenho de facto andado tão absorvido com o trabalho que a guerra passou para o segundo plano. E não sei que vaga impressão se tem de que "isto" não é a sério, que estão todos a ver se podem escapar, todos prontos a cair nos braços uns dos outros. Estou tão descoroçoado; eu que sou o mais possível contra a guerra, que se possa fazer uma paz que repouse sobre nova cobardia para tudo ficar ainda pior, com uma França a tornar-se fascista, etc., etc.

Muitas saudades da Alice e do João Paulo. Um apertado abraço do teu muito amigo Adolfo

66

Lisboa, 9 de Novembro 1939

Poeta e amigo:

Anteontem recebi a tua carta e um aviso do Ultramarino para ir lá receber a massa (que recebi hoje, e hoje mesmo levarei ao

---

[130] *Em defesa da França*, publicado em 1939 pela Editorial Inquérito.

apenas recebi dois exemplares lamento atrazo extraordiná
peco providenciar saudades feliz 1940 = ruy

Telegrama de Ribeiro Couto a Casais Monteiro
solicitando notícias da remessa dos exemplares do
Cancioneiro de D. Afonso.

Anuário). Ontem veio cá o Múrias (o importantíssimo Múrias que se dignou vir cá!!). Muita consideração ou amizade deve ter por ti, caramba! Fica sabendo que é um dos "trunfos" mores do burgo. Mas disso falo na carta que escrevi ontem e que vai pela via normal. Hoje recebi o teu telegrama e vou agora ao Anuário dar as necessárias ordens. Vou telegrafar-te, para ficares em sossego, em especial por causa do dinheiro.

Não tenhas receio por causa da impressão que parece empastada nas provas. É que as provas não contam sob esse ponto de vista. São tiradas em prensas manuais, e sem cuidados especiais; aliás o papel não é, em geral, nada bom. Não há em Portugal casa onde se imprima melhor do que no Anuário – lá isso há que reconhecer; custa os olhos da cara, mas é bom. Descansa que não me esqueço da lombada. Verás. Manda dizer já o destino (os vários destinos) a dar aos exemplares. Quantos para o Brasil, quantos para aí, quantos para ficarem cá. Se quiseres, a *presença* encarrega-se da distribuição cá, no caso, que é o provável, de não quereres se não que vá para as principais terras e para as principais livrarias. Mas se quiseres distribuição mais larga, arranjo-te um bom distribuidor que não te quere mais de 35%. Não te esqueças de mandar dizer o preço a que queres que o livro seja cá vendido. Afinal vou-te mandar a outra carta junto com esta, tudo pelo aéreo, sempre será melhor.

Um abraço de todo o coração do teu muito amigo Adolfo
P. S. Lá fui no Anuário. Tudo será feito como quere. Dentro de dez dias terá o seu livro pronto. Já entreguei os mil escudos, depois lhe mandarei o recibo (só chegaram a 997 e pico). Venham instruções sobre a distribuição. Teu do coração Adolfo

67

20 dez. 1939 [Haia]

apenas recebi dois exemplares lamento atraso extraordinário peço providenciar saudades feliz 1940 = Ruy

68

Lisboa, 2 de Janeiro de 1940

Meu querido Couto:

Ou se perdeu carta tua, ou não percebo nada! Pois não te mandei eu dizer, há que séculos, que o livro estava pronto dentro de 12 dias (creio que eram doze), e não te perguntei que destino se lhe daria?! Recebeste apenas dois exemplares porque, não vindo notícias tuas, dei ordem na tipografia para te mandarem esses dois; e continuei esperando as ordens – e elas continuaram sem vir! Não percebo pois o "atraso extraordinário" de que fala o teu telegrama, nem quais possam ser as providências que pedes – a menos que tenhas mandado as ordens e não tenham chegado. Não te respondo por telegrama, por recear gastar-te dinheiro inutilmente, por ser difícil dizer as coisas claramente sem atingir uma quantidade astronômica de palavras.

Portanto: manda dizer o que se faz dos exemplares; e queres que vão todos para aí; se vão, e quantos para o Brasil, e endereçados a quem; se queres que se distribuam alguns quantos cá em Portugal; se queres que os entregue a algum depositário. Não sei se já te disse que era absolutamente desaconselhável a Agência Editorial Brasileira, que é um covil de vigaristas (estão há meses a adiar o pagamento de 30$ que devem à *presença*!) e sei, por uma casa editora para a qual trabalho, que é muito difícil extrair-lhes dinheiro. Vigaristas em tudo, pois começaram por vender livros brasileiros por preços incríveis.

Dinheiro: o cheque do Ultramarino deu 997$25. Dei 1000$ ao Anuário e paguei 41$90 do telegrama que te mandei. O custo total do teu livro é de 1.956$00. Como te escrevo pelo aéreo não te mando a papelada comemorativa destas afirmações, que irá depois. Ora, o que não aparece são essas massas mandadas via Sotto Mayor, se não me engano. Mas não te preocupes, pois na tipografia nunca me falaram em dinheiro.

Tenho tido uma vida muito atrapalhada, e é por isso que, apesar de ter achado estranha a falta de notícias tuas, me tenho deixado andar "neste engano de alma ledo e cego", à espera que chegassem notícias tuas. Saberás porém que a minha atrapalhação era devida a ter trabalho... demais! Efectivamente, como não sei se chegara a dizer-te, tinha atingido em Dezembro a simpática soma de 2 contos 750$, dum colégio em que estava a substituir um rapaz que, contra todas as previsões, teve de regressar a Lisboa, por não lhe correr bem a vida no Porto.

O caso é que tinha imenso que fazer, e eu quando tenho assim que fazer fico absolutamente desorientado; isto é, meu velho: preciso de poder mandriar; sem mandria não sou eu, ando "vendido", como diz o povo, e diz muito bem.

Devo dizer-te que não gostei nada da capa do teu livro. A cartolina é brilhante demais, e os traços não me caíram no gosto; mas... E depois, é tão caro! Se o papel fosse muito bom! Mas afinal não é nada que se pareça com o do livro do Reyes. Gostaria, caso tivesses outro livro para fazer cá, que me desses a liberdade de te obter orçamentos noutras casas.

Que há sobre a tua saída de Haia? Sempre irás para a Bélgica? Onde eu te queria ver era cá, mas...

Manda dizer se recebeste a *presença*. E breve receberás a *Dispersão*, que ficou um lindo volume, principalmente a edição de luxo.

Nós estamos fixes, incluindo o rebento. Como vai tua mulher?

Saudades da Alice e um abraço do teu muito amigo Adolfo

69

Haia, 5 de Janeiro de 1940

Meu caro Adolfo,

Estou a receber a tua carta de 2 do corrente. É evidente que se extraviou uma carta, ou então a esqueceste, na qual (ao te enviar o livro) eu indicava o que havia a fazer para a distribuição. O teu telegrama de Novembro anunciava o livro para breve e fiquei na doce ilusão de recebê-lo ainda em começo de dezembro, para que ao invés de cartões de boas festas, eu mandasse aos amigos o livrinho. Enfim, já lá se foram seis ou sete semanas perdidas. O caso não é dos mais graves. Mas cada vez me convenço mais de que tenho razão na minha mania das minúcias e repetições em coisas práticas. Em todo caso, se cavoucares bem nos teus papéis (as tuas cartas estão cá todas, classificadas na letra A das minhas 24 pastas de correspondência!) hás de achar a sobre dita cuja, com as indicações... Bem, para que não percamos mais tempo, aqui vão mais estas cacetadas à tua infinita paciência:

50 exemplares a enviar pelo correio, à Livraria Civilização, Rio de Janeiro, rua do Ouvidor, 94.

50 exemplares a enviar, pelo correio, à Livraria Civilização, São Paulo, rua 15 de Novembro, 144.

20 ou 30 exemplares (ao teu critério; mais até, se entenderes, até o máximo de 50) a entregar a uma livraria séria, ou a duas ou três livrarias. (Não creio que o livreco se venda em Portugal. Talvez uns 10 mesmo sejam bastantes. Daqui vou mandar aos amigos e relações literárias de Portugal. Mas, faze como entenderes.)

Os restantes, que serão 350, ou 360, ou 370, ou 380 – conforme os exemplares que guardes para Lisboa – peço-te que mos faças remeter pelo correio, devidamente protegidos com papelão grosso e rígido.

Banco Pinto & Sotto Mayor. Não só dei ordem por telegrama, alguns dias depois da trapalhada do Ultramarino, como até já recebi carta do Sotto Mayor, acusando recebimento e indicando o saldo que ficava! Acabo de fazer uma carta para aquele banco (no Porto) referindo o atraso, que verifiquei pela tua carta de 2 de janeiro, etc.

Não há tempo para mais. São quase 8 da noite e quero ainda pegar o jantar. Com mais calma, amanhã ou depois, te escreverei sobre tudo isto e mais mil coisas, inclusive para te mandar o poema que escrevi para ti, precisamente no momento em que te mandei a carta decidindo pela cor vermelha do título. Eu tinha escrito: verde.

Ora, acabei fazendo um poema sobre essa cor (serão verdes também, Adolfo, as tuas quintas? Etc.), mas, findo o poema, achei que os títulos deviam ser vermelhos. Entenda-se isto![131]

O livro ficou caro, com efeito, mas muito bonitinho. A cartolina amarela me surpreendeu. Eu tenho a idéia de que a escolhi branca. Não sei. Vou ver a amostra em casa.

Sim, tenho outro livro. Já que te ofereces para o martírio, vou mandar-te a papelada.

Este mês acabo de passá-lo a limpo e de dar-lhe o "ponto".

presença – do que mais gostei digo desde já, foi do teu artigo de crítica ao Manuel Anselmo.[132] Eu estava espantado de que ainda ninguém houvesse reagido em Portugal. Com efeito!

Também tenho alguma coisa a dizer-te (amanhã) a respeito da parte gráfica. Em todo o caso, já é encadernável, conservável, bibliotecável.

Olha, foi burrice não pormos o livro entre as edições da *presença*. Aliás, *Província* só saiu uma vez anunciada. Mas também, culpa minha, que nunca pude devolver alguns daqueles malfadados exemplares aventurosos.

Passei um natal triste. Um ano bom triste. Preso aqui. Que o ano novo te traga muitos dois contos por mês.

Tens visto o Múrias? Em que ficou o caso? Até amanhã. Saio correndo.

Beijos para a Alice e para o gajinho. A Alice receberá breve para ele o presente de Natal. O meu fundo não conformista me faz dar presentes de Natal fora de horas. Mas o resultado é quase o mesmo.

Meu querido Adolfo, muito obrigado. Não o foras tão comprido, eu te chamaria um anjo. (Os anjos são em geral curtos e rechonchudos.)

Ruy

---

131 Na carta de 10 jan. 1940, Ribeiro Couto se refere ao poema "Verde", que traz menção a Casais, mas que não consta de sua obra publicada.
132 "A Poesia de Jorge de Lima (ensaio de interpretação crítica) por Manuel Anselmo", *presença*, a. 12, n.l, p.50-52, nov. 1939.

Olha, que interesse há para o mundo em publicar aquela carta do cretino a respeito do intercâmbio com Portugal?[133] Que grosserias! Que coisa triste! Ruy

Talvez ainda hoje à noite te passe um telegrama dizendo manda 300 exemplares.

Mas ao receberes esta carta, perceberás que é só para ganhar tempo. Pois o que há é mandar-me é tudo que sobra. Quanto aos comprovantes das despesas, ora vai-te lixar. Dize só em quanto andou tudo, inclusive a despesa de correio, e mandarei o que falta. Pois, com tudo inclusive, passa dos 2.000.

70

Haia, 10 de Janeiro de 1940

Adolfito,

Aqui vai uma carta do banco do Porto, pela qual verás que a minha ordem (a segunda) de 1.000 escudos foi enviada por telegrama e confirmada por carta de 7 de Novembro. Cá-coija! Não percebo nada. Talvez que, se não te for isso muito incômodo, possa passar na sede do Banco, em Lisboa, onde com certeza está a ordem, e onde darão o pretexto de que não tinham o teu endereço. Não é verdade, pois que cá tenho outra carta do banco, isto é, um *bordereau*, de 8 de Novembro, que também te mando, onde verás que o teu endereço lá está claro. Devolve-me esses papéis.

Pediste-me prosa para a *presença*. Não creio que te falte essa mercadoria, pois ainda agora publicaste um longo e, aliás, excelente conto do José Marmelo e Silva.[134] Mando-te não o poema *Verde*,[135] que fala em ti (irá noutra ocasião, ou publico-o no Brasil; verei mais

---

133 Carta de Afonso de Castro Senda publicada neste número de novembro de 1939.
134 *Depoimento,* do mesmo número de novembro de 1939.
135 Ver nota 131.

tarde, quando me bater o entusiasmo) mas os dois poemas que fiz esta manhã e já seguiram para a Rumania, onde está morando a minha excelente amiga Casimira Illacowicz, poeta admirável (que conheço em inglês e francês).

Estou a pensar que fui injusto quando escrevi qualquer coisa rápida sobre a *presença*. Com efeito, a coisa mais de encher as medidas que li foi o artigo de crítica ao M. A. Até a referência aquelas retóricas bíblicas do Jorge (nem sempre bastante "puro" nos poemas daquele livro) é perfeitamente justa. Mas me *doy cuenta* de que gostei muito do conto do Marmelo. Claro, há muita coisa boa neste número; porém, não posso entrar em detalhes.

Prometi dizer-te sobre o aspecto gráfico. Não gostei da capa, eis tudo. (Não é muito, como vês!) Gostei, porém, da idéia do número – 1 – em grande na cabeça. Deves manter isso. Nos lados do azul é que falta um pouco de margem. A combinação azul preto também não me agradou muito. Creio, porém, que se aqui estivesses e argumentasses com o porrete do teu agudo senso crítico e da tua lógica de tripeiro, eu acabaria concordando que a capa é boa. Sabes, eu quando digo "não gosto", não ofereço argumentos: exponho uma sensação epidérmica, dou o testemunho de um contato, nada mais.

Não gosto muito também de certas discussões em tom irritado. Mas parece que em Portugal isso é o que dá o sal à vida literária. Paciência! Lembro-me de uma vez em que o Antonio Sérgio, em Paris, leu-me uma resposta ao Simões,[136] e eu fiz, usando das minhas mais magnéticas razões, com que ele cortasse uns trechinhos duros. O artigo do Simões, na *presença*, parece que tinha sido também um tanto mauzinho. Enfim, em se tratando de inteligências tão dignas de se conhecerem e estimarem, meu desejo (era então, como é agora e será até o fim de meus dias) é que a discussão não tenha acontecido

---

136 Discussão travada nas páginas da *Seara Nova* (n.286, 290, 296) a partir da publicação do artigo de Antonio Sérgio trazendo referências ao volume de Gaspar Simões *O mistério da poesia*; a tréplica de Gaspar Simões "Última contribuição para desfazer um equívoco do sr. António Sérgio" foi publicada na *presença* (n.35, p.13-17 e 20, mar.-maio 1932). Gaspar Simões recolheu suas respostas a Antonio Sérgio em seu volume *Novos temas*; António Sérgio publicou a sua no v.III dos *Ensaios*.

de cima para baixo, porque afinal sempre a gente pode enganar-se nas proporções do objeto em perspectiva. Tudo isso seria mais de se conversar do que de se escrever. Mas, tenho tanto já o hábito de conversar contigo em cartas! Beijos à galeguita e ao galeguito

Teu, do Porto e do tasco, Ruy

(Só) aprecio o tom "porretada" quando é, como no caso da tua apreciação do Anselmo, documentada, pedra por pedra, aos olhos do freguês.

71

6 Fev. 40 [Haia]

Casais,

Acabo receber notícias caixa livros bordo vapor esperado obrigado Couto

72

Haia, 16-2-40

Meu velho Adolfo,

Não sei como me podes deixar sem notícias por tão longo tempo! Eu, se deixei de mandar-te cartas é que fui surpreendido pelo telegrama me transferindo para o Ministério, atingido, assim, pelo grande movimento diplomático de 13 de janeiro o que só vim a conhecer no fim deste mês. Pus logo mãos à obra, a encaixotar a casa toda – 52 volumes!... Fiz tudo sozinho com um português de Haia, o José Gonçalves, meu criado e meu amigo.

E o livro, nada de chegar, apesar dos teus telegramas!

Ainda na hora em que te escrevo sei só que há ao largo em águas inglesas, certo navio que contêm certa caixa de 70 quilos – mas, filho de Deus, porque não me mandaram isso pelo correio? Ficava talvez mais caro, – talvez; não é certo – mas eu não estava a olhar dinheiro. De modo que, pronto desde fim de Novembro, só vou ter esse livrinho comigo (se o tiver) em Março. Com a *Província*, foi todo um drama. Com este mísero *Cancioneiro*, esboçou-se uma pequena tragédia. É bem capaz do navio não chegar aqui antes do meu embarque. Sei que puseste todo o teu engenho em que me atendessem a tempo; porém, o fato é que se verificaram demoras lamentáveis, até mesmo no pagamento do banco a ti, conforme te provei com os documentos.

Bem, Adolfito, cá vou eu a convite dos Brasis. Parto de Haia no fim deste mês, para Paris. Toma nota. Em Paris meu endereço é rue Mirabeau, 20 – XVIe. Ar. De Paris devo partir a 20 de março. Creio que vou abraçar-te em Sintra, esperando então ali o "Bagé", que sai de Bordéus a 30 de Março e passa por Lisboa onde estarei embarcando – lá para 3 de Abril.

Saudades à Alice e forte abraço do teu Ruy
De Paris te escreverei.

73

Lisboa, 22 de Fevereiro de 1940

Meu querido Couto:

Dir-te-ei, antes de mais nada, e muito à portuguesa, que o que tu precisas era com um pau pelo lombo! Então, meu lírico, não te passou pela cabeça que o teu telegrama teria como efeito imediato ficar eu a supor que irias imediatamente embora? Porque não disseste: parto a tantos. O resultado, entre outros, foi que te mandei para o teu ministro aí em Haia a papelada necessária para levantar a caixa – pois pensei que quando ela aí chegasse tu já estarias sei lá onde! Penitencia-te, que tiveste culpa do meu silêncio.

Não calculas a sorte que dei com a estupidez dos senhores do Anuário em te mandarem os livros pelo barco. Suponho mesmo que pelo correio ficava mais barato. Ainda nem fui falar com o gerente, por ter medo de perder a cabeça, pois a conta é de pasmar: 476$10!! É claro: isso é da que foi para aí e das que foram para o Rio e S. Paulo. Eu ainda não pude fazer bem as contas, porque não sei o peso do caixote e dos volumes, mas ia jurar que se fazia tudo muito mais barato. Nunca me passou pela cabeça que não mandassem pelo correio, quere dizer, é mais uma lição para eu me habituar a partir sempre do princípio de que há 99 probabilidades de se estar a tratar com quadrúpedes!

E tratemos de dinheiro, para não pensar depois mais nisso:
As despesas que fiz foram:
Livro   1.956$00
2 telegramas   70$00
                 2.026$00

Recebi 1997$25 donde se conclui que me estás devendo 28$75. Mas o que eu precisava não era que me pagasses estes míseros escudos, mas que desses ordem ao Pinto & Sotto Mayor para pagarem os tais nefandos 476$00 ao Anuário, ou melhor, que lhes desses ordem para mo darem a mim, pois talvez seja mais fácil, não? E pronto, está tratada a questão econômica!

Ora bem: saberás que um dos resultados do teu telegrama foi não te mandar a *Dispersão*, que está um amor de livro, modéstia à parte. Mando-to, pois, para Paris, assim como esta carta. Ainda pensei em escrever-te pelo aéreo, mas tenho a vaga impressão de que as cartas por essa via ainda levam mais tempo do que pelas tradicionais, agora com a guerra. Vai, pois, tudo para Paris. Lá deverás receber também a *presença*, que está prestes a sair, e de capa nova, bem bonita. Vai preparando colaboração.

Eu perdoava-te lá que não passasses por Lisboa! O que não quere dizer que não esteja muito reconhecido por te lembrares disso, claro! (Desvencilha-te lá como puderes desta psicologia complicada, que afinal é apenas má redacção); mas estou estupidificado de todo. Principalmente desde que tive tudo doente em casa, a mulher, o menino e a criada! Salvei-me eu, talvez por ser poeta, sabe-se lá! A velha gripe, de que o meu rapaz ainda não está completamente restabelecido.

Faz o possível para não passares por aqui demasiado meteoricamente. Vê lá essas contas. Não te esqueças; se vens por Espanha, de trazer de comer, lá não há – não julgues que é intriga, é assim mesmo. Ah! Oxalá venhas antes da Páscoa, pois nesta altura a Alice e o pequeno vão passar quinze dias ao Porto; eu irei, mas só por três ou quatro. Peço-te pois, para, logo que esta recebas, me dizeres em que dia chegas, pois a nós tanto faz irmos antes, durante ou depois da Páscoa. Gostava que visses o rapaz. Não julgues que isto nos possa complicar os planos: é assim mesmo como te digo, tanto me faz ir ao Norte numa altura ou na outra. A não ser que queiras optar por ir ao Porto primeiro, encontrarmo-nos lá, e virmos todos (pelo menos tu e eu, visto a Alice se demorar mais) por aí abaixo. Escreve, escreve mal chegues a Paris. E diz da tua justiça. Quero "aproveitar-te", e não perder nada do tempo que passes cá. Gênero carraça, *quoi*!

Então até breve, e oxalá tudo te corra bem, e inclusive que os livros cheguem a tempo de tu os receberes aí. É verdade: olha que eu só fiquei com um exemplar meio estragado, tens de trazer um para mim. Tenho um livrinho para te oferecer que mando junto com a *Dispersão*, para Paris.

Adeus, vem breve explica bem o teu programa, para se fazer a adaptação dos respectivos projectos. Um apertado abraço do teu muito amigo Adolfo

Ribeiro Couto:

Que bom que foi resolver vir por aqui. Era um desejo bem grande que tínhamos, vê-lo e conversar consigo. A idéia de vir pelo Porto foi minha. Talvez se aproveitasse melhor o tempo e depois ainda que me lembro que o Porto eram os seus encantos. E está lá o Serpa. O João Paulo vai aprender o seu nome num instantinho para conversar consigo quando vier. É agradável poder dizer isso: quando vier.

Oxalá tudo lhe corra o melhor possível. E diga para cá o dia em que chega e onde. Para a gente o esperar. Com toda a simpatia lhe diz até breve a Alice (Um beijo do João Paulo)

74

Haia, 3-3-40

Adolfito:

Dentro duma semana parto para Paris. De lá, a 30, pelo "Bagé", para Lisboa. Peço-te que, para Paris, me esclareças:
1°) Quanto vos devo, a ti e ao Anuário, pelas despesas acresceram na impressão e remessa do *Cancioneiro*.
2°) Que exemplares por ventura distribuíste aí aos amigos, e a quem os distribuíste.

Sem esta informação fico cego, sem saber a quem mande o livro em Portugal, sobretudo receoso de que as vítimas recebam 2 exemplares – o daí e o daqui. Porém, o daqui espera as tuas linhas iluminatórias.

Até breve. Teu Ruy.

75

Paris, 23 de Março de 1940

Meu querido Adolfo,

Cheguei há dois dias a Paris e encontrei – finalmente notícias na carta de 22 de fevereiro. Vou viajar no "Bagé", que parte de Bordéus a 6 ou a 7 de Abril, porém meu plano é despachar o automóvel no dia 4 ali e seguir, a 5, por trem, para Lisboa, onde o vapor passará mais ou menos a 10 ou 11. Assim poderei abraçar-vos, a ti a e à Alice (que minha mulher muito deseja conhecer) e ver o pequeno. Temos muito que conversar. Em Lisboa liquidarei o débito com o Anuário.

Não tiveste a idéia de me escreveres uma linha também para Haia; por isso não pude avisar-te a tempo de tudo isto, sobretudo no que toca à viagem que devíeis fazer, antes ou depois da Páscoa. Contamos com que, lá para 6 de Abril, já estejais de volta. Não me conformo com passar uns dias aí sem ver esse pedacinho de gente que acode ao nome de Alice, e no qual, apesar de pedacinho, cabe tanto do céu e da terra. Dize à Alice que muito gosto me deu o *post-scriptum* dela, pois há muito não recebia umas linhas dela, de próprio punho. Meu concunhado Plínio Salgado,[137] meu amigo fraternal, aí está à Rua do Arco no. 95, rés do chão, a S. Mamede. Recomendo-t'o como se, no Brasil, eu recomendasse o A. C. M. ao P. Salgado. Está claro: no plano do humano e do cotidiano, isto é, do coração.

Obrigado pelo ensaio sobre o romance[138] que já li e admirei, salvo no emprego insistente da palavra "desmesura", que faz tremer as cinzas do Camões e outros gajos desmedidamente recomendáveis. Se não fora o Brasil, não sei o que seria da língua portuguesa... (Não te rales!) obrigado também pela *Dispersão* que pagarei aí. Teu, até breve e até sempre, RC.

76

Lisboa – 14/VI/40

Meu querido Ruy:

Quem esta carta te apresenta é o casal de artistas mais simpáticos de Lisboa (hoje de Lisboa, até há pouco de Paris, onde ambos fizeram o seu nome, que é grande e merecido). Trata-se de Maria Helena Vieira da Silva e Arpad Szenes, este húngaro, ela portuguesa.

Tenho a certeza de que te vais dar maravilhosamente com eles, e com raiva o digo, pois vamos ficar sem dois dos melhores companheiros desta pequena república das artes de Lisboa.

---

137 Ribeiro Couto colaborara na antologia que lhe foi dedicada (VV.AA, *Plínio Salgado*, São Paulo: Panorama, 1936) com o texto "O cavaleiro do Brasil integral".
138 *Sobre o romance contemporâneo*, Lisboa: Inquérito, 1940.

Lisboa - 14/VI/40

Meu querido Ruy:

Quem esta carta te apresenta é o casal de artistas mais simpático de Lisboa (hoje de Lisboa, até há pouco de Paris, onde ambos fizeram o seu nome que é grande e merecido). Trata-se de Maria Helena Vieira da Silva e Arpad Szenes, êste húngaro, ela portuguesa.

Tenho a certeza de que te vais dar maravilhosamente com êles, e com raiva o digo, pois vamos ficar sem dois dos melhores companheiros desta pequena república das artes de Lisboa.

Arpad pretende fazer aí a vida como retratista, principalmente. Em Lisboa essa pre-

Carta de Casais Monteiro apresentando o casal de artistas Maria Helena Vieira da Silva e Arpad Szenes que por sete anos viveria no Brasil.

Arpad pretende fazer aí a vida como retratista, principalmente. Embora eu prefira nele o "outro", o que não está sujeito à "realidade realista", não posso deixar de admirar o admirável e fidelíssimo retratista que ele também é; e tenho a certeza de que terá aí grande sucesso a este título, e espero que, na medida do possível o ajudarás a tomar contacto com o meio... e a conhecer gente retratável (ou melhor: "bolsas retratáveis", o que infelizmente tem de importar).

Nota que não se trata de refugiados, mas de artistas que vão ao Brasil, trabalhar e conhecer um mundo novo.

A propósito disto (escrevo-te horas depois de chegar a notícia da ocupação de Paris pelos alemães) é natural que antes de esta te chegar às mãos te escreva sobre as possibilidades da minha emigração para o Brasil. Abraça-te o teu amigo de todo o coração Adolfo

77

Rio, 24-11-40

Querido Adolfo,

Saiu hoje teu artigo sobre o Lawrence. Tenho-te lido sempre. Mas – nada mais me escreveste depois que dei o nó neste velho projeto de ver-te regularmente colaborar num bom jornal daqui. Ou não recebeste minha carta, escrita quando telegrafei ao G. de Bettencourt em nome do Dario Magalhães? Aqui está o Tomaz Rêgo Colaço. Vi ontem, na conferência,[139] uma senhora Homem Cristo, que é tua amiga. Quem é? E notícia? Porque não as dás? E a Alice? E o João Paulo? E o teu caso no Ministério da Instrução? Já o resolveste? O Martinho poderá escrever daqui ao Ministro, mas disse-me que o Pacheco já não o é mais. Teu Ruy

---

139 Conferência de Ribeiro Couto sobre Antonio Nobre que, ampliada, seria publicada no primeiro número da revista *Litoral* de Carlos Queiroz, e posteriormente recolhida no volume *Sentimento lusitano*, 1961.

Primeiro número da revista *Litoral* de Carlos Queiroz.

A MENSAGEM
DO LUSÍADA ANTÓNIO NOBRE
por
RIBEIRO COUTO

No último quartel do século XIX o pessimismo impregnava o clima do espírito em Portugal. Antero de Quental resumia o pensamento da sua geração nestas palavras desdenhosas, de inexcedível amargura: «A literatura portuguesa está em decomposição. Ainda há quem escreva coisas literárias; mas literatura nacional, acabou. O que não admira: onde a nacionalidade é coisa morta, ¿o que poderá ser a literatura?» A nação carregara tão pesadas grandezas durante os séculos anteriores, que os seus artistas e os seus poetas pareciam sùbitamente fatigados. O sarcástico Eça de Queiroz, «vencido da vida», sacudia pelo riso o torpor da sociedade urbana, abafando no fundo do coração a sua imensa ternura pela gente do povo, sobretudo a gente rural, cujas virtudes sadias com tanto lirismo viria a exprimir n'*A Cidade e as Serras*. As raízes morais da nação pareciam tão desprezadas, tão esquecidas, que o próprio Eça de Queiroz, já na fase da reacção tradicionalista, veria no D. Sebastião um símbolo de inactividade contemplativa. No ensaio em que combate a influência do francesismo na vida

38

Ensaio de Ribeiro Couto sobre o poeta português Antonio Nobre, publicado no primeiro número de *Litoral*, revista de Carlos Queiroz.

78

Rio, 7 de abril de 1941

Querido Adolfo,

O Paul Rónai[140] trouxe-me a tua carta. Alegríssimo, fui abri-la. Pus de lado, acariciando-o este magnífico retrato do afilhado João Paulo. Pus de lado também o papelzinho com o cabelo (que a Menina havia pedido à Alice). Quanto à carta, como o quarto estivesse um pouco escuro, devido aos *stores* que o protegem do sol, fui lê-la à janela: e como era um dia de vento, escapou-me das mãos e lá foi rodando pelos quintais! Para que compreendas isto, dir-te-ei: moramos no 14º andar de um edifício de apartamentos. O papel subiu, depois desceu, depois tornou a subir, depois deu a volta por trás do edifício e perdi--o de vista. Mandei a criada descer e perguntar nos apartamentos do outro lado, mas ninguém sabia da carta. Fiquei desolado. Não sei nem mesmo o que dizias na primeira linha. O pé de vento, mal me inclinei à janela com a carta nas mãos, pregou-me essa partida!

Assim, quero pedir-te o favor de me escreveres de novo, dando as tuas notícias. De nada sei. Vi que no fim da carta havia umas linhas escritas com letra da Alice. Também não sei o que dizia ela.

Fiz aqui uma conferência sobre Antonio Nobre e desejo publicá--la em livro. Para isso, necessito completar a minha documentação. Sobre o Nobre tenho: O Villa Moura; o Ed. de Sousa, o *Poeta do Só*; Anto. Fer. Nobre, *As Correntes* etc.; o J. Gaspar Simões; o José Régio *As correntes e as individualidades*, as *Cartas Inéditas* com a tua introdução.

Faltam-me: a crítica do Castelo Branco Chaves, a que te referes; *Os poetas lusíadas* do Pascoaes; os *Pombos correios* do A. de Oliveira.

Desejaria ainda: a 2ª ed. das *Despedidas*, Porto, 1932 (tenho só a primeira) e a 1ª ed. do *Só* ou um fac-símile (foto) da capa ou da portada da primeira edição.

---

140 Paulo Rónai fora libertado de um campo de concentração na Hungria por interferência de Ribeiro Couto e deixou a Europa por Lisboa, onde conheceu Casais Monteiro.

Já compreendeste, quero dar o meu livro ilustrado.

A minha conferência, desenvolvida e anotada, será seguida de um "Itinerário Biográfico" de Antonio Nobre. Esse itinerário eu o estou estabelecendo pela correspondência e vou, sem dúvida, completá-lo com outros dados, caso possa encontrá-los.

Existe em Portugal, em livro ou revista, uma verdadeira biografia de Antonio Nobre?

Dize-me se existe; se existe, ou se existem quem possa tintim por tintim dar-me as datas de todos os passos principais da vida do Anto, pede socorro em meu nome. O velho Augusto? Ele poderia, sabendo do amor que tenho pelo irmão (meu anjo tutelar), mandar-me umas quatro páginas de almaço, com as datas todas, das movências e transplantações, matrículas e viagens.

Também queria que o Dr. Augusto Nobre me cedesse umas fotografias de duas ou três cartas, sobretudo das que foram escritas da Suíça e em que Nobre fala de projetos (Cônsul na África do Sul, etc.)

Fiz pesquisas aqui na Biblioteca, nas coleções do *País* para encontrar a tal colaboração que o Anto arranjou com o Eduardo Prado. Nada encontrei assinado por ele. O correspondente em Paris era um tal Xavier de Carvalho e em Portugal um Alves de Sousa. Mas há correspondências de Paris sem assinatura, inclusive uma sobre João de Deus (22-3-95).

Não será possível arranjar umas duas cartas inéditas?

Desejo que o meu livro seja o maior e a mais atraente homenagem ao Nobre.

Quanto mais documentação, mais público ledor.

Tenho um retrato do nosso poeta no apartamento de Paris; retrato que me deste. Quanto aos demais retratos que andam publicados nos livros, inclusive o desenho que vem na capa das *Cartas* (Anto. Carneiro?), para ter bons clichês eu precisaria possuir os originais fotográficos.

Esquecia-me de dizer-te: tenho também a conferência ou discurso do Alberto de Oliveira no Porto há dois anos, discurso que o Ocidente publicou.

Eu gostaria também de pagar o serviço de um rapaz que tivesse hábitos bibliográficos e estabelecesse para mim uma bibliografia bem desenvolvida, isto é, indicando números de revistas e jornais com artigos sobre o Nobre. É coisa que dá trabalho. E é trabalho que só pode ser feito em Portugal.

Quanto à bibliografia brasileira, fica por minha conta. Pronto. Estás a ver que imagino para o Nobre uma coisa batatal. Coisa grande, fina e completa. Pelo menos: a mais completa coisa que se haja publicado até agora (sob o ponto de vista bibliográfico). Sabes, é o tema do grande amor poético.

Agora, outro assunto: Aproveitando a minha estada no Brasil, gostaria de publicar uma outra edição, bonita igualmente, do teu estudo sobre a minha poesia. Para isso seria preciso que relesses o teu trabalho e eventualmente o completasses, pois que depois de *Noroeste* veio *Província* (aliás referes-te a *Província*) e veio o *Cancioneiro* (que precede o meu próximo *Cancioneiro do Ausente*). Deste último poderei mandar-te um jogo de provas tipográficas. O que quero saber é se tens tempo para isso.

Estive em Montevidéu com o Supervielle. Endereço: Sarandi, 372, Montevidéu, Uruguai. Falou-me, é claro, muito de ti. Ele está meio doente e muito abatido moralmente.

Teus artigos aqui são os melhores que se publicam na imprensa literária. Vai tratando de guardar tudo, a fim de publicarmos depois um livro.

Diabo, faltam-me as tuas notícias. Que há sobre a tua situação de professor? Estive a conversar com o Gastão de Bettencourt. Nada sabe de ti. Que há? Cancelaram aquela nota boba? Escreves-me tão pouco! Só me mandas cartas em mão própria, e sabes que isso às vezes demora. E outras vezes, vês, como agora, se perde.

Pelo correio comum vão os meus dois últimos livros de prosas. A novela *Prima Belinha*[141] e os contos do *Largo da Matriz*.[142] Estes tem tido uma crítica muito boa. Até tenho vontade de enviar-te um ou dois artigos, para veres o que se disse.

Fala-me de ti. Fala-me de tudo que se prende à tua vida.

---

141 Rio de Janeiro: Civilização Brasileira, 1940.
142 Rio de Janeiro: Getúlio M. Costa, 1940.

Quanto a mim, aqui permanecerei por muito pouco tempo. Razão pela qual quero apressar algumas publicações.

Bem. Dá um grande abraço na Alice e um beijo no gajito João Paulo. A Menina, que fala sempre dos três, envia também muitas saudades. Ao Hourcade só agora vou escrever. Estou há três meses com uma carta dele. Mas andei pelo Uruguai e Argentina, em serviço, e isso me fez atrasar a correspondência. Teu Ruy

O imbecil do José Osório, no pretencioso folheto *Uma cultura francesa*[143] ataca-me na pág. 11, citando-me em falso (não falei de 1000 livros e sim de 10 entre 100). Não quis compreender que o meu telegrama às *Nouvelles Littéraires* tinha, além de tudo, um valor político, no instante em que se me pedia para ajudar a causa. De resto, que relação há entre escrever eu em português, com pureza e propriedade, e preferir nas minhas leituras 10 livros franceses? Não há os que, escrevendo em português, alemão ou rumeno, preferem 10 livros em latim ou grego antigo? Mando-te 200 escudos para me comprares os livros que me faltam, do e sobre o Nobre. Darão? O Paul Rónai está com a vida arrumada por agora.[144] Vai muito bem. O Arpad vejo às vezes. Fez uma exposição e tem amigos.

---

[143] Lisboa, Institut Français au Portugal, 1940. Conferência datada de março de 1940 e publicada como *plaquette*. Posteriormente incluída no volume *Enquanto é possível* (Lisboa: Universo, 1942).

[144] Paulo Rónai realizaria em 22 de julho daquele mesmo ano a conferência "Literatura da Hungria" na Academia Brasileira de Letras, posteriormente publicada no volume *Panorama das literaturas estrangeiras contemporâneas* (Rio de Janeiro: Academia Brasileira de Letras, 1943).

79

Lisboa, 24 de Abril de 1941

Meu querido Ruy Ribeiro Couto:

A tua carta chegou ante-ontem, depois de treze ou catorze dias de viagem. Não é mau, para os tempos que vão correndo. Preciso dizer-te, antes de mais nada, que a única correspondência tua que recebi desde que regressaste ao Brasil foi, além desta última carta, o cartão em que me escreveste meia dúzia de coisas – um cartão convite para a tua conf. sobre o Nobre.[145] Nele falavas duma carta que nunca recebi. Uma das razões do meu silêncio foi essa, isto é, estar à espera de notícias tuas e do teu endereço particular, pois esta coisa de escrever para o Ministério não me agrada nada – tenho sempre a impressão de que as cartas se vão dissolvendo ao passar pelas mãos de inúmeros contínuos... Mas como continuas a não me dar outro endereço, lá vai esta para o Ministério. Só te peço que me escrevas logo, para eu ficar descansado. Foi de facto pena que a carta voasse, porque tenho sempre enorme preguiça de falar na minha vida. Vamos lá a dizer o essencial: a minha vida tem corrido assim, assim, ora bem, ora mal. Em Março parecia começar a correr muito bem, mas exactamente nessa altura passou a correr pior, e tenho-me visto à vara para que o barco da economia doméstica não meta água por todos os lados. Uma das razões foi o amável gesto do nosso "querido" Gastão de Bettencourt, a quem no dia 28 ou 29 de Fevereiro entreguei os artigos de Março para os *Diários Associados* e que, para vergonha dos ditos, não me pagou, dizendo-me que mandava o dinheiro do Brasil – ou antes, que eles mo mandariam. Estamos a 24 de Abril, e ainda não vi cinco réis! Se ele por acaso não tivesse realmente dinheiro dos *Diários*, não lhe ficava nada mal emprestar aos mesmos os 300 e tal escudos dos artigos, para não dar a impressão de que os referidos *Diários Associa-*

---

145 *A mensagem do lusíada Antonio Nobre* realizada no Liceu Literário Português no Rio de Janeiro em 23 de novembro de 1940.

dos era uma firma tão duvidosa que ele, seu representante, não lhe emprestava esses míseros escudos. E como foste tu o obreiro desta colaboração (o que abundantemente te agradecia na outra carta, agradecimentos que te renovo aqui), creio seres a pessoa indicada para eu transmitir aos ditos *Diários Associados* o meu desagrado pelo facto deles terem cá um representante que nem sequer tem um escritório, obrigando-nos a ir ao Secretariado da Propaganda, onde é empregado, para entregar os artigos e receber os escudos. Podes crer que não é das coisas mais agradáveis... Provavelmente o cavalheiro recebe dos *Diários* uma verba para pagar um escritório que não tem! A propósito, essa coisa de ser representante dos *Diários* é que me fazia um jeito, ó poeta e amigo! E, como o triste senhor de Bettencourt é pessoa tão pouco simpática, não tenho razão nenhuma para deixar de dizer que eu fazia muito melhor o serviço do que ele, comercial e intelectualmente, com certeza – e não é preciso muito... Passando a outro assunto: vou-te mandar já, por via marítima, os livros sobre o Nobre que pedes, e a 2ª ed. das *Despedidas*. A 1ª do *Só* é que não sonhes receber, porque é das coisas mais raras que pode haver. Vou tratar imediatamente de te conseguir as fotos que pretendes. Tenho em meu poder uns apontamentos do punho do Augusto Nobre, sobre a vida do irmão, que te mando também, apontamentos que serviram para fazer as notas biográficas que vem com a 2ª ed. das *Despedidas*. Também te mando mais algumas coisas que tenho e farei o possível para te conseguir tudo o mais com toda a brevidade. Acuso a recepção de teu vale de 200$. Outra coisa: mando-te também o meu livro de ensaios que há tanto tempo estava para sair. Inclui nele alguns artigos que mandei para o Brasil e suponho que não seria preciso pedido de autorização, pois o *copyright* dos *Diários* deve ser só para publicação em jornal; mas se houver, tu farás o favor de providenciar. Acho excelente a tua sugestão para os reunir. Não a todos, porque alguns tomarão lugar (além dos que juntei a este volume de ensaios) em outros volumes (dois artigos, por ex. sobre o Lins do Rêgo, que fazem parte dum ensaio a publicar à parte, assim como um sobre o Bandeira, que completará o ensaio que sobre ele publiquei na *Revista de Portugal*, e que fará um caderno que a Inquérito vai publicar em breve, com uma antologia do dito Bandeira).[146] É verdade: uma das coisas que eu te dizia na carta que voou era se fazias o favor de pedir autorização ao Bandeira para publicar essa pequena antologia de versos dele a completar meu ensaio. Favor cujo pedido renovo.

Sobre a minha vida nada de especial: tenho a acrescentar senão que não vai lá muito bem. Ah! O nosso amigo Múrias, como sempre (dizem), foi um amor de rapaz a prometer, mas o facto é que não fez absolutamente nada. Muito amável, muito camarada, mas ficou tudo na mesma. Esta é a verdade nua e crua. Já depois disso fiz outra tentativa para resolver a minha situação (limitando-me a pedir que me dessem o "diploma do ensino secundário", sem o qual não posso ser professor nos colégios particulares). Também não consegui nada. Claro que não torno a falar ao Múrias pois ele é INCAPAZ de se interessar a sério por ninguém. É a triste, mas única verdade. Ao mesmo tempo que te mando esta carta, mando também por via aérea os artigos de Abril, endereçados ao Dario d'Almeida Magalhães. Agradeço-te, pois, se me fizeres o favor de providenciar de modo que me mandem sem demora não só os dinheiros referentes a estes, mas os do mês passado. Tem paciência, mas tens de continuar a ser o meu anjo da guarda!

Sabes, a Editorial Inquérito vai publicar a edição de luxo de um poema meu, um poema que dá aí umas trinta páginas. Creio que não é mau de todo – creio mesmo que consegui exprimir nele alguma coisa da nossa vida destes tempos de angústia. Chama-se *Canto da Nossa Agonia*. Deve ser coisa para custar vinte ou trinta escudos – será ilustrado com três águas-fortes dum jovem de talento.[147] Se pudesse indicar algumas pessoas susceptíveis de se interessarem agradecia-te. Sabes, é quase certo (nestes tempos não se pode dizer que nada seja

---

146 Publicado em números seguidos da *Revista de Portugal*, Coimbra (n.3, p.425-33, abr. 1938; e n.4, p.595-608, jul. 1938), e que, ampliado e seguido de uma antologia, seria editado pelos Cadernos Inquérito em 1943.

147 O poema foi publicado pelas edições Signo em 1942, sem ilustrações. O artista em questão era Antonio Dacosta, que seria o ilustrador de *Noite aberta aos quatro ventos* (Lisboa: Signo, 1943) e do volume de Ribeiro Couto, *Uma noite de chuva e outros contos* (Lisboa: Inquérito, 1944).

certo) que me vou associar com alguns rapazes (rapazes de mais de trinta anos!) para fazermos uma pequena livraria e também pequena editorial que de certo modo terá a orientação que eu teria dado às edições presença se tivesse havido dinheiro para isso: edições de autores modernos, edições de luxo para um público reduzido, mas certo.

Mas depois te falarei disto com vagar, tanto mais que na parte da livraria se criará um serviço de investigações bibliográficas e de pesquisas de livros raros, para o qual espero que depois possas canalizar as pessoas das tuas relações que tenham interesse em as utilizar. A parte da livraria assegurará a vida da empresa nos primeiros tempos, enquanto a parte editorial não tiver desenvolvimento que por si só a mantenha.

Meu querido Ruy, vê se dás notícias com mais freqüência – e para já trata-me de ver se esses senhores dos *Diários Associados* me mandam o dinheirinho. Ah: uma das coisas que eu te pedia na carta anterior era se davas providências para me ser pago o artigo "Estado do Teatro em Portugal", que foi publicado na *Revista do Brasil* de Julho passado. Pagaram-me o artigo publicado no número de Setembro, e não me pagaram esse. Não me arranjas que me mandem a *Revista do Brasil?* Aqui é tão mal distribuída que muitas vezes não chego a por-lhe a mão em cima. Ainda outra coisa: devo continuar a mandar artigos para o *Jornal do Brasil?* O caso é que nem sequer sei se todos os meus artigos são publicados no jornal, pois poucos números tenho recebido – só os que às vezes me manda o Nuno Simões.

A Alice manda para a Menina e para ti as saudades que já mandara na carta anterior.

Ainda bem que não se perde o retrato do João Paulo e a madeixa de cabelo. Ele agora já está mais rapaz, e um rapaz endiabrado, não imaginas! E felizmente não é doente, no que não sai ao pai, que teve uma infância de mil e um achaques.

Adeus. Dá os meus respeitos a tua Mulher, e aceita um grande abraço do teu muito dedicado e grato amigo, Adolfo

P. S. Espero os teus livros que me anuncias. Acho excelente o teu projecto de editares aí o meu estudo sobre a tua poesia. Dentro em breve te mandarei o original emendado e acrescentado com as páginas referentes aos livros que publicaste depois.

P. P. S. Mando a cópia desta carta juntamente com os livros, para a hipótese de esta se perder. Não deixes de responder logo, por favor. Teu A.

80

Rio, 17 de Maio 41

Adolfo,

Recebi tua carta há uns dias. Falei hoje com o Gastão. Tem muita simpatia por ti, pelo menos assim parece. Sobre o dinheiro, naturalmente deu explicações que não adianta reproduzir aqui. O fato – essencial – é que me autorizou a falar com o Dario. Gastão parte hoje ou amanhã para S. Paulo, por uma semana, e assim posso falar com o Dario mais à vontade, isso é, da parte dele, além da minha.

Por ele soube que o Dario pretende suspender a colaboração, tua ou do Simões, por uns tempos, pois tem muitos originais, aos quais não dá vazão. Gastão é de opinião que se suspenda de preferência o Simões. Sou também desta opinião. Aliás, o Simões anda a reproduzir capítulos de livros, como por ex. o sobre o Botto, aparecido há duas semanas. Se não me falha a memória, é um capítulo dos *Temas*. Enfim, isto não vem ao caso, mas sempre auxilia.

Julguei que recebias o *Jornal*. Por isso nunca te mandei os recortes desses artigos teus. SÃO PUBLICADOS SEMPRE EM PRIMEIRA COLUNA, COMO A PRINCIPAL PUBLICAÇÃO DA PÁGINA LITERÁRIA. E, com efeito, ó galego, os teus artigos são ótimos. Aquele da missão do poeta na terra[148] estava da pontinha. Te perdes por vezes numa fumarada filosófica estupenda, que a gente respira a plenos pulmões. O Osório deve andar azedo com saber-te colaborador fixo do *O Jornal* ele que está sempre a resmungar porque isto, porque aquilo, porque aquiloutro...

---

148 Ao que tudo indica, trata-se do texto "O ocaso de uma idéia: o poeta exilado na terra", incluído em *De pés fincados na terra* (Lisboa: Inquérito, 1940).

Estas linhas são só para dar-te o aviso de que tua carta chegou e de que estou agindo. Custou achar o Gastão, que nunca estava no hotel quando eu telefonava. Entre nós te digo que tens por ele uma repugnância que não me explico. Porque lhe chamas "triste Gastão"? Parece-me um rapaz muito simpático, discreto, comedido. Só abre a boca para dizer bem de ti.

Ando em falta contigo. Não te mandei os meus dois últimos livros, de prosa. Vão agora, enfim!

O teu artigo sobre a imitação estava muito bom, mas sem endereço... É muito difícil, com efeito, pôr os nomes aos bois. Eu ando encavacado com essa história do nosso S. pegar nos versos da gente, amassá-los com um pouco de trigo do Douro e levá-los ao forno, assim como coisa de própria fábrica.

Escreve sempre.

Diante do que me contas sobre o teu caso, só me resta pedir a intervenção do Martinho. É O QUE FAÇO HOJE, por carta.

Já me cheira mal tudo isso. Que país de ódios é esse!

Logo que tenha notícias, transmito-as.

Não me esqueças dos negócios do Nobre, nem – quando puderes um domingo – do ensaio, que republicarei aqui.

A Menina está mandando lembranças à Alice e ao João Paulo (A este, aliás, beijos e não lembranças). Eu, que antes do fim do ano passarei aí, mando-te muitas e muitas coisas, entre as quais uma alma avacalhada e triste. A esperança está nos E. E. U. U. da América!

Teu RC.

81

Lisboa, 25 de Junho de 1941

Querido Couto:

Esse ar brasileiro que se respira nas tuas cartas mesmo quando demasiado breves, faz bem à gente, sabes? Até fiquei envergonhado de ter dito mal do Gastão – mas o facto é que, na verdade, me parece um tanto forte que um senhor que representa os *Diários* se tenha posto a andar sem deixar alguém a quem confiasse suas sagradas obrigações – e que obrigação mais sagrada queres tu do que a de me pagar a mim aqueles trezentos mil réis mensais que me tem feito uma falta dos diabos?! Porque isto vai feio, poeta, muito feio. Cá me vou agüentando, graça a acrobacias, mas o passivo aumenta, o que não tem graça nenhuma. Mas vamos ao que importa.

Pelo Siqueira Campos graças a um amável senhor, segue um pacote com as ofertas para o Brasil do meu livro de ensaios. Entre eles vai, claro está o exemplar para ti (tiragem especial; não é numerado, mas é mesmo especial); o pacote vai para entregar ao Lobo Vilela, representante aí da Editorial Inquérito, cuja é editora do meu livro. Agora me lembro que uma coisa te perguntava naquela carta que te voou das mãos, era se haveria complicação pelo facto de eu ter incluído no livro três ou quatro artigos dos que tenho mandado para os *Diários*. Não tive tempo para pedir autorização, se é que havia que a pedir, penso que não. A propósito, não me disseste (pedia-te na tal carta esse favor, mas parece que repeti na seguinte) se o Manuel Bandeira me autoriza que eu junte ao ensaio sobre ele, que deve sair nos Cadernos da Inquérito, uma pequena antologia de versos dele. Não te esqueças, peço-te. Cá recebi os vossos discursos, mas ainda não li, ai de mim, que ando agora tradutor do Platão[149] e com este calor é de matar um sujeito preguiçoso como eu. Mas voltando à vaca fria: logo que saibas da chegada de Siqueira Campos (parece-me que parte em 4 de Julho daqui) seria bom que desses uma telefonadela para a Inquérito; tenho medo que se perca o livro, ainda tenho mais medo a portadores que ao correio.

Achei admirável a tua idéia de se fazer um volume com os meus artigos para o *Jornal* (do qual devo dizer-te que tenho recebido alguns números com artigos meus, graças à gentileza do Nuno Simões) mas creio que já te falava disto na última carta. Se continuas a pensar

---

149 Referência à tradução de *Platão* de Léon Robin, publicada pela editorial Inquérito em 1943.

"A Manuel Bandeira
com aquele "Perdão!" que o crítico tem que pedir ao poeta,
quando se atreve a invadir os seus mundos secretos.
Com a admiração do
Adolfo Casais Monteiro
Lisboa Fevereiro 44"
Dedicatória em exemplar do ensaio publicado pela Inquérito seguido de uma antologia.

nisto, diz para cá, pois há alguns que não poderiam ser publicados assim, visto terem lugar marcado à parte (por ex. o sobre o Bandeira, que completará o ensaio que veio na *R. de Portugal*). Receio bem que a tua *démarche* junto do Martinho seja inútil. Isto não é gente com que se faça nada, e que nos faça qualquer coisa... de graça. Aliás, a única coisa que queria deles era que cancelassem o meu processo, nada mais, irra! Não quero empregos, não quero ser reintegrado, só quero o que não me impeçam de ganhar a minha vida particularmente. Que não o façam é de facto repugnante, mas isto é Portugal, meu velho, não é o Brasil. Não tenhas ilusões. Lembra-te do nosso amabilíssimo M. M. Grandessíssimo...

Preferia que em vez da lista do que não tens, me mandasse a do que tem sobre o Nobre. Porque pode haver coisas que te interessem e que não tenhas e ignores. Creio impossível – só milagre – arranjar a 1a. do *Só*. É raridade das raridades! Pelo Siqueira Campos vou mandar-te os livros que pediste (reparo agora que afinal me tinhas mandado a lista dos livros sobre o Nobre que tens. Retiro, pois, o pedido feito acima. Contudo seria bom saber se te interessa ter tudo o que haja sobre ele, ou apenas as coisas com algum interesse).

Capítulo dinheiro: cá tenho continuado à espera sebastianicamente dos dinheiros dos *D. A.* Mas... "silêncio, escuridão e nada mais"! E ainda queres tu que eu queira bem a este bandido do G. de B.!! (Tanto mais que não ignoro que esse cavalheiro foi aí para tratar dos negócios dele, e não dos *D. A.*, devido ao que, ao sentir-me prejudicado com isso, só me posso queixar dele, e não dos *D*). Mas vamos a factos: tomo a liberdade de te mandar, juntamente com esta, os meus artigos; é uma maçada que te dou, mas tu perdoarás, e farás o favor de os entregar. Compreendes, custa uma fortuna, e assim sempre sai mais barato. Pelo Siqueira Campos mandarei provavelmente os três seguintes. Ia a dizer do "mês que vem", mas parece-me que me atrasei, e que os artigos que mando agora deviam ter seguido em Maio e portanto os que vão pelo S. C. serão afinal os de Junho. Paciência, é outro prejuízo. Tu tem paciência, e manda-me dizer o que há: quando verei, apalparei, farejarei o dinheirinho (com estes que vão aqui, perfaz 9 artigos que me estão a dever, mais o tal de Junho do ano passado, na *R. do Brasil*, que nunca me pagaram). Quere isto dizer que a dívida dos *D. A.* se eleva à portentosa quantia de um conto de réis, cuja tu, feliz cidadão dum país decente, nem podes imaginar o jeito que me fazia agora, aqui na minha mão! Mas, pelo amor de Deus, diz-me qualquer coisa: se eles mandam o dinheiro directamente para mim, se o traz o Gastão e quando vem o Gastão, ou o quê. Tem paciência, faz o sacrifício de saberes isto para o teu amigo!

Ora bem: se eu completasse o estudo sobre a tua poesia com umas páginas sobre a prosa? Que dizes? Mas nesse caso preciso dos teus livros de prosa dos quais tenho apenas a 1a. ed. da *Cabocla*, pelo que é de literatura novelesca, e *Chão de França* e *Santa Teresinha*. Ainda não chegaram os dois que anuncias na tua última carta. Manda pois, os outros, se estás de acordo com a minha sugestão. Outra coisa: então o bandido do Serpa tem a *Homenagem ao Manuel Bandeira*, e eu, que escrevi aquela prosa toda, não a tenho? Quero a *Homenagem*, pronto!

É provável que vá também juntamente com esta uma carta para o Rónai, que terás a paciência de fazer seguir, pelas mesmas razões de economia. Paciência, mas o aéreo é tão caro!

Palpita-me que tinha ainda muito que te dizer. Mas já estou cansado de dar aos dedos. É verdade: tenho até vergonha de o dizer, mas ainda não escrevi ao Augusto Nobre por causa das coisas que querias. Mas tenho quase a certeza que se arranjará tudo o que queres. Eu demoro a tratar das coisas, mas trato! E quanto à bibliografia, parece-me que o melhor lugar para o fazer será a casa do Augusto, a menos que ele tenha já entregue à Biblioteca Municipal do Porto a papelada referente ao Anto. Só para fins do mês que vem, quando for para o Norte, te poderei escrever com vagar sobre este ponto.

Tenho ainda a receber de ti umas dezenas de escudos, pois que o dinheiro que deixaste não chegou para tudo o que faltava pagar do teu livro. Depois por qualquer barco te mandarei a papelada referente a isso. Mas escusas de te preocupar, pois que tenho os teus 200 mil réis, que não gastarei todos nem de longe para comprar os livros que pediste.

Não te disse nada de nós. Estamos bem. O João Paulo muito bem mesmo. Esperamos que o mesmo se dê convosco. Explica essa vaga e misteriosa notícia da tua vinda cá ainda este ano. Quando! Sabes, o Álvaro Pinto[150] diz que não tem notícias tuas, e provavelmente não gostaste do que ele te mandou dizer a respeito do Orico.[151] Lá se arranjem. Eu acho que dos Oricos nem vale a pena dizer mal.

Não te esqueças de mim, e escreva o mais breve que puderes ao teu amigo do coração, que transmite muitas saudades da Alice para vós ambos e um grande abraço dele próprio para ti. Teu, do coração, Adolfo

Afinal esta vai atrasada porque queria resolver uma coisa a favor do Paulo Rónai e não consegui, tratava-se de traduzir e publicar num caderno do Inquérito o estudo dele sobre Camões e a Hungria.[152] Mas é pequeno e magro demais e o homem não está pelos ajustes. Queres tu ter o incômodo de lhe mandar dizer isto? E que entreguei a carta que junta à para mim ele mandou para o Nemésio (que português, caramba!). E, afinal, os artigos vão à parte, directamente para o Dario d'Almeida Magalhães – fica mais barato porque vão como manuscritos, em envelope aberto. A.

82

Ruivães, 13 de Outubro de 1941

Meu querido Amigo:

Tens o direito – ia mesmo a dizer o dever, e falava verdade! – de me rogares todas as pragas que souberes. O meu silêncio tem uma

---

150 Álvaro Pinto jornalista, editor, dinamizador cultural, integra o grupo fundador d'*A Águia*, transfere-se para o Brasil em 1920, regressando em 1937.
151 O escritor, acadêmico e diplomata Osvaldo Orico.
152 *La fortune intellectuelle de Camões en Hongrie*, Lisboa: Imprensa Nacional, 1940. Em edições brasileiras Paulo Rónai publicou dois textos que correspondem àquele: "Camões, personagem de uma autobiografia" e "Um intérprete de Camões", posteriormente coligidos em *Como aprendi o português e outras aventuras* (Rio de Janeiro: INL, 1956) e *Escola de tradutores* (2.ed., Rio de Janeiro: São José, 1956). Paulo Rónai oferece seu estudo à publicação ao tomar conhecimento do volume de Luiz Cardim *Projecção de Camões nas letras inglesas* (1940) da mesma coleção.

única atenuante, e essa mesma pura estupidez de minha parte: queria eu aguardar para quando pudesse referir qualquer resultado definitivo dos esforços do Álvaro Pinto. Tão estúpido isto que te podia até deixar supor que ele nada tinha feito, quando sucede precisamente o contrário. É mesmo preciso dizer-se: nunca vi quem se dedicasse mais a satisfazer o pedido de um amigo a favor de uma pessoa que para ele não passa de um conhecido, e que é, para mais, um adversário político. Tudo quanto eu te digo em torno do Álvaro Pinto será pouco e não sei realmente como lhe testemunhar a minha gratidão. Se é certo que ainda não se chegou ao fim, a verdade é que ele se atirou de cabeça à fortaleza inexpugnável, e conseguiu dum dos homens mais poderosos da polícia a promessa de que ao ser consultada pelo Ministério da Justiça, a Polícia não daria informação que prejudicasse o meu pedido de cancelamento do processo. As férias de nós ambos prejudicaram a marcha das coisas, e só agora se fará a ofensiva contra o ministério. Eu regresso a Lisboa dentro de três ou quatro dias, e lá, de acordo com ele, se estabelecerá um plano de campanha, pois eu tenho algumas relações que podem ser úteis. Como vês, não podias ter batido a melhor porta, e entre ti e ele não sei a quem me sinta mais devedor – e como não posso ser mais seu amigo do que sou, não tenho moeda em que te pague! Logo que o caso se tenha resolvido – porque desta vez espero que se resolva, imediatamente te escreverei.

Tenho um pouco mais de desculpa pelo que toca ao *affaire* Antonio Nobre. Como suponho de mandei dizer, esperei pelas férias para abordar pessoalmente o Augusto, que não é pessoa a quem, por correspondência, se extraiam grandes coisas – tanto mais que é difícil fazer-lhe perceber o que se pretende. Mas não contei com isto: que o homem estivesse também em férias. Felizmente agora está no Porto, e amanhã, ou antes, depois de amanhã, o procurarei naquela casa da Foz que conheces, de cujas gavetas procurarei extrair, sem dor, aquilo que pretendes.

Estou muito preocupado com o destino que terão levado os exemplares do meu livro de ensaios editado pela Inquérito, *De Pés fincados na Terra*. Naquela altura não havia correio senão aéreo, de modo que um camarada das letras indicou-me um portador que levaria todos os exemplares de oferta, parte dos quais ele teria o incômodo de entregar aos autores, e outra parte iria entregar aí ao sócio da Inquérito no Brasil, o sr. Lobo Vilela, que a meu pedido os mandaria pelo correio. Ora até hoje não tive a menor notícia da chegada dos livros, que já partiram há uns meses. De ninguém recebi ainda uma linha e estou bem receoso de que o cavalheiro amável se tenha limitado a deitar o pacote pela amurada fora. Se, portanto, sucede que tu, nem qualquer das pessoas das nossas mútuas relações (o Manuel Bandeira, por exemplo) não tenhais recebido o volume, muito te agradeceria que fizesses o favor de perguntar ao referido sócio da Inquérito, aí no Rio, se não lhe terão entregue o pacote. Note-se que o exemplar para ti, como todos os outros destinados ao Rio deviam ser entregues pelo portador pessoalmente, o qual, segundo me disseram, gostaria de se relacionar com os escritores daí. O nome do tal portador (e é tudo quanto sei dele) é Carlos de Andrade. Mas podia acontecer que ele tivesse entregue tudo na Inquérito. A propósito, saberás que não recebi um único dos livros que tu me enviaste já há meses. (Sabes que o Serpa encontrou há tempos, num alfarrabista do Porto, com um papel colado sobre a dedicatória, o exemplar, a ele dedicado da *Mulher Obscura* do Jorge de Lima? Terão os livros que me mandaste caído nas unhas dalgum portador da força do que devia ter entregue aquele livro ao Serpa? E terá sucedido o mesmo aos meus? *C'est la guerre*.)

Só acabarei esta carta depois de ter falado com o Augusto Nobre, para que tenhas assim, embora com tal atraso, resposta ao que te interessa saber. O que eu lhe puder extrair seguirá pela via marítima, já que, pelo aéreo, seria proibitivo.

Perguntaram-me outro dia de Lisboa se o acordo que o F.[153] foi assinar ao Brasil teria prejudicado a minha colaboração no *Jornal*. E não se trata de pessoa que o perguntasse por ódio político, mas que sabe bem para que costumam servir certas coisas. E eu próprio fiquei a pensar: e por que não? Quem sabe se agora a colaboração

---

153 Antonio Ferro.

para o Brasil não terá de passar pelo crivo do S.?[154] É verdade: os meus artigos tem sido publicados? Creio que te cheguei a dizer que tinha recebido em Lisboa pelas três fornadas que me estavam a dever... Neste momento, tenho 600 mil réis a haver, mas não sei se deve vir daí o dinheiro, ou se me paga cá o Gastão. Não sei se ele já veio ou se ainda está no Brasil. Tu podias fazer-me pois um favor: averiguares se o referido Gastão trouxe (ou trará) ordem para me pagar os artigos que tenho mandado directamente; caso não traga, se me mandavam por intermédio de quem pagou os outros, a respectiva importância, isto é, a ordem para ele mos pagar. Até seria talvez que este mesmo (um senhor Romariz da Rua do Arsenal) fosse quem me pagasse sempre. Enfim, tem paciência e vê lá isso. Aliás, como vou mandar daqui a dias os três artigos de Outubro, podiam até mandar a ordem de pagamento dos 900 mil réis. Se te parece bem, arranja-me isso. Tem paciência – não tens outro remédio senão continuares a ser meu pai!

Ponto por hoje no Porto escreverei a segunda parte

Lisboa, 23 de Outubro, 41

Aqui vai o segundo capítulo da epístola. Infelizmente, a demora em a concluir, que resolvi esperando os resultados da entrevista com o Augusto Nobre, não serviu para nada. Tive tão pouca sorte que não consegui encontrar o homem nos dois dias que passei no Porto, antes de regressar aqui. De modo que lhe escrevi, a pedir-lhe novamente o que já há muito lhe tinha pedido. Não quero demorar mais a mandar-te esta, de modo que desisto de incluir aqui as coisas que ele poderia dizer, as promessas que poderia fazer. Estou muito aborrecido com a história. Oxalá esses elementos não estejam a fazer-te falta, será a minha única consolação! Antes que me esqueça, tenho um pedido a fazer-te, é o seguinte: Tenho andado a adiar de há uns meses para cá a edição do meu *Canto da nossa agonia*, que

---

154 Salazar.

a Inquérito prometeu editar-me, mas em condições especiais visto ser poesia e, aliás, mais folheto do que livro. Ficou resolvido que se faria, além da corrente, uma edição de luxo, a custar entre vinte e trinta escudos, com umas três pontas-secas dum jovem de grande talento, pontas-secas que serão tiradas directamente pelo artista, para valorizar essa tiragem. Ora, o editor quere um certo número de inscrições que garantam as despesas de edição, e pensei que por teu intermédio, ou pelo menos graças às tuas sugestões, se pudessem arranjar aí umas inscrições, pois receio que a pátria por si só não satisfaça as exigências do editor. Não te esqueças disto, peço-te; queria deitar o poema cá para fora, e os tempos não vão para se poder fazer edições de autor, ai de mim.

Mandaste-me em tempos um cheque de duzentos escudos, dos quais sobrará muito, comprados os poucos livros que pediste; mas tenho a haver nem sei quanto, duns restos de despesas de porte do teu *Cancioneiro de Dom Afonso*, mas mesmo assim ainda devem crescer alguns escudos, calculo. Infelizmente, não te consigo arranjar a 1ª edição do *Só*. Se deitasse um anúncio, talvez aparecesse. Mas pediriam aí uns 300 escudos, ou mais. O Serpa, que está todo bibliófilo, disse-me agora no Porto que há pouco se vendeu uma por 150 escudos, e que foi baratíssimo; foi ele que me disse também que em Lisboa se venderam há pouco dois exemplares, entre 300 e 400 escudos. Acho demais, mas tu dirás, caso mesmo assim te interesse. É claro, pode muito bem não parecer nenhum exemplar.

Mando hoje, em carta registada, pela via normal (não mando pelo aéreo, porque a Lati acabou com o preço especial para as coisas abertas, de modo que teria de pagar cerca de 40 escudos, e não caio nessa) os três artigos desse mês. Pedia-te muito encarecidamente que tivesse mais uma vez a maçada de ver se eles me mandam o dinheiro sem demora (900 mil réis, com esses últimos), porque ando com uma falta dele aflitiva, podes crer. Da última vez quem me pagou foi um tal Romariz, da Rua do Arsenal, que é creio, o distribuidor do *Cruzeiro*. Podia vir agora pelo mesmo caminho; o que receio é que demore muito a passar a ordem de pagamento dos *Diários* para o *Cruzeiro*, e do *Cruzeiro* para o agente em Lisboa. Vê se deitas água benta nessa coisa.

Creio já te ter dito na outra folha da carta que não tinham chegado cá nenhuns livros teus, ao contrário do que me anunciaste. Vê lá se mandas isso, pois gostaria de completar o estudo publicado com um capítulo sobre os teus livros em prosa. É verdade: afinal só tenho a 1ª edição da *Cabocla* das tuas obras de ficção, pois desapareceu-me a *Bahianinha*, e os outros livros de contos nunca tive. Vê se mandas isso.

30 de Outubro

Veio enfim um postal do Augusto Nobre. Nada de positivo, promessas. Tem paciência, pois. Logo quer ele resolva te mandarei o que houver.

Por aqui fico, agora é certo. Não te esqueças, peço-te, do que te peço.

Espero que tua mulher esteja bem. Nós estamos todos óptimos, graças a umas boas férias. Perdoa esta carta, que deve ir muito estúpida.

Saudades de todos nós para tua mulher e para ti, e um grande abraço do teu muito amigo Adolfo

83

Lisboa, 3-9-43

Aldrabão,

Sempre deste um jeito de te evadires de Lisboa – e sou eu o diplomata!
Bem.
Não soube nada dos telefonemas e lamento-o.
Tenho trabalhado muito na rotina da chancelaria.

Fui ver o J. de Barros[155] em Santa Cruz – e o passeio foi tão delicioso quanto a visita.

Mas Ruivães... "Ruivães é longe..."

Só se me mandares um bom verde branco...

Saudades às Alice e a ti, e um beijo no garoto pagão. Ruy

84

(30.9.43) [Lisboa]

Casalote e a mondraguinha –

Estejam aqui no dia 13 de Outubro. Então? Jantar às 8,30, do Treze, lá em casa Ruy

Venham Jantar 13 de Outubro. Cícero Dias

---

155 João de Barros escreveria o prefácio "Ribeiro Couto e o Brasil sertanejo" para a terceira edição de *Cabocla* publicada pela Sá da Costa (Lisboa, 1945) com capa de Cícero Dias. E Ribeiro Couto prefaciaria o volume *Presença do Brasil* (Lisboa: Dois Mundos, 1946) com o texto "João de Barros, lusitano de todos os mares", posteriormente recolhido em *Sentimento lusitano*, 1961. Foi possível localizar o exemplar assim dedicado: "A Casais Monteiro – ao poeta, ao amigo e ao generoso camarada – muita e grata admiração de João de Barros 1946. IV". A edição portuguesa do volume *Sentimento lusitano* sai em 1963, já depois da morte de Ribeiro Couto, e reúne textos de Manuela de Azevedo, Augusto de Castro, Ferreira de Castro, Fidelino de Figueiredo, Guilherme Pereira de Carvalho, Hernâni Cidade, Jacinto Prado Coelho, João Gaspar Simões, João José Cochofel, Joaquim Paços D'Arcos, José Osório de Oliveira, José Régio, José Ribeiro dos Santos, Luis Teixeira, Matilde Rosa Araujo, Natércia Freire, Nuno Simões, Paulo Barros, Taborda de Vasconcelos, Urbano Tavares Rodrigues e poemas de Antonio de Sousa e Miguel Torga. Representando os vínculos do escritor com o regime português, Marcello Caetano. Casais Monteiro não chega a escrever um texto homenageando Ribeiro Couto por ocasião de sua morte em 1963. Dez anos mais tarde abre a coletânea *Figuras e problemas da literatura contemporânea* (1972) com uma comovida dedicatória. Mas não é claro se poderia colaborar na edição portuguesa de *Sentimento lusitano*. Jorge de Sena escreveu o texto "Em memória de Ribeiro Couto" em 1963 e ele permaneceria inédito até a publicação no volume póstumo *Estudos de cultura e literatura brasileira* (1988).

85

Ruivães, 3/X/43

Meu caro Poeta:

Graças à excelência do serviço dos Correios, recebi uma carta tua em cujo endereço, se todavia não puseste "Sinfães" em vez de "Ruivães", puseste contudo "Penafiel" em vez de Vila Nova de Famalicão!! Ah, poeta...
Depois das dificuldades que ela teve em chegar cá, tivemos a Alice e eu, a de a procurarmos decifrar. Ainda há pontos obscuros; parece-nos, porém, lícito concluir que nos intimas a estar aí no dia 13 de Outubro. Confesso que não tencionávamos ir antes de 15 ou 20. Mas se nos dás razão de peso, somos capazes de mudar de idéias. Sabes, nós queríamos esperar pelo fim dos exercícios do D.C.A., etc. Mas também já me parecem depreender por qualquer notícia que nem indo em 20 nos livramos de chatices.
Outra coisa: gostaria que escrevesses, caso não vejas nisso qualquer inconveniente, um artigo para a minha Página Literária,[156] de preferência sobre assunto ligado às afinidades luso-brasileiras, etc. Não queres?
Como talvez tenhas visto, à falta duma Página brasileira, tenho procurado meter na minha, sempre, qualquer coisa do ou sobre o Brasil. Mas, estando tu cá, até parece mal que não apareça artigo teu. É verdade: se escrevesses um artigo sobre o João de Barros, focando precisamente a sua significativa figura de ponte entre as duas culturas?
Estou entusiasmado com a *Casa Grande e Senzala*. Mas se escrevo um artigo sobre o Gilberto Freyre, é garantido que essa canalha começa logo a dizer que é... por sermos ambos comunistas!!
Bom. Isto deviam ser apenas duas linhas, e à pressa. À pressa é mesmo, mas as linhas vão sendo demais. Dá uma noticiazinha menos breve da tua existência.
A Menina como está?

---

156 Publicada no *Diário Popular* de Lisboa.

Peço-te que abraces por mim o Cícero e o Alvim. Tens visto esse fluídico Sousa Pinto? Espantoso homem! Mandou-me um telegrama enorme a pedir desculpas de não se ter vindo despedir de nós à estação... mas não respondeu a uma carta que lhe escrevi!! Temos essa exposição? E a falada Casa do livro brasileiro? Tudo sonho, ou possível realidade? Ah, se eu tivesse um capitalista...

Saudades da Alice e um xi do João Paulo Teu do coração Adolfo
Atenção: Ruivães

86

Quarta-feira (18.11.43) [Lisboa]

Adolfo,

Não me dás notícias! Não vejo a Alice! Não combinamos nada de fixo! É tudo no ar, com muitas risadas e muita piada, mas nada de positivo, concreto, portuense, exato e batatal. De meu lado, tenho estado a trabalhar até alta madrugada estes últimos dias.

Não haverá um meio de obter de ti, com clama e sem dispersão de atenção, o compromisso só de uma noite certa, ou de um almoço, com marcação a lápis no livrinho de notas?

Já de sexta feira não disponho. Como não me disseste nada e era a única noite que eu tinha, para sair e desasnar um pouco, aceitei um compromisso.

Se fores um homem sério, dize-me se queres que eu vá almoçar no sábado, às 13 hs. Se preferes à noite – como queiras – então terá que ser na próxima semana, menos 4ª, 5ª e sábado. Pode ser 2ª ou 3ª.

Ando muito precisado de conversar contigo, mas a dois – ou a três, com a Alice, fora desse ambiente de café fumarento que se te pregou ao fato e dizem que é o *chic* dos literatos de Lisboa. Eu, em sentindo cheiro de Brasileira, arrepio-me todo, como um gato ao passar nas imediações de um cão da serra...

Saudades à Alice Ruy

87

Quarta 22-12-43 [Lisboa]

Adolfo,

Impossível trabalharem amanhã. Casa-se o Cícero ao meio dia.
Só terça, 28, poderemos – se estiveres livre – tornar às nossas tarefas.
Posso ver a Alice antes dela ir para o Porto?
Telefona-me! Ruy

88

[Lisboa, 1943 c.]

Bim bê-los. Xoube já boxês foram pó médico. Olha, ó Kasais, vê xi bais ao Tívoli entre agora (13,30) e às 14,15, porque tanho uns pares de escudos pá ti pós libros; xodades à Alice.

89

[Lisboa, 1943 c.]
Domingo, 12hs

Meu caro Adolfo,

Mando-te estas linhas para avisar-te de que infelizmente não posso ir hoje à tua casa, às 4, como estava combinado. Estou convidado para almoçar, e tarde; de modo que não sei a que horas estarei livre. Como não quero prender-vos em casa por mim, peço ficar adiada a visita para segunda, à noite.

Olha, queres vir jantar com a Alice na segunda-feira, amanhã, às 8,30? Se puderes, confirme-o pelo telefone ou por um bilhetinho.

Às 7 estarei no Tívoli para experimentar um carrinho que aqui me vão trazer. Desejo então encontrar o teu recado. A sra. Manuela de Azevedo também virá jantar. Seremos pois quatro pessoas; e depois sairemos, a respirar Lisboa O.K.? Ruy

90

[Lisboa, 1943 c.]
sexta, 7

Casalito,

Não te esqueças do dia 13, às 8,30, no tasco. Desta vez, peço-te que reúnas o maior número de amigos possível, para festejarmos o Cícero, pela sua nomeação para adido à Embaixada, e o Cabral do Nascimento, pelo prêmio.

Tem paciência! Põe-te ao telefone e à mesa – e avisa uns oito ou dez dos nossos companheiros habituais.

Ainda que a boa regra do dia 13 seja não avisar ninguém, creio que é mais prudente fazê-lo desta vez, pois receio que haja dispersão, devido à estação calmosa e a minha ausência no mês passado. Teu Ruy

91

(27.1.44) [Lisboa]

Casalote,

O Branquinho[157] não vem com a mulher. De modo que o jantar será "entre rapazes". Sinto perder a oportunidade de ver a autora da *Ruína*.
O encontro está marcado para as 8,30 (amanhã, quinta) na Brasileira.
Até amanhã – pelas 11! E até amanhã, pelas 8,30 também!
Saudades à Alice e ao João Paulo.
Ruy

Quarta.

92

16.6-44, [Lisboa]

Casalito,

Cheguei, enfim! Grande viagem – com Coimbra pelo meio. Encontro para ti esta carta do Marmelo.[158] Vinha a meu cuidado.
Como vão a Alice o João Paulo? Telefona-me para a Embaixada. Em casa o telefone está desligado por causa do acúmulo de afazeres. Saudades Ruy

---

157 Branquinho da Fonseca, a quem Ribeiro Couto dedicaria versos de circunstância datados de 23 nov. 1944 e reproduzidos em Clara Rocha, "A novelística de Branquinho da Fonseca: uma questão de iluminação", *Colóquio Letras*, Lisboa (n.159/160, p.210, jan.-jun. 2002). E que dedicaria a Ribeiro Couto sua novela *O barão* (Lisboa: Portugália, 1959, ilustrações de Julio Pomar).
158 José Marmelo e Silva.

93

[Lisboa, VIII. 44]

[...] te pensares no assunto e avisares os teus camaradas mais chegados. Creio que poderemos falar desde logo em 10 pessoas; mas seria difícil, uma vez dado este número obter comida para mais 10 ou mais 15. O ideal é que indagues de uns quatro ou cinco amigos. Ou devemos arriscar – dizendo desde logo que seremos 15? Talvez.
Telefonei hoje ao Salgueiro, que só agora vai mandar o livro de contos à composição...
Saudades. Continuo em "férias" da antologia. E o prefácio????????[159]
RC

94

Terça, 21-11-44 [Lisboa]

Adolfo,

Estou melhor, só hoje; mas ainda assim perrengue. Ainda não sairei, nem hoje nem amanhã. Quando estou doente, fico assim como os animais feridos: metem-se na toca, a lamber o sangue.
Ao arrumar papéis, achei os originais do folheto da Portugália.[160] Verifiquei – como vês – que aquele mais em lugar de menos foi erro meu, de cópia. Não que eu não houvesse compreendido – é claro! Mas, quando se escrevem certas palavras, elas atraem outras; assim, por exemplo: certo, claro, seguro... A tendência

---

[159] Casais Monteiro escreve o prefácio da antologia de contos de Ribeiro Couto, publicada em 20 setembro de 1944 pela Editorial Inquérito, de Eduardo Salgueiro.

[160] Que se refere possivelmente ao volume de poemas escolhidos de Ribeiro Couto *Dia longo*, publicado pela editora em 1944.

do subconsciente é apor-lhes determinado advérbio (mais) e não outro (menos), pelo fato de que são frases feitas, que o mecanismo do pensamento expele aos jatos. (Perdoa a explicação psico-revisiológica!)

Mando-te também o teu fragmento. A propósito, vê se apanhas uma gripe e se, nos quatro dias de retiro, refundes ou continuas o ensaio. Do contrário, morro, ou vou-me daqui, e não cuido dessa glória máxima. O ensaio poderia ser seguido de uma seleção? Ou ser publicado em separado, como da primeira vez? Não é o caso para um volume da série dos teus amigos? (Confluência,[161] creio.)

Lembra-me à Alice e ao João Paulo. Para este vai aqui um doce de goiaba que é do outro mundo. Dize-lhe (ao João Paulo) que lamba esse doce em companhia das duas angélicas hetairas do rés do chão (a filha da porteira e a outra da antiga casa). E não lhe explique porque é que eu agora só o chamo de barbinha-azul. Ruy

95

Belgrado, 5/VIII/50

Meu caro Adolfo,

Só agora, ao por ordem na biblioteca da legação, tornei a deitar a mão às *Simples Canções da Terra* – seguidas de uma Ode a Gomes Leal[162] – cuja dedicatória tem a data de 17 de junho de 1949. O volume é "fininho" (como dizem no Brasil, traduzindo a idéia que o francês exprime por *mince*) e facilmente se insinua entre revistas e magazines – que agora separei por países e assuntos, como fiz também com os livros. (poesia, romance, ensaio, guerra, após-guerra,

---

161 Na Confluência, além da antologia da poesia de Fernando Pessoa publicada em 1942, Casais reeditaria em 1945, acrescido de uma antologia, seu estudo sobre Jules Supervielle e dirigiria a publicação *Mundo Literário* (1946-1947).
162 Porto, Cadernos das Nove Musas sob o signo de Portucale, 1949.

Bálcãs, Oriente Próximo, etc., etc.) e folguei em encontrar estas *Canções* não só porque as reli (com efeito, há um ano, ao recebê-las, li-as logo), como porque isto me leva a escrever-te.

São as primeiras linhas que te mando depois que saí de Portugal.

Aqui estou há já bons três anos (dois meses mais dos que os três anos justos que aí estive) e só agora começo a *ralentir* a marcha dos meus trabalhos oficiais, a alongar os espaços entre um relatório e outro, a "esquecer" sempre que possível a guerra fria, a preparar varas de pescar, a escrever alguma literatura, a viver menos agoniado e menos absorvido. Varas de pescar, sim. Ainda esta noite estive a trabalhar em duas, porque voltou-me a paixão da pesca de rio – que em Pouso Alto, de 1925 a 1928, foi um dos meus prazeres (A *Província* deixa bem ver essa paixão. A história do "Sebastião Pescador" no *Largo da Matriz*, também).

Ora, ir à pesca para mim, nestes Bálcãs, é um marco de vida nova. Que invadam ou não invadam, que caiam foguetes ou não caiam – eu vou à pesca. (Estou a lembrar-me que no *Cancioneiro do ausente*[163] há uma poesia sobre peixes no fundo do aquário... interior. Como vês, isto de peixes, comigo, vem de longe. Vem mesmo de muito mais longe – mas não é para falar disso e de mim que aqui estou.)

Sempre desejei na tua poesia uma relação mais intrínseca entre a construção plástica e o ritmo de cada verso. É uma questão bem complicada, sobre a qual jamais deixarão de falar poetas, exegetas e críticos. Em todo o caso, limito-me a dizer o que eu, a tal respeito, senti na tua poesia. (É também uma simples questão de gosto pessoal.) Na *Confusão*, essa "relação" era muito mais visível. Nos livros ulteriores, porém, ela foi desaparecendo. Não quero dizer que poesia seja música; mas, num poema, sou sensível a uma certa disposição das palavras a uma certa colocação das sílabas tônicas – do que resulta, a cada leitura dos versos, numa expectativa de matéria musical. Se não encontro os ritmos que desejo, ou penso deveriam estar ali, o meu gozo estético é menor.

---

163 "Na sombra submersa...".

Ora – tudo isto para dizer-te que nestas *Canções*, e já de parte o seu valor especificamente poético, encontro uma relação muito mais evidente entre a expressão verbal e o ritmo. Desde o começo: "Nascem versos em nós como se de ervas surgissem florestas."[164]

(mas porque, linhas adiante, aquele "té ao fundo"? Evidentemente querias fazer um decassílabo, e por isto suprimiste a primeira letra de até. "Licenças poéticas" – não as há, já dizia o Banville Teodoro. Aféreses, síncopes, apócopes... Como se chamam licenças desse gênero? – De resto, seria tão natural escrever: "Cavando as suas ondas até o fundo" – e a licença, se licença houvesse, ficaria por conta do leitor, que faria a fusão do é e do o dando certo com a medida do decassílabo.)

"Breve como o fulgir duma estrela cadente"[165] outro exemplo da tua boa e justa preocupação atual de captar o poema em linhas musicais. (Repito: não quero dizer que não haja "poesia" ou "poema" sem música. E, torno a repetir, quero só dizer que atualmente meu gozo estético é maior quando encontro musicalidade no poema.)

O teu mais belo poema neste livro é "Agulha de marear". Para essa *réussite* (que deves bem sentir como perfeitamente *réussie*) não concorda que terá contribuído a "musicalidade"?

As experiências poéticas destes últimos 50 anos levaram alguns poetas (Blaise Cendrars, por exemplo) a conceber o "poema" fora de qualquer insinuação musical. (Na *Província* essa experiência é feita quase a cada página. Sei bem, portanto, de que falo.) Ora, minha convicção hoje é que pode haver poesia independente de musicalidade sim; mas a musicalidade enriquece o poema, multiplica os caminhos da comunicação com o leitor. (Não confundir musicalidade com a métrica clássica.)

Outra boa surpresa nestes teus poemas foi encontrar em "Nua" pg. 13, um eco do meu "jeito". No ritmo, na disposição das imagens e até no vocabulário ("Curva que embala", "na tarde mansa", "Ca-

---

[164] "Princípio e fim".
[165] "Movimento perpétuo".

rícia longa" – são materiais da minha gaveta de sapateiro. Quando atamanco qualquer coisa, lá vem esses verbos e adjetivos, que são como árvores teimosas da minha paisagem: não consigo meter-lhes o machado.) Mas esse "contágio" prova que a tua sensibilidade está em movimento – e te abres a outros modos de expressão que os teus modos habituais.

Esta longa conversa – pescaria de umas reflexões esparsas – provar-te-á que estou restituído à literatura.

Publiquei em Paris duas *plaquettes* de versos franceses[166] e tenho *sous presse* um livro também de versos franceses,[167] no qual incluí as duas *plaquettes*. Antes do fim do ano receberás isso. Nada ali é forçado. A conselho do pintor Vicente do Rêgo Monteiro (que também é impressor de arte), reuni os versos franceses que, de vez em quando, em anos bissextos, me vinham ao papel. Nada pretendo. Não se trata de pular a janela da poesia francesa para figurar lá dentro como poeta francês ou de língua francesa. Trata-se de uma "imposição subjetiva" produto da cultura filo-francesa e da qual quero tirar o valor de uma "experiência lírica". Esta contribuirá, quem sabe, para iluminar melhor certos recantos da minha obra em língua portuguesa. Imagina tu que ultimamente escrevi diversos poemas franceses e pela mesma ocasião escrevia poemas em português. E há aqui um problema que começa a interessar-me muito. Este "desdobramento" em duas línguas não será perfeitamente natural – tal como se, numa mesma língua (Fernando Pessoa) o poeta se desdobra em dois, em três, em mais poetas, isto é, cada um com o seu cunho autêntico?

Manda-me agora notícias da Alice e do João Paulo – um beijo para ambos – e recebe o forte abraço do teu ressureto Couto

Estes lápis modernos descansam a mão, que corre ligeira, mas borram todo o papel.

---

166 *Arc en ciel* e *Mal du pays*, ambas de 1949.
167 *Rive étrangére*, Paris: Presses du Livre Français, 1951.

Arc en Ciel, plaquette de poemas publicados em francês por Ribeiro Couto na imprensa manual de Vicente do Rêgo Monteiro, 1949.

96

Lisboa, 4-III-51

Meu caro Ribeiro Couto,

    Abri no eléctrico em que vinha para a Baixa a tua carta, e aqui estou a escrever-te, mal chegado ao café. É domingo pela manhã e é rito a que não falto: encontrar, todos os domingos, um grupo em que a literatura é representada por mim e pelo Sena, às vezes pelo Soromenho, mas em que predominam médicos – um ultra simpático grupo de médicos, de que faz parte o José Bacelar,[168] grupo que tem contribuído a fazer-me conhecer muita coisa da minha terra que eu não conhecia, pois muitos domingos, em vez do café matutino, há passeios do dia inteiro, a conhecer coisas belas que pelos meus próprios meios eu decerto nunca veria. Eles têm automóvel, e eu continuo de carro eléctrico, como se vê pelo princípio desta carta.

    Tenho tanta coisa para te contar, que até comecei por uma que podia muito bem ficar no tinteiro. Mas lá iremos às outras.

    Andava cheio de remorsos por ainda não ter respondido à tua carta. Mas eu hoje funciono mal no capítulo da correspondência. Quase não escrevo a ninguém. Pois se eu ainda não agradeci ao Castilho o *Antonio Nobre*![169] Isto te mostrará, talvez, que, se não te respondi, isso não deve ser tomado nem como "vingança" nem como falta de amizade. Aliás, disseram-me recentemente que já não estavas em Belgrado, mas na Suíça, o que serviu apenas para estimular a minha preguiça. Mas a tua carta tem estado sempre visível, em cima da minha mesa, à espera da hora... que chegou afinal numa mesa de café. O café tem decididamente um grande lugar na minha vida...

    Sei que tens estado em Paris. Que inveja! Estive lá há dois anos, e não penso noutra coisa senão em conseguir voltar com mais demo-

---

[168] Grupo excursionista integrado ainda por Jaime Celestino da Costa, Fernando Bandeira de Lima, Rui Hasse Ferreira, Antonio da Silveira e José Marinho.
[169] *Antonio Nobre*, Lisboa: Bertrand, 1950.

ra.[170] Estive lá três semanas, e julguei ter encontrado enfim a minha terra; não sei ao certo o que, mas a verdade é que em parte alguma me senti jamais tão à vontade, tão como peixe na água. És capaz de me explicar isto?! Aliás, tenho agora uma razão de peso para querer voltar, e com demora: de uma conferência que fiz o ano passado[171] (e que te mando por este correio) nasceu a idéia de um livro sobre o Balzac, que é um dos meus deuses. Ora, para o gênero de livro que eu quero fazer, respirar o mesmo ar que ele respirou é fundamental – e, além disso, ler e consultar livros que é impossível conseguir aqui. Mas os franceses não têm dinheiro para coisas sérias; nunca previram bolsas para um escritor estrangeiro estudar um grande escritor francês *in loco*. Preferem dar bolsas a matemáticos (como o meu cunhado, que ainda lá está) e a toda a espécie de universitários. O que está certo (eu agora acho que está tudo certo, porque o meu desprezo pela ordem do mundo me faz ver de uma vez para sempre que os verdadeiros homens não podem encaixar-se na engrenagem da falsificação, que é toda a vida de todos os regimes).

Terça-feira, 6

Descansa, não me preparo para te fazer destinatário de um diário! Sucede simplesmente que uma e outra coisa se foram intrometendo, e ainda não será desta vez que termino. Ao contrário do que sucedia quando cá estavas, tenho muito o que fazer: a tradução do Pirenne *As grandes correntes da história universal*,[172] que sai em fascículos mensais, mas grandes, 110 folhas dactilografadas todos os meses; depois, uma

---

170 Viagem realizada em companhia de Castro Soromenho. Casais Monteiro representa o editor Eduardo Salgueiro em negociações. O relato da viagem, publicado na *Seara Nova* (Lisboa, 2 abr. 1949), com o título "Ar de Paris", é dedicado a Soromenho.
171 "Mito e Realidade n'*A Comédia Humana*" publicada em 1952 pelo Instituto Francês em Portugal no volume coletivo *Homenagem a Balzac* e incluído em *O romance* (teoria e crítica) (Rio de Janeiro: José Olympio, 1964, p.75-90).
172 Edição da Sociedade de Intercâmbio Cultural Luso-Brasileiro, Lisboa.

Crônica de Adolfo Casais Monteiro publicada na *Seara Nova* registrando sua viagem a Paris em companhia de Castro Soromenho, a quem o texto é dedicado.

edição, também em fascículos, da *Peregrinação*[173] do Mendes Pinto, que numa página leva o texto primitivo e na outra uma "versão" minha, em linguagem corrente. Isto são as coisas fundamentais e regulares; há as acidentais, como seja, de vez em quando, umas traduções de romances policiais[174] muito bem pagas – e o "meu" trabalho, isto é, aquilo que, se o mundo pudesse girar nos seus verdadeiros eixos, é que me deveria alimentar, mas que só não me custa dinheiro porque não o tenho. Pois se, para ter um volume de ensaios editado, foi preciso aceitar nada receber senão quando a venda tiver pago as despesas! E agora me pergunto: ter-to-ei mandado? Fiz uma grande trapalhada, não risquei os nomes à lista à medida que os ia expedindo, e agora estou com dúvidas. O livro é *O romance e os seus problemas*.[175] Diz se cheguei a mandar-to.

A Alice, se tivesse tempo, é quem devia contar-te o seu "desabrochar" nas lides literárias: tem neste momento duas pequenas peças para crianças a ser representadas no Teatro Nacional,[176] com grande sucesso, e merecido, digo-o eu que sou ao que consta (ou antes era, visto estar aposentado) o mais exigente crítico de teatro cá da terra... e arredores. Além disso, a tua amiga escreveu o primeiro volume de uma série intitulada *Através de Portugal*,[177] este sobre o Douro Litoral, que é a viagem de um menino brasileiro que vem a Portugal, e que vai ver e ouvir tudo o que há por este país fora, a história, os costumes, as lendas, o trabalho, as festas, tudo isto, é claro, dialogado, e tomado vivo, o que é empresa cuja dificuldade calcularás. O livro vai agora ser enviado pelo Sousa Pinto (e por sugestão dele) para a

---

173 A edição de *Peregrinação* (Lisboa: Sociedade de Intercâmbio Cultural Luso- -Brasileiro/Casa do Estudante do Brasil) foi publicada em dois volumes, lançados respectivamente em setembro de 1952 e em outubro de 1953 com direção gráfica e artística de Casais Monteiro.
174 Referência às traduções realizadas para a editora Édipo: *Jogo duplo* de Lucien Prioly, *Três igual a um* de S. A. Steeman, e *Rito mortal* de Anita Blackmon, publicados em 1950; *O mistério dos irmãos siameses* de Ellery Queen, publicado em 1951.
175 *O romance e seus problemas*, Lisboa: Casa do Estudante do Brasil, 1950, p.158.
176 As peças encenadas foram *A Nau Catrineta* e *A outra história do capuchinho vermelho* (v. Alice Gomes, *Teatro para crianças*, Lisboa: Portugália, 1967).
177 *Douro encantado*, Lisboa: Aster, 1968.

Globo, à qual diz ele que deve interessar editá-lo, o que de facto terá muito mais interesse para a Alice do que se for lançado no restrito mercado português.

Além disso, a referida senhora está preparando uma peça para gente grande; que lhe foi pedida pelo Antonio Pedro, actual director de uma companhia que está a actuar no Ginásio. E está a colaborar regularmente numa revista *Os Nossos Filhos*. Como vês, merecíamos estar ricos... mas não estamos, antes pelo contrário.

O João Paulo está um latagão, do qual decerto não posso mandar-te uns retratos como queria, mas irá em breve.

Quarta, 21-III

!!!!!! Não pensava acabar no dia 6, mas adiar até 21 é demais! Mas hoje ponho ponto final no testamento. Acabei o capítulo anterior a falar-te no João Paulo, e começo este, que espero último, novamente com ele. O homem fez hoje uma operação, coitado, tiraram-lhe as amígdalas, e eu, que assisti, embora aquilo seja para os médicos uma brincadeira, fiquei muito impressionado. A dor (e não só dos seres queridos) produz-me sempre imensa impressão. E então quando se trata do nosso filho! Ficou amachucado o pobre, embora a operação tenha corrido bem.

Tenho trabalhado à doida desde a folha anterior e é, aliás, o que explica o meu silêncio. Duas palestras a escrever, coisa que me custa sempre um esforço muito maior do que quando se trata de ensaios, pois a preocupação de ser ao mesmo tempo sintético e claro, sem sacrificar a "densidade" dos problemas, é uma coisa que me esgota. Logo duas ao mesmo tempo, calcularás o que foi. Mas pronto, já as escrevi, e já as disse: uma sobre o Gide,[178] a outra sobre teatro.[179]

---

178 "Algumas palavras sobre André Gide", palestra nas tardes clássicas do Jardim Universitário de Belas Artes, realizada em 13 de março de 1951.
179 "Estado do teatro em Portugal", realizada no dia 12 de março.

Não te disse ainda uma palavra sobre os teus dois livrinhos de versos franceses.

Gostei – embora, claro está, continue a preferir os portugueses. A propósito: o Flouquet, para cujo *Journal des Poètes* Hourcade me pediu recentemente que respondesse a um inquérito, pediu-me versos meus traduzidos, e vou experimentar traduzi-los eu; embora sem grande esperança no resultado. Mas é uma experiência que não faz mal nenhum, como foi a de traduzir alguns poemas de Valéry, o que, com grande surpresa minha, deu bom resultado, pelo menos com "Le rameur" cuja tradução te mandaria se tivesse tempo para a copiar – pois está ainda inédita.

Quando sai novo livro de versos teus? Que projectos tem? Gostava que dissesses alguma coisa sobre a tua vida em Belgrado, quando vem a regiões menos longínquas, etc.

Tive uma leve esperança de ter lugar num automóvel para dar uma volta pela França e estar algum tempo em Paris, mas desvaneceu-se. Paciência!

A Alice não te escreve como queria, a operação do João Paulo perturbou-a, e aliás parte amanhã para o Norte para trazer de Ruivães as minhas velhotas, pois por causa das traduções não posso agora sair de Lisboa. Como soa em Belgrado esta palavra: "Ruivães"? Deve ter uma sonoridade remotíssima, não?!

Todos três te desejamos muito Boas Festas – e oxalá possas vir até cá mais cedo ou mais tarde.

Crê sempre na amizade do velho amigo

Adolfo

P. S. Futuro endereço:

Ruivães

V. N. de Famalicão

97

Belgrado, 24-4-51

Casalote,

Gostei muito da tua carta (só não gostei de que continuas acreditando que o café traz alguma coisa à alma). Gostei muitíssimo das notícias sobre a atividade literária da Alice, – bravos! – e sobre o João Paulo (cujas possibilidades batismais repartiste entre o José Régio e eu).
Vou continuar a escrever-te, e longamente. Por agora, é só um bilhete, para que *sepas* (porque me saiu isto em castelhano não sei) que cá chegou o teu quilo de papel generosamente escrito, e que fico em dívida de correspondência.
O dia 13 (aliás, noite) ainda funciona com o peixe frito e o verde?
Eu consegui cicatrizar a ferida da saudade de Lisboa, mas de vez em quando ela ainda me dói. Nesse correr de ano, após quatro anos de intenso trabalho de chancelaria, pretendo ocupar-me sobretudo de literatura. E, principalmente, da minha. É preciso ir devagarinho preparando o adeus à palpitante claridade do viver... Teu velho gajo porreiro Ruy

98

Lisboa, 14 de julho 1951

Meu querido Couto:

Tenho estado à espera da prometida carta grande, na última anunciada. Entretanto, recebi, como decerto sabes, um pedido em que o signatário[180] diz que o seu "valoroso e generoso amico Ribeiro

---

180 Ante Cettineo, tradutor responsável pelo volume *Dugi Dan* (*Dia longo*), com versões para o servo-croata de poemas de Ribeiro Couto, publicado em Zagreb em 1952.

mi ha parlato di Lei, che sono preso dei desiderio di avere qualche libre..." etc. Obrigado pelas referências, e aqui vai pois, à parte, um exemplar dos meus *Versos*, e o mais que pude arranjar. Vão para ti, pois ele assim o pede.

Vais em setembro às *Rencontres européennes de Poésie*? O Flouquet teve a gratíssima idéia de me oferecer a estadia durante os quatro dias, de modo que há o grande projecto de passarmos a Alice e eu, alguns dias em Paris, ficando ela lá enquanto eu vou à Bélgica. Não estarás nesse sítio em montra? É claro, tudo isto ainda está dependendo de alguns fatores... sobretudo do econômico. Mas temos um quarto em Paris, o de meu cunhado, que nessa altura estará em Portugal – e que economia isto é!!

Diz para cá alguma coisa.

Desculpe escrever-te à pressa, mas estou a três dias de partida para Ruivães, para onde farás o favor de escrever até ao fim de Agosto – ou de Setembro, na sempre possível hipótese de eu não poder ir à Bélgica e a Paris.

Um grande abraço do teu velho amigo Adolfo

O seu amiguinho João Paulo passou para o 4º ano. Manda-lhe saudades (eu vou cultivando a sua lembrança nele) juntas com as minhas. Quando nos veremos todos? Consta que regressa ao Brasil; passa por cá? Não sei quando iremos a Paris (Oxalá), está lá a Menina? Sua amiga de sempre Alice

99

Belgrado, 18-VIII-1951

Casalote,

São só umas linhas para dizer-te que não vou a Bruxelas, não – e aliás o chato do Flouquet não tem interesse nenhum. Faz uma força enorme para mobilizar poetas e por esta forma disputa um lugar que há trinta anos ainda não tem na literatura.[181] A enquête sobre "poesia européia" é de um ridículo extraordinário. Nesta época de culturas comunicantes pretender que exista uma "poesia européia" – como se fosse possível separar a poesia do nosso tempo e da nossa Europa da obra de um Walt Whitman (norte-americano) ou de um Rabindranah Tagore (indiano)! (e basta como exemplos "de matar na cabeça".)

Estou muito atrapalhado com o trabalho neste momento. Chega aqui o vice-presidente da república (do Brasil) e estou escrevendo estas linhas às pressas.

Muito temos para conversar. Mas não pode ser sob a forma de ping-pong: carta vai, carta vem. Tu me vais, e eu te vou escrevendo, sem exigências cronológicas e administrativas da resposta obrigatória.

O Ante Cettineo traduz mal, sem grande poder verbal, nem muita proficiência (aplicação, método, amadurecimento), mas é um coração efusivo. Graças a dois poetas comunistas, meus amigos, já ele foi reintegrado na profissão (professor). Tinha sido condenado a não exercer o magistério (essa coisa de "privação dos direitos civis", etc.), como "colaborador". Nada de colaborador! Homem de Spalato, de sangue e cultura italiana, continuou aqui a traduzir poetas italianos durante a ocupação e na vigência do execrável "Estado independente da Croácia". Mas nunca fez política. Isso deu em resultado um ano de prisão e outras penas. A pedido de Lionello Fiumi tomei contato com ele, e conduzo-o como amigo, embora minhas afinidades sejam só de sensibilidade (somos ambos de um porto de mar, temos o instinto das nações, etc.). Na forma, divergimos. Ele é dos que traduzem a granel e sem conhecer bem os textos. Boa vontade não lhe falta. Falta-lhe educação científica e rigor artístico. Cultura clássica porém, tem muita (latim e grego). Digo isto tudo para salvar as minhas responsabilidades. As traduções que ele faça de ti te darão nome aqui, mas não serão apreciadas

---

181 Para a opinião contrária de Casais, ver entrevista no Anexo. Na Quarta Bienal de Internacional de Poesia é publicada a *plaquette* de Ribeiro Couto *Salut au drapeau de Pierre-Louis Flouquet* (Bruxelas: La Maison du Poète, 1959).

pelos José-Régios locais (que os há). Deixa-o agir, entretanto. Tem faculdade de irradiação afetiva e assim abre o caminho para outros tradutores, mais tarde. Guarda para ti estas informações.

Gostei muito de um artigo da Alice (já não são "Ruínas") na revista *Portvcale* (sobre um livro para crianças).[182] O endereço da Menina em Paris (respondo às linhas da Alice) é: Hotel Lutetia, 43, Boulevard Raspail. Se lá forem vocês, não deixem de aparecer. Telefone: littré: 44-10.

Manda-me 3 ou 4 exemplares do teu ensaio sobre a minha poesia (eu tenho alguns, mas nos caixotes de livros que ficaram em Lisboa). Acabou-se a folha de papel – e a areia da ampulheta! Para os três (o casal-Casais e o afilhado) um grande abraço, Couto

Em Setembro finalmente vou mandar para a Portugália os originais de *Entre mar e rio*, versos escritos no e sobre o meigo país. A minha maior canseira é cortar, montar, eliminar – para que, pequeno embora, o livrinho seja uno e represente só e só o meu clima nos três anos de Lisboa e o mais. Será o meu melhor livro: e é a primeira vez que penso nisto "o meu melhor livro" (deste, tenho consciência de que é com efeito o melhor.) O mais fundo de mim está em Portugal. E o livro reflete essa subjetividade tirânica e orgânica. Vais ver que linda coisa, por exemplo, é o poemazinho "Despedida do Infante", ou o "Anoitecer num jardim de Lisboa".

Ainda não te mandei (nem a nenhum amigo aí) o *Rive Étrangére*. Logo que me desembarace destas chatices legacionais farei o pacotinho postal. Se te escrevo, e se prolongo a carta neste estribo do papel, é porque – escrever é sempre urgente. O mais pode esperar. Outro abraço. E vê lá se me guardas algumas garrafas do teu verde, para quando (quando?) eu aí apareça. – Como vai o jantar do dia 13?

---

182 "Literatura infantil", *Portvcale*, Porto, n.20/30, p.300-1, jul.-dez. 1950.

100

Lisboa, 21 de Novembro 51

Meu querido Ribeiro Couto:

Já deveria ter escrito. Mas... etc. (Estas coisas sabidas; o trabalho, o mau humor, a dispersão). E deveria ter tanto mais que o meu interesse o ordenaria. Mas, decididamente, não consigo ser governado pelos meus interesses... Estás pois em Paris, e eu com vontade de lá voltar. Que pena a nossa viagem não ter sido mais tarde, ou a tua mais cedo! Mas a nossa estadia aí foi condicionada pelas *Rencontres*, como sabes. Agora, porém, tenho uma razão para ir aí, e é a seguinte: falei com o Roberto Assunção, da Embaixada, com o Caillois,[183] e precisava de falar com outras pessoas, acerca de dois projectos meus a propor à Unesco. Mas faltaram-me precisamente as outras pessoas, que não estavam em Paris em Setembro: o Torres Bodet[184] e o Paulo Carneiro,[185] e deles (até talvez só deste último) depende o sucesso do meu projecto que, aliás, não é de hoje. Pensei eu que poderia haver alguma forma de Portugal estar representado na Unesco, não--oficialmente. E pensei nisso sob este aspecto: iniciativa, estímulo, auxílio ou participação em: 1° traduções para português de obras fundamentais da cultura humana que nem o Estado se interessa, nem as editoras querem ou podem lançar. 2° – Traduções para as "grandes línguas", de obras portuguesas de suficiente categoria para de tal serem dignas. Ora, acha o Caillois que este segundo aspecto da minha idéia é perfeitamente viável, dentro do que já está decidido relativamente à literatura brasileira. Tratar-se-ia pois de agregar portugueses aos brasileiros que já tem essa atribuição. A primeira parte achava-a ele muito delicada, pois, disse, todos os países aderentes

---

183 Roger Caillois, funcionário da Unesco a partir de 1948, funda em 1952 a revista internacional de ciências humanas *Diogène*, publicada com auxilio da Unesco.
184 Jaime Torres Bodet, poeta mexicano, contista, ensaísta e diplomata.
185 Paulo Carneiro, químico, professor e diplomata brasileiro; então presidente do Conselho Executivo da Unesco.

cairiam em cima da Unesco, a pedir o mesmo. Ora, é de notar que nenhum país está nas nossas condições: com efeito, Portugal não proibiria a divulgação dos filósofos, dos moralistas, dos sábios em língua portuguesa – mas não faz nem fará nada para isso. É ver que se extinguiu a única instituição do Estado que estava a realizar uma parte desta obra, a Imprensa da Universidade de Coimbra. Quem é o editor que vai lançar os Platões, os Kantes, os Bergsons, para dar apenas um exemplo? Só se tiver um apoio – e a Unesco poderia dá-lo. Enfim, o que te digo dá-te um vislumbre do meu objectivo – o suficiente para te interessares em favor dele, se te parecer bem. É claro que o facto de eu não ter um emprego aqui com horas de entrada, de o meu trabalho se poder fazer em qualquer parte, me permitiria dividir o meu tempo entre a pátria e o estrangeiro, ou seja, Paris, conforme as necessidades. Será isto apenas um sonho vão? Qual é a tua sinceríssima opinião?

Por aqui não passa nada particularmente digno de relato. Continuo a por cá fora os fascículos da edição da *Peregrinação*, e a traduzir todos os meses um fascículo da *História* do Pirenne. Isso quanto ao "estômago". Quanto ao resto, estou neste momento plenamente lançado no texto de um fascículo dos *Cadernos de Poesia*, que reapareceram, como decerto já sabes, em que trato longamente de "Fernando Pessoa e a crítica",[186] tema que dá pano para mangas. Poesia... nada. Estou a preparar um voluminho para uma colecção nova do Seghers, com poesias do Pessoa,[187] texto original e tradução francesa. O diabo são as traduções, as que o Hourcade fez não são maravilha, e digo-te com toda a desfaçatez que a melhor que conheço... é minha! (da "Tabacaria",[188] que me deu na fantasia traduzir, e que pelo visto pode entrar no livro. Mas há façanhas que não se

---

[186] *Cadernos de Poesia*, Lisboa, 2a. série, n.7, p.85-100-c, jun. 1951. A edição em separata, pela Inquérito, é de 1952.
[187] O volume *Fernando Pessoa* na Collection Poètes d'Aujourd'hui (Paris: Seghers, 1960) tem organização e traduções de Armand Guibert.
[188] A tradução de Casais, em colaboração com Pierre Hourcade, seria publicada com o original em português e ilustrações de Fernando Azevedo *(Bureau de tabac*, Lisboa: Inquérito, 1952).

repetem, e decerto não serei tão feliz com outras coisas dele que quereria traduzir). Vamos a ver que me diz o Guibert, que de todos ainda é com quem mais conto.

Agora cumpre-me tratar um assunto muito delicado, e por isso mesmo vai de cara, e sem disfarce: a Alice e eu não fomos procurar a tua Mulher por esta razão muito simples: que ela nos intimida, e por pensarmos que a nossa visita não lhe interessaria nada (mas a primeira razão foi a que pesou mais). Espero que nos compreendas, e que não leves a mal.

Estou a fazer esforços de imaginação para ir a Paris agora, por causa do projecto acima mencionado. Mas a imaginação não faz nascer o dinheiro, resta-me esperar que algum conhecido vá de automóvel aí, e tenha um lugar a mais no carro.

Viste o Antonio Dacosta? Ele está no Hotel Montalembert, e se o acaso não operou, não sabe decerto que estás aí.

Não passarás por aqui? Escusado dizer-te, claro, o prazer que isso nos dava. Queria mandar-te um retrato, mas deixo para quando estiveres "assente", ou de novo em Belgrado ou no Brasil. Não é bom como o teu, é apenas uma fotografia, mas eu gosto dele.

Até quando estás em Paris?

A Alice e o João Paulo mandam muitas saudades. Eu, o grande abraço de sempre. Teu velho e muito amigo Adolfo

Ribeiro Couto Obrigada pelo bocadinho de retrato. A frase não esquecida comoveu-me até às lágrimas. Velha amizade para sempre Alice

101

Paris, 6 de Dezembro de 1951

Meu caro Adolfo,

Respondo muito a pressa – porém sem mais demora – ao ponto que te interessa, da tua carta de 21 de Novembro. Não tenho ligação de serviço com a Unesco, nem qualquer influência junto às pessoas que a dirigem. Não te posso, pois, ajudar. Ainda assim, logo que veja o Paulo Carneiro, apalparei o terreno, procurando ver qual a perspectiva que há para o teu projeto. Mas não deves contar comigo, e sim prosseguir no caminho já traçado, insistindo nas gestões que empreendeste. Deixarei ao acaso de um encontro com o Paulo Carneiro uma *démarche natural* sobre o teu projeto. Muito preso às sessões da ONU e a uma série infindável de compromissos oficiais, tenho levado uma vida de escacha. A gripe bateu-me à porta e isto agrava o meu cansaço. Saudades à Alice e ao João Paulo. Abraços do teu Ribeiro Couto

102

Belgrado, 13-2-52

Meu caro Adolfo,

Recebi ontem e ontem mesmo li o teu valente ensaio "Fernando Pessoa e a crítica". Não conheço as 700 páginas do Simões sobre o Pessoa.[189] A julgar pelo que escreves, com citações numerosas, o Simões não sente o Pessoa. Assim, é inútil pedir-lhe contas e mostrar as contradições ("misticismo", "racionalismo", etc.) em que incorre.

Estou cada vez mais convencido de que a poesia é raramente entendida pelas pessoas adultas. Meu ideal seria só escrever para crianças. Atingirei um dia, com a devida expressão e na devida linguagem, esse supremo grau de comunicabilidade lírica?

A "explicação" do Pessoa é tão difícil quanto a "explicação do luar" (das emoções que nos dá o luar).

Saudades à Alice e ao João Paulo. Teu Ruy

---

189 *Vida e obra de Fernando Pessoa* – retrato de uma geração, Lisboa: Bertrand, 1951, 2v.

103

Belgrado, 22 de Março de 1952

Meu caro Adolfo,

Num jornal da Dalmácia, creio que de Split, o Ante Cettineo publicou sobre ti este artigo, com um lindo retrato (estás lindo na atitude mefistofélica que a objetiva do artista surpreendeu!),[190] artigo que acompanha as traduções feitas de 5 dos teus poemas.

Fiz traduzir o artigo e aqui te mando a tradução, assim como o recorte do *Knjezevni Jadran* (o que significa *O Adriático Literário*). Para que saibas quais os poemas traduzidos, fiz também traduzir o título e o primeiro verso, de modo que os identificarás facilmente.

Felicito-te por este começo de divulgação literária na Iugoslávia. Como vês, o espírito do dia 13 é sempre o mesmo, aqui como em todas as latitudes...

Não sei o que é que tens dito, em carta, ao Cettineo. (Ele é muito dado à confusão, e já me tenho aborrecido com ele por isso. Falta-lhe aquele rigoroso espírito universitário, que leva um homem a só escrever uma linha depois de bem verificada a sua exatidão.). O fato é que ele se refere aqui (e certamente por informação tua mal interpretada) à tradução da "Tabacaria" do Pessoa – tradução que ainda não correu mundo; ainda não foi publicada; e tu mesmo, creio, ainda não deste por definitiva. Estive com o Bosquet em Paris em Dezembro e da conversa de toda uma tarde que tivemos, depreendo que a "Tabacaria" é apenas o começo de um livro de traduções do Pessoa, a serem feitas. E já em Split o Cettineo dá como conhecidas as traduções francesas do Pessoa...

Só agora, há dias, dei por terminada a tradução de todo um livro de poemas meus, pelo Cettineo. O trabalho em questão levou mais de um ano (quase dois). Submeti tudo a um alambique implacável. Fiz ler as traduções por alguns poetas, e finalmente por simples

---

190 Trata-se, provavelmente, de uma das fotos de Fernando Lemos.

auxiliares da Legação (moças cultas e sem preconceitos literários). Cheguei a uma conclusão razoável. Muitas das traduções do Cettineo (mais de cem – feitas as mais das vezes a correr, por iniciativa dele próprio) foram postas de lado. As escolhidas foram submetidas a diversas leituras, e finalmente corrigidas, com sugestões mandadas de Belgrado, e examinadas pelo próprio Cettineo. Este método rigoroso fez bem ao próprio Cettineo – que é um homem muito desordenado, por várias razões, tanto de temperamento e de hábito como de circunstâncias de vida.

Enfim, consegui tirá-lo da difícil situação em que ele estava aqui, e devo dizer que os meus camaradas (dois escritores comunistas de valor) foram perfeitos. Condenado, suspenso do direito de exercer o magistério, sem entrada em nenhuma revista ou jornal – já hoje, dois anos passados, o Cettineo tem todas as boas revistas e jornais literários abertos. Estamos de parabéns, porque a *opération de sauvetage* foi feita sob o signo do dia 13. As traduções dos meus poemas fizeram o milagre. Desde a primeira nota que ele escreveu sobre mim mencionou o teu nome (alterando, aliás, uma frase tua, o que foi para mim motivo de aborrecimento – e lhe valeu uma boa descalçadela, que não deixei de passar-lhe.) Estamos pois, associados na dita *opération de sauvetage*.

Não é fácil, repito, trabalhar com o Cettineo, porque ele é nervoso e apressado, e por isso mesmo distribui à direita e à esquerda as traduções que vai fazendo. Mas, com um pouco de energia na direção dos trabalhos, pode ser que se tire dele algum proveito grande para a divulgação da poesia portuguesa e brasileira aqui. Tenho um plano para o ano próximo.

Fiz ler pelas minhas auxiliares as traduções dos teus poemas. De uma já tenho a opinião: considera, esta senhora, que os poemas "revelam uma grande inquietação espiritual e devem agradar aqui". Desse juízo crítico concluo que foram bem traduzidos. Falta a opinião da outra minha auxiliar, que está ausente. Porém, ao te remeter o recorte, fico impossibilitado de pedir-lhe a opinião. Pois recorte outro não tenho, e o jornal em questão só circula na Dalmácia. De qualquer modo, o que quero dizer-te é que estou atento a que as traduções do Cettineo estejam boas. Se ele continuar o trabalho, a fim de formar um volume inteiro, (coisa que me fará sentir grande prazer), farei reler as traduções todas, submetê-las-ei ao mesmo alambique a que submeti as minhas. Ou tu não te importas com isso? Eu fico doente quando me traduzem mal. Toda tradução, em princípio, já não é coisa boa. Imagina agora quando os tradutores não conhecem suficientemente o espírito quer da língua quer da poesia traduzidas! No teu caso, porém, as coisas parecem que vão bem. Estou, por isso, animado, com a esperança de que tenhas um livro publicado na Iugoslávia.

Treze lembranças e saudade para a Alice, para o João Paulo e para ti. Teu velho Ruy

Não sei se sabes que a legação foi elevada à categoria de Embaixada e que vou ser aqui o primeiro embaixador brasileiro, promovido *sur place*. Isto de promoção *sur place* é excepcional e não deixa de levantar grandes e encalpeladas ondas entre alguns colegas meus (não muitos, aliás). De mais de cem tenho recebido, felizmente, palavras amigas. R.

104

Belgrado 4.4.52

Adolfo,

Remeto-te, com este bilhete, a tradução da nota que publicou o Cettineo sobre ti na melhor revista literária da Sérvia, *Literatura* (*Knjizevnost*), no. 1/2 de jan.-fev. 1952 – e a tradução dos títulos assim como dos primeiros e últimos versos de cada poema traduzido, para que saibas o que é que foi publicado em servo-croata. Estou a encorajar o Cettineo para todo um livro teu. Ele está traduzindo agora com mais cuidado, depois dos muitos sermões que lhe fiz a respeito, pois traduzir me parece coisa mais difícil que criar e, por conseqüência, exige muito mais labor e mais gasto de tempo.

Recebeste o jornal que te enviei, com o artigo do Cettineo e as traduções de outros versos?

Lembrança à Alice e ao João Paulo. Forte abraço
Ruy

105

Lisboa, 13 de Maio de 1952

Meu querido Ruy:

Sinto-me horrorosamente em dívida para contigo: balzaquenamente em dívida! Mas a vida é o que é, cada um como cada qual, e creio que as minhas tarefas alimentícias estão a burrificar-me, e pelo menos a dar-me cabo do amor à vida, que tinha conseguido salvar até hoje. E escrever, seja o que for, acaba por me aparecer sob o aspecto dos trabalhos "de que como": traduzir o senhor Jacques Pirenne, e assassinar a admirável prosa do Fernão Mendes Pinto, fingindo pô-la em português moderno, o que faço o menos possível, devo declarar! E as provas, este dilúvio constante de provas – é de matar o mais pacífico cidadão!!

Enfim, deixemos os carpimentos. Em primeiro lugar, infinidade de agradecimentos pela tua incansável dedicação à minha poesia, que ela nem sabe como agradecer, e que eu "pagarei", espero que em breve, com o mais lindo livro que os prelos nacionais parirão por estes anos mais próximos: refiro-me à nova edição, acrescida de numerosos inéditos da *Noite aberta aos quatro ventos*, ilustrada por Fernando Lemos, com guaches reproduzidos a cores, coisa que só poderei oferecer aos raros apenas, pois é, obviamente, edição de luxo absoluto (200 ex.).[191] Estamos a preparar a edição de colaboração, o Lemos e eu, e ainda é das coisas agradáveis que há neste mundo, botar à luz um livro bonito.

---

191 Não foi possível publicar esta edição de *Noite aberta aos quatro ventos*, os guaches de Fernando Lemos são conservados pelo artista em sua residência em São Paulo.

Mandei-te um pacote em que iam coisas para ti e para o Cettineo, pois ele pedia para mandar os livros por teu intermédio. Espero que a minha diatribe contra o Simões[192] não te pareça, como ao Serpa, um "ataque", quando é apenas uma defesa – do Pessoa. Que culpa tenho eu de ele ser cretino, e de escrever um livro que é, naquele tamanho, a coisa mais infecta que tenha sofrido um poeta, desde que se escrevem biografias dessa pobre raça maldita e perseguida pela pseudo-admiração?!

Recebi *Rive Étrangère*, e a tradução em sueco. Que lindo livro este! (E mais não digo...) Gostei agora mais, é curioso, dos teus poemas franceses, do que quando li uma parte nas duas *plaquettes* anteriormente publicadas. Achei francamente bom de um modo geral, e de alguns gostei mesmo muito. Mas o que é preciso é que apareça esse volume de poemas portugueses, quando vem ele?

Os teus cuidados com as minhas traduções têm-me sensibilizado tanto mais quanto ando empenhado na difícil empresa de "fazer" para o *Journal des Poètes* um número-antologia da poesia portuguesa actual,[193] coisa que me tem dado água pela barba por todos os motivos, desde a selecção dos "eleitos" até à dos tradutores, que são poucos, como sabes e desses poucos... se salvam dois, que são o Hourcade e o Guibert. Verás depois o que te parece.

Parece-me que te mandei em duplicado o "F. P. e a crítica" pois revendo as tuas últimas cartas vejo que te referes a essa coisa na de 13 de Fev.; a não ser que eu esteja enganado ao dizer que to mandei neste último pacote. Se foi em duplicado, darás um ao Cettineo.

---

192 *Fernando Pessoa e a crítica*.
193 *Le Journal des Poètes*, numero spécial consacré à la poésie portugaise contcmporaine, Bruxelas, a.22, n.9, nov. 1952. O texto de Casais Monteiro "La poésie portugaise d'aujourd'hui" introduz as traduções de poemas de Afonso Duarte, Cabral do Nascimento, José Régio, Francisco Bugalho, Carlos Queiroz, Antonio de Navarro, Saul Dias, Branquinho da Fonseca, Antonio de Sousa, Miguel Torga, Alberto de Serpa, Pedro Homem de Melo, Adolfo Casais Monteiro, Antonio Pedro, Sophia de Mello Breyner Andresen, Jorge de Sena, José Gomes Ferreira, José Blanc de Portugal, Ruy Cinani, Eugênio de Andrade, Carlos de Oliveira, Alexandre O'Neill, Alberto de Lacerda. Uma apresentação da poesia portuguesa de autoria de Miguel Torga abre a revista, que conta ainda com textos de Armand Guibert sobre José Régio, e de Pierre Hourcade sobre Carlos Queiroz e Adolfo Casais Monteiro.

Número do *Journal de Poètes* dedicado à poesia portuguesa contemporânea e organizado por Casais Monteiro. Apresentação de Miguel Torga.

et les plus actuels qu'un lecteur d'aujourd'hui peut souhaiter.

Mais si Camoëns, navigateur inquiet des océans du monde et de l'esprit, nous a laissé le témoignage féerique d'une expédition riche en contrastes, Gil Vicente, terrestre dévot du ciel, nous a légué la chronique dramatique et grotesque de la vie ankylosée qui n'attend plus que le voyage de la fin. La thématique vicentine, plantée sur cette racine théologique et familière, est un contrepoint harmonieux et traditionnel, quoique préalable, à l'instrument exotique et aventureux de Camoëns. Celui-ci représente l'élan nouveau, orgueilleux et joyeux de découvrir, celui-là, la mortification aride de ce qui s'en va. Tous deux poètes, l'un a les yeux tournés vers le passé, l'autre regarde l'avenir. Le Moyen Age finit avec le premier, le second inaugure une ère nouvelle.

Quoique l'énorme héritage de ces deux noms ait été oublié pendant plus de deux siècles, soit qu'il fût trop lourd, soit que les circonstances s'y opposassent, leur sens et leur pouvoir devaient avoir des continuateurs.

Et quand, dans les autres pays, la poésie se transforma, se couvrant de préoccupations qui lui étaient parfois étrangers, au Portugal, les poètes purent trouver dans leur tradition la plus pure la sève et le stimulant d'une rénovation vivifiante. Un Cesario Verde se greffe directement sur Camoëns, par la verdeur de l'observation, par la vivacité et le naturel des images, par le tracé pittoresque des scènes et même par la manière épique de lancer la strophe. A son tour, Antonio Nobre prend à Gil Vicente, par l'intermédiaire de Garrett dans ce que celui-ci a de vraiment poétique, la grâce populaire de la façon de dire, le ton poignant de certains détails, l'air familier des tableaux, l'amour du terroir et de la vie rurale. Tout ce que

nous avons à emprunter à Baudelaire ou à Verlaine n'a pas l'authenticité, la fraîcheur et le coloris d'un autanisme aux traits particuliers, endémique dans les farces de Gil Vicente, ou de la sonorité musicale et symbolique, qui jaillit sans cesse de la poésie de Camoëns.

Continuateurs des deux branches essentielles du génie portugais, Cesario Verde et Nobre préparent, l'un par son naturalisme, l'autre par son intimisme, l'apparition des deux grands poètes modernes qui ont nom Mario de Sà-Carneiro et Fernando Pessoa.

Encore mal connus et mal étudiés dans leur propre patrie, qui s'occupait davantage, d'un autre poète, moins poète mais sans doute mais plus attrayant par son côté humain et agissant, Antero de Quental, on a tendance à faire d'eux des produits anti-traditionnels, l'un fils de la littérature de langue anglaise, l'autre de celle de la France. Rien de plus faux et qui prête plus à confusion. Si Fernando Pessoa doit beaucoup à Walt Whitman et Sà-Carneiro à Apollinaire on le voit satellites, c'est à un feu national que tous deux ont recueilli la liqueur nouvelle dont ils nous enivrent. Tout leur modernisme est le produit de l'actualisation constante de motifs qu'un esprit observateur trouve et infailliblement sur le chemin de la poésie portugaise la plus authentique. Le MESSAGE ne serait pas sans les LUSIADES. Et, malgré sa bizarrerie apparente, l' « Ode Maritime » me semble impliciter chez Camoëns. Ce qui est la chimère du poète futuriste embarque et débarque est celui où le poète épique s'embarqua et débarqua autrefois. L'unique différence réside dans le ciment de la construction actuelle.

De la même manière, la nausée, l'ennui et l'inquiétude de Sà-Carneiro descendent en droite ligne de Sà de Nobre. Le « Lord », un des poè-

mes les plus typiques de l'homme qui se suicida à Paris, pourrait être signé par le Nobre de le « Lusitania au Quartier Latin ».

Bien entendu, tout ceci n'est juste que dans une esquisse à grands traits. Tout le monde sait qu'il n'est point de poète qui n'ait souffert des influences multiples, et qu'après tout il vaut mieux qu'il en aille ainsi. Nous essayons seulement de savoir s'il existe vraiment une poésie portugaise ayant des caractéristiques continues et exclusives, et digne d'être connue au delà de ses frontières. Elle existe.

Passant volontairement, afin de n'évoquer que l'essentiel, des noms remarquables comme ceux de Bernardim Ribeiro, Diogo Bernades, Bocage, Gomes Leal, João de Deus, Camilo Pessanha, Pascoais et José Régio, il nous reste quelques sommets de la chaîne qu'il est urgent que l'Europe connaisse. Ils demeurent l'expression magique d'un peuple qui a eu son heure de grandeur, en apportant au monde une contribution décisive pour nos progrès, et que rien n'empêche de redevenir grand un jour. Or, dans la mesure où ils expriment ce peuple européen, ils expriment aussi l'Europe. Ils dévoilent un de ses aspects humains, intellectuels et émotifs, que l'on ne pourra estimer à sa juste valeur qu'après l'avoir consciencieusement pesé. L'Europe qui a découvert Lorca et vivifié de ce sang andalou, toujours chaud et rouge, ses artistes sclérosées, a besoin de se demander s'il en existe d'autres poètes ignorés capables de répéter ce miracle. Pour ma part, je crois que oui. Je crois qu'à la périphérie du vieux corps continental, que nous évoquions plus haut, il y a des œuvres qui pourraient bien être, entre autres, celles des grands poètes portugais.

LA POÉSIE PORTUGAISE D'AUJOURD'HUI
PAR ADOLFO CASAÏS MONTEIRO

Cette brève anthologie de la poésie portugaise actuelle réunit des poètes, à quelques exceptions près, nés depuis le début du siècle, et des poèmes choisis autant que possible dans leur production des dix dernières années. Ces deux limitations se sont imposées à moi comme la meilleure façon de dégager, avec un minimum de netteté et de rigueur, une figure cohérente d'une littérature à peu près inconnue des lecteurs étrangers.

C'est alors au moins à l'époque de la première guerre mondiale que prend forme la poésie portugaise « moderne », c'est-à-dire que quelques jeunes poètes prennent conscience qu'un monde touche à sa fin et qu'un autre est en train de naître. Cette avant-garde, au seul premier plan de laquelle il faut mettre Fernando Pessoa (1888-1935) et Mario de Sà-Carneiro (1890-1916), a mis en question toutes les valeurs acceptées, dans de brèves revues et de courtes plaquettes, sous créer un « mouvement »; elle a même très peu le souci de l'« œuvre » (Fernando Pessoa, en dehors de ses plaquettes de vers anglais, n'a publié de son vivant qu'un seul volume de vers, alors que depuis sa mort les volumes de poésie ont déjà vu le jour). Mais leur influence, lente pour s'imposer, n'en a pas moins été considérable, tant au delà deux générations de prestige que jamais auprès de la jeunesse.

Cette avant-garde n'a jamais été de peripétrie; et, ne s'étant pas faite dans des pareils d'école, ces poètes qui ont révolutionné notre poésie ont ouvert toutes sortes de voies. Ils ont été de ceux qui, comme Apollinaire, ont voulu se donner, et nous donner, « de vastes et d'étran-

pour une très large part, l'œuvre de la génération suivante, dont les premières manifestations se situant entre 1925 et 1930, et qui atteint sa maturité à l'époque de la deuxième guerre mondiale. C'est à elle qu'appartiennent la plupart des poètes réunis ici, en vertu d'un choix qui s'efforce de rendre compte autant de leurs affinités que de leur diversité. Elle nous a donné des poètes aussi dissemblables que José Régio, qui chante magnifiquement la lutte entre le « mol hallmeide » et l'aspiration vers Dieu, que José Gomes Ferreira, poète de la révolte sociale, ou que Torga, dont la dignification de l'homme comme être de la terre me semble le thème essentiel, et par ailleurs des poètes de l'inquiétude malgré tout accordés aux traditions familiales et à leur terroir natal, comme Francisco Bugalho, ou des esprits délicats et subtils comme Carlos Queiros.

En fait, toute la personnalité ne s'est affirmée avec autant de liberté que chez les poètes de cette génération, qui est venue apporter dans la littérature portugaise une conception de vie et de libre critique, en même temps qu'une affirmation de force poétique libératrice qui a complété les efforts dispersés de la génération de Pessoa.

Doit-on considérer ce nom comme appartenant à cette génération le poète tel que Afonso Duarte le doyen de cette anthologie ? Né en 1886, dans de deux ans l'aîné de Pessoa, son œuvre est comme le trait d'union naissant la tradition de l'avant-garde. S'il chante la terre, c'est avec un amour concret tout à fait personnel, poète si mystique tous ensemble — et, plus récents poètes ont gagné une saveur sans cesse plus âpre, le désespoir d'un témoin qui participe à toutes les souffrances de son peuple en faisant

etes, à 64 ans, dans une langue chaque fois plus riche, il vient de nous donner, avec son « Chant de Babylone », une réponse directe aux angoisses de l'heure actuelle.

Carlos do Nascimento, lui aussi, se trouve pour ainsi dire en marge du développement général de notre poésie d'aujourd'hui. Né en 1897, donc à peine de 4 ans l'aîné de José Régio, il s'est toutefois maintenu à l'écart du mouvement. Poète de plus naturel pur, classique d'esprit et de goût, il était voué à la solitude au milieu des « ennemiers » de l'esprit et des formes. C'est, malgré tout, et bien à son insu, un poète très « moderne », justement par son intensité des grands mots, de l'affichage sentimental. Comme lui, Antônio de Sousa, né en 1898, est passé à côté des mouvements d'ensemble, mais, resté « jeune », il s'est « découvert » au contact des poètes de la génération de 1925, grâce auxquels il s'est libéré d'une lyrisme un peu démocrate, pour retrouver en lui une poésie réalitaire des débats entre le païen et le chrétien auxquels il est en proie.

Mais, quelles soient plus ou moins isolés, il n'est pas moins vrai que ces poètes s'intègrent, par un côté ou un autre, dans le courant souterrain qui les relie tous les uns aux autres.

Il n'en va pas de même pour Florbela Espanca, dont beaucoup de sonnets sont d'une inoubliable beauté ; elle a aussi mourir, plus longue est celui des innombrables faiseuses de vers de tous les âges ; mais l'amour et le désespoir ont accompli le miracle de transmuer en beauté cette matière banale ; c'est ce qui lui donne droit à une place ici, bien du même coup le plus moderne. Elle n'est pas de nulle part, d'aucun temps — mais une demi-douzaine de ses sonnets durent autant que la langue por-

Este parece-me, apesar das tuas prudentes restrições, homem de excepcional boa vontade – desta boa vontade que me deixa envergonhado, pois tenho sempre a impressão de que não correspondo devidamente com as minhas palavras de agradecimento. Mas talvez não, a julgar pela simpatia com que ele me tem escrito.

Sabes, o Marques Rebelo, que estava cá há meses, tem andado a ver se arranja maneira de eu ir até ao Brasil. Eu tenho tido várias indicações de que poderia fazer um curso de 3 meses na Faculdade de Filosofia e Letras de S. Paulo. Mas aparece sempre a dificuldade de eles não pagarem a passagem – e era isto que o M. Rebelo trataria de conseguir. Como não tenho recebido notícias dele, penso (sem sequer isso me doer) que é mais uma desilusão, de tantas que tenho tido no que se refere a sair deste buraco que é a minha pátria, e isto seja dito tanto contra os das esquerdas como os das direitas. Ainda agora saiu um novo jornal literário *Ler*. Que miséria! Para agradar a toda a gente, arranjaram um nível geral de mediocridade que me faz pensar que o meu *Mundo Literário*, que não era grande coisa, ao pé disto era estupendo! Mas voltando às desilusões: também deixei de "sonhar" com aquele projecto da Unesco em que te falei em tempos. A tal ponto que soube da passagem por Lisboa do Paulo Carneiro... e nem sequer "pensei" em procurá-lo. Sim, sinto-me bastante em baixo, e isto tudo está muito em baixo. Se não fossem alguns raros amigos, nem sei o que seria. O Guilherme de Castilho voltou da África do Sul, e fica a fazer serviço no Ministério.

Estou convidado para a nova reunião poética de Knokke-Le Zoute. Não julgues que fiquei entusiasmado com os resultados. Como sempre, estas coisas só valem pelos contactos pessoais que se formam – e valeu-me para conhecer a Bélgica. Contudo, a minha vida está tão atrapalhada, que nem sei se poderei ir. O ano passado tive a sorte de receber duma vez 5 contos de colaborações atrasadas do *Estado de S. Paulo*. Pode ser que aconteça o mesmo este ano, pois estou a ver se a massa pode ser transferida com mais facilidade para Paris, onde a iria receber em Setembro. Tenho andado a magicar num projecto que talvez seja apenas fantasia... mas porque não mais uma? Era ir fazer-te uma visita. Estou há tanto tempo tão afastado de qualquer espécie de atividade política, que talvez não vissem nisso suspeitas maquinações. É claro, seria preciso que tu, aí, aplainasses as prováveis dificuldades. Isto é um projeto "em bruto", sem sequer ter feito contas aos quilômetros de comboio a pagar, e toma-o, portanto, enquanto tal.

E vou acabar, porque a Alice queria escrever-te "umas palavrinhas". Escreve!!

Perdoa só no fim saudar o novo embaixador! Sinceramente, porque sei bem que essas "pequenas coisas" são importantes. Um grande abraço do teu velho amigo Adolfo

P. S. Reparaste que também esta carta aconteceu ser escrita sob o signo do dia 13? Meto outra vez a folha na máquina porque a Alice, apesar de ser cedo, já está a dormir. Ela está muito em baixo, fisicamente, baixa tensão e fraqueza geral; vamos a ver se o tratamento que começou a fazer resulta. Mas os nervos tem grande culpa nisso, ela teve o ano passado, antes do verão, uma crise de depressão séria, e estou sempre com medo de que volte à mesma. Também há a ter em conta que esteve quase todo o ano com pouco trabalho (só lições particulares, e poucas) e que há um mês começou a trabalhar num colégio, onde se tem estafado a valer. É a vida, meu velho. Minha mãe também me dá cuidado, cada vez mais "difícil". Tem estado connosco, mas vive aqui em Lisboa como se estivesse na prisão, não dá um passo fora de casa sozinha, é espantoso! Aquele egocentrismo misturado de timidez parece tornar-se cada vez mais agressivo. E minha avó, com as suas birrinhas, a que a autorizam os seus 92 anos, mostra afinal muito melhor gênio do que ela...

106

Belgrado, 18 de Maio de 1952

Velho Adolfo,

Há uns 10 ou 12 dias recebi um pacotão de livros, tudo destinado ao Cettineo (que vai ficar maluco, querendo traduzir milhões de coisas numa semana). Registro, para a boa ordem da nossa correspondência que se trata de: No. de inverno da *Arvore*; *Cadernos de Poesia*, 2ª série; *O indesejado* e a *Pedra filosofal* do Jorge de Sena; o teu *Fernando Pessoa – Poesia*, 2ª edição. Para mim, havia o folheto "Fernando Pessoa e a Crítica" que já me havias mandado com dedicatória datada de 10 de fevereiro deste ano. De resto, como este teu estudo crítico consta dos mesmos *Cadernos de Poesia* não mandarei a duplicata ao Cettineo; do contrário era o caso de aproveitar um deles para o mesmo destinatário.

Retenho o volume da Confluência, 2ª edição, de *Poesia – Fernando Pessoa*,[194] porquanto... te esqueceste de mandar um exemplar a mim. Acho monstruoso o teu cinismo oferecendo um exemplar de tão importante livro ao Cettineo, e não enviando um a mim, que te pus em contato com ele. Enquanto não me enviares um exemplar, ficarei com este livro *en souffrance*. Aliás, acredites ou não, só agora estou tomando um conhecimento minucioso da obra poética do Pessoa. Minucioso e atento. Eu só conhecia (e amava, naturalmente) alguns poemas. Mas não posso dizer que lhe conhecia a obra, como conheço a de um Antonio Nobre. Fizeste muito bem (grande serviço prestaste às letras) em organizar uma tábua bibliográfica, com as datas em que foram publicadas na imprensa as poesias do Pessoa. Isso servirá para que a crítica honesta deslinde quando, onde e como o Pessoa foi original, e quando, onde e como escreveu maravilhosas coisas que já estavam ditas. Não quero, compreendes-me bem, dizer que as coisas ditas pelo Pessoa não sejam sempre "Pessoa" – admiráveis. Faço a observação, porém afim de por-te em guarda contra a mania que há hoje, no Brasil e em Portugal, de atribuir-se à influência do

---

194 Ribeiro Couto queixava-se sem razão; foi possível localizar um exemplar do segundo volume da primeira edição (Confluência, 1942), em tiragem especial, dedicado como segue: "Ao Ruy, ao Poeta, ao Amigo de todo o coração, of. o Adolfo Lx 30/VI/44". Casais Monteiro enviou um exemplar da segunda edição publicada em um único volume: "Ao querido Ribeiro Couto pequena lembrança do seu muito amigo Adolfo. Vai emendada a 'Apostilha' (pág. 166/7) de acordo com o texto publicado no *Notícias Ilustrado* de 27 de maio de 1928, incorreto na *presença* e nas *Obras Completas*".

Pessoa certas obras de poetas que nem sequer o haviam lido. Tu mesmo, de resto, nesta introdução, escreves com muito acerto "... pode-se dizer-se que a maioria do público pouco mais conhecia de Fernando Pessoa, quando ele morreu, do que esta crónica escandalosa que em torno do seu nome tecera a reles mentalidade de jornalistas ineptos, etc... etc."

Recebi hoje tua carta de 13 do corrente. Com efeito, estavas em dívida comigo, e grave, porque mandei-te notícias do teu livro em preparo (e já pronto, que será publicado logo a seguir ao meu, em Zagreb), mandei-te traduções de notas do Cettineo sobre ti, indicação dos poemas publicados nos jornais, e – nada. Um silêncio revelador da menos nortenha falta de caráter de que há notícia na história da literatura portuguesa!

A minha colaboração com o Cettineo foi penosa, porque sou lento e exigente. Afinal, já hoje, passados dois anos, meu modo de agir em coisas literárias exerceu uma salutar influência sobre os apressados métodos dele. O principal é o seguinte: poeta e só poeta, aberto ao amor da poesia dos países latinos, Cettineo foi *refloué* pelo dia 13. Há dias, depois da minha visita de quatro dias a Zagreb (onde os escritores locais, encantadores, me receberam como me receberam os portugueses em 1943), chegamos à etapa final: Cettineo foi finalmente admitido "por unanimidade" na Associação dos Escritores da Croácia (república a que pertence Split, onde mora ele). Desse modo, tem a vida garantida, pois aqui A POESIA É PAGA. Na organização socialista da Iugoslávia, a poesia É PAGA. Inclusive as traduções. Nenhum livro se publica a título de *frais d'auteur*. As empresas tipográficas e editoriais estão ligadas ao Estado – e há tabelas para tudo. Não digo que prefira, eu, este sistema: digo só que é assim, e que o Cettineo agora vai beneficiar do labor poético. Está claro (é o reverso da medalha) que quando um escritor não é bem visto ou não beneficia de uma atitude tolerante por parte do regime – está frito. Assim, por exemplo, tu, se fosses escritor iugoslavo e te desses ao luxo de um romântico, porreiro e congenial "protesto!", não comerias aqui nem mesmo o pão que o diabo amassou. O Cettineo, coitado, nunca fez política. Apenas, durante a ocupação italiana, continuou a traduzir poetas italianos, e fez uma viagem a Roma, etc. Isso bastou para que, logo que o país se libertou dos ocupantes, tomasse um ano de cadeia e fosse suspenso do direito de ensinar no liceu (onde era professor de língua servo-croata). Enfim, reintegrado há meses, foi há dias aposentado, e sua vida agora se está equilibrando. Para que tenhas uma idéia do Cettineo, com quem compará-lo? Com o Antonio de Navarro: gesticulante, exclamativo, sensível, arco-írisco, intermitente, poético, verbal, coração de ouro, etc. E isso misturado com o orgulho dálmata, um orgulho que desdenha do sertão balcânico (menos culto que o litoral dálmata, é verdade); orgulho de haver aprendido poesia "no ritmo das ondas e no texto original de Homero". Já vês que o nosso amigo é um complexo de coisas superiores, de cultura real e real talento, e ingenuidades de pequeno país com complexos históricos. Aí tens uns traços para o retrato do Cettineo.

Pouco a pouco estou a pô-lo em contato com alguns poetas nossos, depois que ele se pôs a aprender o português, há dois anos, nas páginas do *Dia Longo*.[195] O primeiro foste tu. O segundo é o Torga. O difícil, para o Cettineo, é conseguir que ele não ultrapasse a linha da "qualidade"; pois, como precisa fazer traduções para viver, atira-se a suplementos literários nos quais descobre coisas de terceira ordem, que como novato em língua portuguesa não pode à primeira vista distinguir.

Em resumo, ele deve ser orientado a fim de não dispersar-se. Facilmente toma a nuvem por Juno.

Não me posso refazer do espanto que foi a tua atitude com o Paulo Carneiro. Pediste-me, em carta para Paris, que lhe fosse falar sobre um projeto teu. Mostrei-te que não poderia fazê-lo senão ao encontrá-lo naturalmente, e não indo expressamente à Unesco (pois minhas relações com ele são menos que superficiais). Pois bem, o Paulo Carneiro passa por Lisboa e "Nem sequer *pensaste* em procurá-lo!" (o grifo é teu.) Quer dizer que cometeste uma leviandade ao me fazeres um pedido sem convicção, induzindo-me a solicitar um serviço que, como se viu, poucos meses depois já não te interessava mais nada. Afinal, és um homem de 44 anos ou um garoto?

---
195 Edição de poesias escolhidas de Ribeiro Couto (Lisboa: Portugália, 1944).

Já agora me falas em vir à Iugoslávia (com a qual o governo do teu país ainda recentemente recusou o restabelecimento de relações diplomáticas); e me dizes que eu aplainaria as dificuldades. Que dificuldades há aqui? Nenhumas, me parece. As dificuldades são aí, em Portugal, e não sou eu que posso aplainá-las, pois eras um dos freqüentadores da Legação iugoslava em Lisboa ao tempo em que o governo português entendeu acabar com ela. És o cunhado de um dos chefes comunistas portugueses, atualmente em Paris, etc. etc. Como vês, não é ao embaixador brasileiro que cabe intervir em projetos desses. Como teu amigo, como teu admirador, como amigo da literatura portuguesa, quero que sejas publicado e conhecido aqui. Porém não deves contar comigo para qualquer ato que envolva a responsabilidade do embaixador, tal como seria "aplainar dificuldades". A título particular, sem nenhuma atitude de caráter oficial ou político, bem sabes que me encontrarás aqui de braços abertos. Que a tua imaginação e a tua fantasia, porém, não se incendeiem rapidamente, com novo fogo de palha – como foi o fogo de palha do projeto do qual me querias como padrinho junto ao Paulo Carneiro. Como vês, falo claro, sempre sob o signo do dia 13: pão pão, queijo queijo. A fantasia do Cettineo, aliás, não é menos tumultuária. Ele, porém, teve a precaução de acrescentar, no artigo sobre ti, que (e mencionou um trecho da tua carta) tens grande simpatia pela Iugoslávia, etc. etc. Cuidado! Com as tuas conhecidas ligações com o movimento comunista português, e o teu parentesco, nenhum dos teus movimentos poderia ser considerado senão com uma significação política qualquer (e qual seria ela?). É cedo, penso eu, para projetares viagens aqui. Queiras ou não, estás marcado pela política. O Cettineo, informado por mim, escreveu sobre as tuas prisões, etc., etc. Sim, é interessante e simpático. Mas o Staline? Deves lembrar-te de que em casa do Almada Negreiros rompi contigo porque tudo que era russo te parecia perfeito, e tudo que era britânico só merecia as tuas críticas. Já te esqueceste daquela desagradável noite, em que estivemos às marradas por causa do teu amado Moscou? (E isso ainda me dói. Pois nunca tive dúvidas sobre o papel de escravizador de povos que já então desempenhava e mais tarde mais amplamente desempenhou e desempenha o ditador moscovita.)

Se eu aqui gozo de uma já bem visível consideração, é porque, em 1947, quando cheguei (e a Iugoslávia era satélite da Rússia), nunca fiz um passo para ver um russo. Limitei-me à vista ao embaixador que ele retribuiu – e ficamos nisso. Não fiz relações nem troquei nem mesmo uma palavra de cortesia com qualquer dos soviéticos. De modo que, quando se deu o rompimento e que o fosso se foi alargando, minha posição era clara – era a de quem nunca tivera confiança no ímã soviético. Democrata até a raiz dos cabelos e acreditando em que o mundo marcha para uma cada vez maior sociedade de massas, nem por isso me deixo iludir com o verdadeiro sentido da política russa atual, que é hegemônico, ivan-o-terrível, imperialista.

Quanto a ti, porém, que por inconformismo e amor aos movimentos do corpo e do espírito ficaste durante uns anos confundido com aqueles que "juram pela Rússia" e de lá tudo esperam – quanto a ti, nada me seria mais grato do que saber-te liberto da antiga paixão.

Bom, esta carta já vai longe. E extravazou da literatura para assuntos bem menos agradáveis.

Tomei boa nota de que não achaste muita graça na *Rive Étrangère*. Vamos ver o que dirás do *Entre mar e rio*, que já está pronto. Só mais tarde, quando eu receber aqui os meus exemplares, é que te poderei enviar um com dedicatória. Isso não impede que, muito antes, se passares pelo Sousa Pinto, tomes posse de uma duplicata.

Encomendei em Lisboa o livro do Simões, sobre o Pessoa.

Aguardo a nova e ilustrada edição da *Noite aberta aos quatro ventos*.

O Cinatti publicou um livro[196] (ou publicaram-no para ele) que não recebi. Que notícias me dás do Navarro? E os jantares do dia 13?

Faz-me muita falta esse livre correr e falar, beber e rir, que tão feliz me fazia em Lisboa, de 1943 a 1946. Minha vida depois mergulhou num mar cinzento. Só há pouco (quando te escrevi a primeira carta daqui) vim à tona da vida real, verdadeira, que é a criação literária,

---

[196] *Poemas escolhidos*, Lisboa: Cadernos de Poesia, 1951 (seleção e prefácio de Alberto de Lacerda).

o espírito, a anti-Tabacaria. A propósito, li, hoje, maravilhado, a "Dobrada à moda do Porto" do Pessoa, que não conhecia (como não lhe conhecia a maior parte da obra). Acho uma perfeita, completa maravilha, de uma sinistra e comovente riqueza de intenções escondidas. Abraços para a Alice e o João Paulo e para ti outro, bem forte e reclamando mais assíduas cartas tuas, do velho Cabiúna teu amigo afetuoso, Ruy

Quando mandares livros (tu ou outros dos nossos) ao Cettineo, faze-o diretamente, para o endereço dele: Prvoboraca, 15-II, Split, Iugoslávia. Não há razão para que os pacotes me venham, que eu os abra, que tenha de fazer outros pacotes e de remetê-los ao Cettineo (cujo receio da polícia, nesse caso, é revelador das ingenuidades incuráveis que o adornam). Pois se ele voltou à tona da literatura por dedicar-se a traduções de poesia estrangeira, que razão há para recear contatos com países estrangeiros? Pura tolice. E demasiada facilidade em dar aos outros trabalheiras supérfluas. Para ir ao Estoril, dá a volta por Cacilhas...

107

Lisboa, 4 de Julho de 1952

Ruy Ribeiro Couto, famigerado diplomata, etc.! Salve!!

Talvez porque, fazendo hoje 44 risonhas Primaveras, me competisse estar *aplastado*, deprimido, etc., sinto-me em excelente disposição, e por isso te escrevo, pois tenho idéia que a minha última carta era um tanto ou quanto amarga – e eu estava tão "no fundo" que não consegui fazer-te sentir que tinha realmente gostado muito de *Rive Étrangère*. Embora eu não caiba dentro da divisão oficial do "homem ambicioso", devo confessar que me considero como tal. O que não sou é capaz de fazer os sacrifícios necessários para isso. Sobretudo, lutar contra a maré durante anos e anos embota a vontade – sobretudo quando ela é um tanto ou quanto débil... Não queria, realmente, que pensasses o que pensaste por causa de minha confissão acerca do Paulo Carneiro. EU TINHA O MÁXIMO INTERESSE NAQUILO QUE TE PEDI!! O que não tenho é aquela inocência ou lá o que é, graças à qual uma pessoa tenta tudo, convencido de que vai ser bem sucedido. Não é por modéstia, mas por "compreensão do mundo" que tantas vezes reconheço impossível a realização de meus desejos ou projectos. O facto é que, acreditando que tu poderias conseguir alguma coisa, já não acreditava, nem acredito, que eu o pudesse conseguir. Quem sou eu para o Paulo Carneiro? Ora, não só era preciso que eu fosse bastante, mas até MUITO, para conseguir uma coisa por mim próprio considerada excessivamente difícil. Mas para que explicar? O que eu não queria era que supusesses tratar-se de um capricho, na altura em que te escrevi pedindo a tua intervenção.

Quanto à minha hipótese de te ir visitar... não estarás a fazer a coisa demasiado negra? Primeiro, deixa-me rectificar as inexactidões "históricas": nunca freqüentei nenhuma embaixada, a não ser a do teu país, quando cá estavas. Fui a UMA recepção da embaixada da Iugoslávia – onde também estava o senhor capitão Agostinho Lourenço, director da P.I.D.E. Nunca tive outro contacto com o dito país. O "chefe comunista", coitado, morreu em minha casa, de um cancro, em Dezembro de 1949. Era o Joaquim Pereira Gomes, autor dos *Esteiros*. O meu cunhado que tem estado em Paris nada tem a ver com política, mas só com a matemática: é bolseiro da *Recherche Scientifique*, e não está exilado. Como vês, a tua carta até podia ter graves conseqüências. Leviandade por leviandade, estamos quites... Além disso, que diabo, isso de falares nas minhas "conhecidas ligações com o partido comunista português" ainda é pior! Mas tu não sabes, homem de Deus, que eu sou um "traidor", um "fascista" e outras coisas que tais? Tu ignoras que sou profundamente odiado por esta gente? E não sabes, por outro lado, que o marechal Tito, e tudo quanto seja iugoslavo, também são fascistas e traidores?' Portanto a minha ida à Iugoslávia só podia ser tida como uma atitude anti-comunista. É claro que há sempre a possibilidade de confusões. O que eu suponho é que, oficialmente, eu não poderia ir, dada a ausência de relações diplomáticas. Mas pensei que tu poderias conseguir que em Paris me dessem um visto. Mas isto pensava, e agora deixei de pensar, e lá estou a perder a boa disposição. Bolas! O facto é que dei sorte com essa parte da tua carta. Não falemos mais nisso. O que pergunto é se não irás a Knokke, visto que em vez de *Rencontres Européennes* temos agora *Bienais Internacionais*. Afinal, creio que seria a única oportunidade para te encontrar. Eu vou porque tendo confessado ao Flouquet a minha pobreza, ele entendeu que eu devia ir fosse como fosse, isto é, pagando eles as despesas – generosidade de que me envergonho, mas que não tenho coragem para recusar. Mas agora tenho de suspender. Julguei que teria tempo de escrever esta epístola de um fôlego, mas tem de ser às prestações.

9 de Julho (!!!)

A Alice esteve ontem a substituir cuidadosamente a capa do exemplar que mandaste do *Entre Mar e Rio* pelo que já tinha recebido do Sousa Pinto, pois aquela sofreu um bocado com os safanões da viagem. A edição está muito bonita, embora não consiga igualar a da tradução sueca, que se calhar mandaste para modelo. A pobreza de tipos bonitos nas nossas tipografias foi uma coisa que sempre me fez espécie. Dentro dela, o teu livro é do melhor que se podia fazer. E ainda bem, porque sou dos que tem o fraco de gostar que um belo livro por dentro não seja, por fora, uma coisa repelente.

Serás tu o primeiro, creio bem, a considerar que os poemas nitidamente circunstanciais do teu livro não podem estar à altura dos puramente líricos. Não estranharás, portanto, que eu, em globo, ponha estes muito acima dos outros – pois que não podia ser de outro modo. O que podia era os puramente líricos não serem admiráveis, e são-nos, não direi todos, mas os suficientes para que este livro não fique abaixo dos outros.

Deixa-me preferir acima de tudo a "Tágide" e o terceiro dos "Cinco nocturnos", que são dois extraordinários poemas. Creio que, com o tempo que eu gostaria de ter agora, ao mesmo tempo relendo uma vez mais e escrevendo a par e passo, escolheria mais, talvez para mim à mesma altura daqueles. Por exemplo, acabo de reler a "Estrela-do-Mar em Sesimbra", e ponho-o no mesmo plano. E o "Adeus à Rua Castilho"... etc.

Sinto-me quase ridículo em estar a escrever-te sobre o teu livro. Vê se compreendes: tu sabes muito bem como a tua poesia me é querida, e estar a repeti-lo quase me parece tolo. Mas, também, se não dissesse, sei lá se não ficarias, ó criança sensível, a supor que eu já não gostava dos teus versos! Tenho adiado de dia para dia acabar esta carta praticamente por querer umas horas de paz em que me absorvesse no teu livro, e te falasse dele como ele merece. A triste verdade é que sinto a pressa a atenazar-me, e não me querer deixar escrever com vagar. A poucos dias de partir para férias, tenho uma porção de coisas a acabar, e preferia escrever-te de Ruivães. Mas isso seria dar-te mais uma razão para falares na minha conhecida falta de carácter! (vide carta de 18 de Maio p.p.)

Estou a ver que minha "fuga" à pátria em Setembro está gorada. O ano passado tive todas as despesas pagas, durante a minha estadia na Bélgica. Mas este ano, as *Rencontres* passando a ser *Bienais Internacionais* como já deves saber, o Comitê já não tem massas para convidar tanta gente (65 países). Isto de ser pelintra é triste, meu velho! Vou receber do *Journal des Poètes* quatro mil francos (belgas) pelo número-antologia da moderna poesia que organizei e prefaciei. Graças a isso já posso ir daqui lá. Mas falta o resto. Não é que me interessem em si as *Bienais*. Reconheço, porém, que um proletário como cá o rapaz precisa de pretextos para gastar o pouco dinheiro que possa forrar, embora isso lhe doa pelo ano adiante em economias chatas. Mas arejar, para mim que sofro da falta de ar que há por aqui, é muito importante. A vida não está a ser nada do que eu precisava que fosse. As minhas tarefas são demasiado estúpidas, e quando me chamei acima "proletário" não foi tão a brincar como poderás supor, mas bem consciente de que a condição do proletário é fazer um trabalho a que não tem amor. E que amor posso eu ter a por em português a detestável prosa do sr. Jacques Pirenne, e a estragar, numa pretensa "modernização" que é um disparate, a prosa admirável (mesmo quando é "mau português") do Fernão Mendes Pinto?! Não tenho um único, (um único, nota bem) jornal onde escreva! Nem jornal, nem aliás revista! Para o ou a fazer eu era necessário que a crise não fosse a coisa grave que toda a gente sabe, mesmo os que ainda querem ter ilusões, ou lhes pagam para isso. E por isso, um mês a ver mundo é muito importante para mim. Vamos a ver se os Fados estão de bem ou de mal comigo...

Espero que o ano que vem não seja tão árido e triste como este tem sido. A Alice vai, finalmente, ter um lugar seguro e bem pago. Já é alguma coisa. Mas o meu problema está difícil: mais doze fascículos, e acaba a *Peregrinação*. O Pirenne acaba agora, porque o 5º volume ainda não saiu – e, saindo, são mais seis ou sete fascículos, e o teu amigo fica sem trabalho, e sem perspectivas de o ter.

E agora que desabafei, não me fica tempo para mais nada. Mas prometo escrever com regularidade.

Relendo o princípio da carta, vejo que comecei exactamente no pólo oposto àquele em que me encontro. Tira a média...

A Alice ainda está no colégio, mas posso afoitamente mandar o abraço de muita amizade que ela te mandaria. O João Paulo agradece lembrares-te sempre dele (e acrescenta que gostou muito da *Cabocla*, que acaba de ler). Sabes, ele está um rapaz estupendo, apesar do mau gênio, às vezes, no que é digno filho da mãe e do pai. Com 14 anos já está quase da minha altura, ó horror!

Um apertado abraço do teu amigo do coração
Adolfo
P. S. Escreve para Lisboa, pois o correio fará seguir para onde eu estiver – não sei exactamente o meu poiso por agora pois talvez vá passar algum tempo com o Antonio Pedro a Moledo do Minho.

108

Belgrado, 10-7-54

Querido Adolfo,

No momento em que arrumo as malas para estar em férias (em França), recebo teu belo *Vôo sem pássaro dentro*[197] e o teu bilhete, com a grande, a grandíssima nova da tua partida para o Rio e S. Paulo, de avião, a 1º de agosto.[198]
Tenho só tempo bastante de escrever este bilhete, às 5 da manhã, após uma noite inteira de trabalho. De Paris (Hotel Lutetia, 43, Bd. Raspail) estarei de regresso aqui a 10 de Agosto. É o clássico "Mês de férias", que muita falta estava fazendo.
Que pena que eu não esteja no Rio para receber-te! Mas lá tens grandes amigos, e seguramente estarão no aeroporto, de braços abertos, o Manuel Bandeira e o Dante Costa, além de outros.[199]
Se tiveres tempo, escreve-me para o Hotel Lutetia.
Para ti, a Alice e o João Paulo, com afetuoso abraço Ruy

109

S. Paulo, 6/X/54

Meu querido Ribeiro Couto:

Já andava há três dias com a carta junta no bolso, porque não a queria mandar sem alguma prosa mais sensata. Tenho coisas de-

---

197 Publicado em 1954 com ilustrações de Fernando Lemos.
198 Casais Monteiro viajava a convite do Congresso Internacional de Escritores e Encontros Intelectuais que se realizava em São Paulo naquele ano como parte das comemorações do IV Centenário da cidade.
199 Carlos Drummond de Andrade registra a recepção a Casais Monteiro, em sua chegada ao Rio, ver *O observador no escritório* (Rio de Janeiro: Record, 1985, p.106).

Fernando Pessoa o insincero verídico na edição da Inquérito,
1954. Este texto foi apresentado como comunicação ao
Congresso Internacional de Escritores realizado em São Paulo
no mesmo ano.

Carta a Cyro Pimentel escrita em exemplar de *Fernando Pessoa o insincero verídico*, 1954 c.

masiado sérias para te contar, para deixar seguir aquelas expansões líricas – mas também acho que não devia deixar de as mandar!

Meu caro: vou-me fixar no Brasil!!!

Achas que faço mal? A verdade é que não tenho nada a perder em Portugal. Exatamente antes de eu vir tinham acabado os dois trabalhos longos que me alimentaram durante uns poucos anos: uma edição de luxo da *Peregrinação* do Fernão Mendes Pinto, e a tradução dos 5 volumes duma história universal; estava a dirigir uma colecção de romances,[200] mas tive que me zangar com os editores. E pronto. A Alice está bem colocada – mas não chega. Ora, sucede que o Paulo Duarte me convidou a dirigir as Edições Anhambi, que ele tinha planeadas, e com alguns livros já prestes a sair, mas para desenvolver as quais precisava de uma pessoa – e parece que eu posso ser essa pessoa, se conseguir agüentar-me até elas começarem a dar dinheiro; e, para que eu me possa agüentar, é claro que o Paulo fará todo o possível, e começou por me conseguir uma situação no *Estado de S. Paulo*, onde vou ter uma secção, e procurará arranjar-me um curso na Faculdade de Filosofia. Não vou dirigir as edições como assalariado, mas com participação nos lucros – talvez tenha sido isto o que me decidiu: assim não há perigo de eu cair na rotina, terei mesmo que me desunhar...

Que sairá disto? Será acertado, será um erro? Quem pode dizer?! É pelo menos uma "renovação" na minha vida, que, além da coisa material, estava estagnar naquele deserto que o "teu" Salazar fez do meu pobre país. Hoje só se pode ser português de duas maneiras: ou lutando contra o regime, ou dando a outro país o pouco ou muito que pode valer cada um de nós; a primeira hipótese estava automaticamente posta de parte: não sou comunista, e nem sequer posso trabalhar com eles, e a verdade é que eles são a única parte activa, ai de nós, da oposição em Portugal. E o Brasil é o único lugar do mundo onde um escritor pode ser o que é sem trair nada – talvez

---

200 Referência à coleção "Série Literária" da Editora Ulisséia cujos primeiros volumes foram *Adeus às armas* de Ernest Hemingway, em tradução de Casais Monteiro, e *A casa de Jalna* de Mazo de la Roche, em tradução de Jorge de Sena.

pelo contrário (digo um escritor "português", evidentemente).

Como os caminhos se cruzam! Entre os livros que já estavam para sair, o teu volume de crônicas, que já tive na mão, e vou trazer para casa para ler – e já sabes: o que tiveres de tratar sobre ele é comigo. E uma moça que conheci há pouco tinha feito viagem contigo do Rio até à Suíça! Lembras-te?

Não quero demorar mais a mandar esta, e fico à espera de notícias tuas. Devo estar em S. Paulo até fins de Novembro. Estarei algum tempo no Recife, onde meu cunhado é professor na Faculdade de Filosofia,[201] e devo ir passar o Natal a Portugal, para voltar com a Alice dois ou três meses depois – ou talvez menos, não é fácil deixar o trabalho nesta altura, mas tenho tantos problemas a resolver lá! O João Paulo ficará lá, por agora. Mas depois?

Um muito apertado abraço do teu velho amigo
Adolfo

110

Belgrado, 23 de Outubro de 1954

Casalote,

Recebi sem surpresa a tua carta de 6 do corrente (com o poema do Di,[202] a quem escrevo hoje mesmo). Parece que estás esquecido do poema que te dediquei, e que era profético...

O livro *Barro do Município* foi entregue ao Paulo Duarte, que já o anunciou, há mais de um ano. Só espero aviso da provável data da publicação a fim de eu enviar uma folha de papel com umas linhas de prefácio. Não creio que, ao lê-lo, ali encontres alguma coisa que te fale à alma. És gajo porreiro, és galego cem por cento, da dura massa dos portuenses explosivos, e aquelas crônicas são uma espécie de música

---

201 O matemático Alfredo Pereira Gomes.
202 O pintor Di Cavalcanti.

em surdina sobre motivos afro-indo-brasileiros. Por mais que gostes de São Paulo e do Brasil, hás de viver dependurado aos arranha-céus, e não conhecerás nunca o imenso amor das casinhas pequeninas, das cidades grandes e pequenas, as quais, demolidas, levam para o esquecimento a imagem de um Brasil filhíssimo do Portugal aldeão e portuense, o Portugal também de outrora, sem "bairros novos"...

Boa idéia, a de meteres raízes nesse ainda quase virgem solo. Solo que te esperava.

Anda, escreve mais! Dá notícias da tua integração na matéria que já era tua.

E não bebas cachaça. E não te metas em aventuras extraconjugais. Não timbres em ser o antípoda do teu Salazar, abstêmio e casto...

Teu velho Ruy

111

Belgrado, 11-9-59

Casalote,

És um sacana! Desde uma tua carta de São Paulo, de há mais de três anos, nada sei de ti. Mas a última imagem que guardo de ti, no aeroporto de Portela de Sacavém, em abril de 1953, me sorri. E não pensava em ti senão com a lembrança daquele breve e doloroso encontro (doloroso porque chorei como um bezerro nos braços do nosso João de Barros sem jaça). Agora leio num recorte que estou incluído numa antologia que compuseste de poetas da *presença*. Mas isso já me garante que pensas em mim e nos nossos trinta anos de amizade – e até de literatura. E de vinho verde, nas muitas tascas em que me *emborraché más*.

Não sei se esta carta te chegará às mãos, para onde a endereçarei?

Se a receberes, manda-me ao menos um cartão postal dizendo só – cá estou! E menciona endereço seguro.

O teu velho Ruy, o de Sinfães, Ruivães, já tudo confundi.

Acabo de verificar que a carta a que aludo – teu último sinal astronáutico – é de 6 de outubro de 1954 (há cinco e não três anos) e que a ela respondi em 23 do mesmo Outubro. Na minha resposta eu te falava do *Barro do Município*,[203] e te davas uns conselhos. Creio, ao relê-la, que fui indiscreto sem saber que o estava sendo. Teu fraterno, como sempre, Ruy

112

Salvador, 9/X/59

Meu Queridíssimo Couto:

A minha vergonha é muita e só num encontro pessoal eu terei maneira – se tiver! – de me explicar, tão extravagante é o meu silêncio. Só lhe digo, desde já, que foi aquela malfadada carta eufórica de S. Paulo que me deixou envergonhado. Mas eu já reparei que todos os portugueses ficam meio idiotas nos primeiros tempos de Brasil. Não escapei à regra. Falava-lhe numa senhora que realmente não tinha, nem teve qualquer coisa séria a fazer na minha vida. Mas faz parte da euforia tomar uma aventurazinha por... sei lá por quê! Depois, como conheci alguém que é hoje minha mulher, receei – creio – que se lhe contasse, v. julgasse ser outra bestice do mesmo gênero. Isto é o que me parece, a esta distância. Porque outra razão, realmente, não vejo que pudesse haver – só podia haver motivos para lhe escrever freqüentemente.

Tenho-o acompanhado sempre, de longe, através dos amigos – sobretudo do Bandeira, ao qual sempre perguntava por si – e pelos jornais, é claro. Até tive entre mãos o seu *Barro do Município* antes de ele ser publicado, porque durante alguns tempos estive a trabalhar com o Paulo Duarte na organização das Edições Anhambi – mas não recebi o dito, feito livro, quando ele saiu. Também, como havia v. de mo mandar, se nem sabia por onde eu andava?

---

203 *Barro do Município*, São Paulo: Anhambi, 1956.

Carta de Casais Monteiro enviada de Salvador no papel timbrado do IV Colóquio Internacional de Estudos Luso Brasileiros, 1959.

Estive cerca de dois anos em S. Paulo, mais ou menos outro tanto no Rio, e neste último alguns amigos comemoraram há meses os meus 5 anos de Brasil, que aliás só vim a completar aqui, a 5 de Agosto último. Estou na Bahia com contrato provisório, não sei se prorrogável pelo menos até ao fim do ano. Ensinando literatura portuguesa na Faculdade de Filosofia e literatura dramática na Escola de Teatro. Tenho um convite de Fortaleza, onde estive há meses durante uma semana. Receio aceitar: não ficarei isolado demais? Por outro lado, a saúde da Rachel (Rachel Moacyr, minha mulher, é filha de Pedro Moacyr) preocupa-me muito: tem uma doença muito grave, insuficiência das coronárias, tem um temperamento terrivelmente sensível, receio que para ela seja demasiado "longe do mundo", para ela que tanto precisa de convívio, agora que lhe está proibido representar. Estivemos quase a ir para a Europa, a Biblioteca Nacional propôs-me ir para Londres investigar arquivos (procurar documentos inéditos sobre a história do Rio, em vista das publicações do centenário da cidade), mas o Itamarati não deu os 500 dólares mensais indispensáveis, pois a verba da Biblioteca era mísera e mesquinha. – e em cruzeiros... Por isso aceitei vir para aqui, e não me arrependo, seria até capaz de continuar, sou bem pago, gosto, como não podia deixar de ser, da Bahia e dos baianos, tenho boas relações com a gente moça (a velha é ainda demasiado Ruy Barbosa...), mas talvez não seja possível. E se aceitar afinal o convite de Fortaleza, será porque não tenho no Rio e em S. Paulo qualquer saída universitária equivalente.

Não sei se recebeste os meus *Estudos sobre a poesia de Fernando Pessoa*,[204] que a Agir publicou. Recentemente, o Serviço de Documentação do MEC publicou a minha antologia *Poesia da Presença*;[205] como já estava aqui quando saiu, mandei ao Simeão Leal[206] a lista das gentes a quem devia ser enviado, mas até hoje não sei se já foram expedidos

---

204 Publicado pela Agir em 1958.
205 Naquele ano de 1959.
206 José Simeão Leal, então diretor da coleção "Letras e Artes", publicada pelo Serviço de Documentação do Ministério da Educação e Cultura.

os exemplares. Terás recebido? Tenho um livro a ser editado pelo José Olympio, com tudo quanto escrevi sobre romance,[207] outro, sobre crítica, a ser editado pela Difusão Européia do Livro, de S. Paulo.[208] Aqui, devem sair dois livros meus, um de prosas sobre poesia, pela Imprensa Oficial, outro nas edições da Universidade, que será uma reedição do *De pés fincados na terra*, por sugestão do Carvalho Filho.[209]

Bem, isto é a prosa à toa que suscitou a tua carta, retransmitida pelo Bandeira, o querido Bandeira e à qual respondo assim, correndo, para não ficar por mais tempo neste silêncio estúpido e ridículo, de mocinho tímido – que, aliás, serei mesmo até morrer, eu bem sei...

Não compreendo a tua "insistência" em não vir ao Brasil. Alguém, talvez o Bandeira? me disse que virias este ano. Será?

Agora, relendo a tua carta, vejo que ainda não recebeste a antologia da *presença*. Estão lá os teus poemas "S. Vicente", "Paquetá" e "Carícia Noturna". Creio que é uma "bonita" antologia. Enorme, 350 páginas, creio que fiz bom trabalho, mesmo que seja criticável (evidentemente!) sob mais que um ponto de vista. Publiquei poesias de poetas que desapareceram logo, e não só dos "grandes". E muita coisa que nunca fora reunida em volume, sobretudo do Navarro. E primeiras versões bem curiosas, de poemas do Régio, por exemplo. Enfim, verás. Vou-te mandar daqui um exemplar, na dúvida de que o Simeão tenha funcionado direito – bem conheço a desordem daquele Serviço de Documentação, que era um dos meus pontos cariocas!

E assim, por hoje ponho ponto final, muito provisório, na esperança de que se tenha quebrado o encanto. Entre as minhas muitas angústias, estava ele, atravancando a consciência. Estou-te muito grato por teres sabido tirar-me este peso da dita cuja. Escreve breve. Como vão os olhos? Quando vens ao Brasil?

Do fundo do coração, abraça-te o teu amigo do peito e de sempre
Adolfo
Desculpe o papel, e o *en-tête*

---

207 Publicado apenas em 1964.
208 Publicado em 1961, como o título *Clareza e mistério da crítica*, pela editora Fundo de Cultura.
209 Os títulos não foram publicados pela Imprensa Oficial e pelas edições da Universidade.

113

Belgrado, 18-10-59

Casalote,

Afinal sei onde paras e sei como estás trabalhando, criando, raciocinando. Acabo de ouvir a leitura da tua carta de 9 do corrente. Há aqui três assistentes lutando pelos meus olhos doentes. Vou melhor, mas ainda não tenho licença de ler. Já escrevo – e é bastante para quem nem isso fazia. Pelo fim deste ano estarei ainda melhor, mas não poderei viajar senão depois da última operação, para a qual me preparo. Não recebi nenhum livro teu. Este bilhete é só para te dizer da alegria de te saber na terra do meu pai. Em breve te escrevo mais, Couto

A próxima carta será retribuída em dobro. Estou escrevendo num domingo, sem a datilógrafa a quem dito cartas longas – ou a quem posso ditá-las. Nada se compara, aliás, ao prazer de escrever eu próprio.

Não sabes da alegria que me dás com as notícias, 1°, do teu endereço; 2°, de tudo quanto estás fazendo. E, eu aqui, sinto que estás *pacificado no coração*.

Teu velho Ruy

O Navarro? Não entendi.

114

Belgrado, 26 de Janeiro de 1960

Adolfito,

Não quero demorar mais de um dia neste agradecimento a três livros teus ontem recebidos, cada qual com carinhosa dedicatória, a antologia da *presença*, o *Pessoa* da Agir (único que eu já tinha, enviado não sei por quem) e o novo *Manuel Bandeira*, nos Cadernos de Cultura.

Esta não é uma carta como aquelas que eu gosto de escrever ou como uma daquelas tuas. É só um bilhete. Troca de idéias, de sentimentos e de informações não pode ir agora. Direi só que o novo Embaixador em Lisboa me escreveu dizendo para dar destino aos meus 45 caixotes de livros e arquivos que em 1946 ficaram depositados na Rua Antonio Maria Cardoso. O meu colega abandona o velho casarão e não tem lugar na residência nova. Nunca pude ter comigo aquela bagagem, porque ocupo aqui uma casa sem espaço bastante para os oito mil volumes que tu conheces e entre os quais de vez em quando beliscavas algum. Embora abafado pelo problema, e não tendo outro remédio, telegrafei pedindo a remessa de tudo para cá. A única alegria que vou ter com isso é a de entrar de novo na posse dos meus arquivos epistolares, nos quais se encontram as tuas cartas para a França, para o Rio e para a Holanda, entre maços de correspondência igualmente preciosa, de muitos amigos que eram então estreantes e hoje são figuras eminentes, assim como também a correspondência de grandes amigos mortos, como o Monteiro Lobato e Mário de Andrade. E ao referir-te a alegria de reapoderar-me desses arquivos, de que me vou ocupar, já estás compreendendo que ontem mesmo li o teu prefácio ao ensaio sobre o Bandeira,[210] para o qual chamaste minha atenção na dedicatória. Saudoso tempo aquele entre a tua Coimbra de estudante e o meu Paris de auxiliar de Consulado em 1931!

Teu, com imensas saudades,

Ruy

---

210 O prefacio de Casais Monteiro à segunda edição do ensaio sobre Bandeira traz larga referência à correspondência com Ribeiro Couto e à remessa de livros dos poetas modernos brasileiros para os escritores do grupo da *presença*.

115

Adolfito,

No pacote a mim enviado com um volume da *presença*, estava o livro endereçado a ti – e, juntamente este cartão. Compreendi que desejava que eu daqui reenviasse o livro e fi-lo. Aliás, porque não o mandaste diretamente? Devolvo-te o cartão? Que Dr. é este? A escrever português? Leitor em Coimbra?
Até breve – até uma boa e verdadeira carta. Estou a correr liquidando papéis. Abraço do velho Ruy
Bel 8-4-60

116

Belgrado, 3-5-60

Adolfo,

Diz a Bahia que te mudaste e mudou seu endereço. Estou certo?
Não me deixes sem notícias. Os anos passam e o diálogo com os amigos velhos é cada vez mais imperioso.
Saudades, Couto

117

Rio, 27. 5. 60

Meu querido Ribeiro Couto:

Antigamente, se bem me lembro, eu era um sujeito que respondia direitinho às cartas, não me enganava nos endereços, etc. Agora, é isto que se vê! Ainda não consegui compreender como é que o meu livro foi endereçado para aí, nem quero mais pensar nisso, com medo de ficar louco. Enfim, muito obrigado, e desculpa a maçada que tiveste. O Hampejs[211] é um prof. de literatura portuguesa, ou brasileira, ou de ambas, não sei, que esteve no Colóquio da Bahia. Não faço a menor idéia do que ele valha, etc.

Mas, voltando ao principal: é incrível que eu tenha deixado sem resposta a tua carta de 26 de Janeiro, que já me veio encontrar no Rio. A única justificação é a Rachel ter estado muito doente até bem pouco, o que me desorientou bastante. Felizmente, o perigo parece ter passado.

A minha vida deve estabilizar-se no Rio. O meu habitual *franc parler* indispôs contra mim, na Universidade de Salvador, os meios bem pensantes, que gostam muito de ter boas relações com o Salazar (viagens, doutoramentos, comendas, etc.) – ora, em pleno Colóquio eu publiquei na imprensa brasileira, e, ó coisa horrível: também em Salvador!! – um artigo em que dizia porque era impossível qualquer entendimento cultural entre uma ditadura e uma democracia.[212] O salazarista confesso que é o Edgar Santos[213] não gostou – e não fui convidado a continuar, acabado ano lectivo. O que, materialmente, foi duro, pois estava a ganhar muito bem.

Agora, depois de uns meses um tanto atrapalhados (reduzido outra vez aos meus 20 contos do *Estado de S. Paulo*, e a trabalhos ocasionais), as coisas estão melhorando, e por este ano estou tranqüilo, com um curso que vou dar na Fac. Nacional de Filosofia. E, segundo todas as probabilidades, para o ano terei aqui uma atividade fixa, e que me agrada, num Centro de Língua e Literatura promovido pelo Anísio Teixeira (ao qual devo ter ido para a Bahia) e dirigido pelo Afrânio Coutinho.

Isto para te dar uma idéia das minhas condições de vida. Por outro lado estou trabalhando em várias coisas. Terminei, de parceria com o Jorge de Sena (não sei se sabes que ele está no Brasil, ensinando na

---

211 Zdenek Hampejs, da Academia de Ciência da Tchecoslováquia.
212 "A grande hipocrisia da comunidade", *Jornal da Bahia*, Salvador, 15/16 ago. 1959.
213 Reitor da Universidade da Bahia.

F. de Filosofia de Assis) a tradução dos Sonetos ingleses do Pessoa.[214] Preparo um livro sobre a literatura portuguesa contemporânea.[215] Deve entrar brevemente em composição, na José Olympio, um calhamaço enorme com tudo (ou quase) quanto escrevi sobre romance. Tenho para sair nas edições recém iniciadas da Imprensa Oficial de Salvador uma antologia de meus versos[216] (aqui quase ninguém sabe que sou poeta!!) e talvez um livro de ensaios sobre poesia,[217] se entretanto não aparecer um editor comercial, o que eu preferia. Tenho outro livro ainda sem editor, que foi proposto à Portugália de Lisboa, mas o meu nome, lá, está tão subversivo que talvez não se atrevam a editá-lo (saberás que estou proibido de escrever nos jornais portugueses, mesmo que fale de rosas).

Salvo as dificuldades normais, naturais, inevitáveis, tenho sido muito bem tratado pelos teus patrícios. Na realidade, e tu compreenderás isso melhor do que ninguém, a minha disposição natural é para não me sentir estrangeiro aqui. Na realidade, pouco tenho sido vítima de chauvinismo, que ainda por aqui há, e quase só de subserviências salazaristas, como do safado que é catedrático de Lit. Port. na Faculdade Nacional de Filosofia – pois se vou lá dar um curso é na cadeira do Celso Cunha, e não na do dito sacana (Thiers Martins Moreira), que não me quer lá nem pintado!

Bem, não chateio mais por hoje. Mas reclamo notícias, esperando que perdoes as minhas faltas. Ouço que vais publicar as tuas poesias completas. É verdade? Venham elas!

Como vão os olhos? Ainda em convalescença? Gostaria tanto que viesses ao Brasil, senão para o Brasil!! Basta de exílio, homem!

Um grande luso-brasileiro abraço do teu amigo do peito
Adolfo

---

214 Dos 35 sonetos, Casais Monteiro traduziu oito, Jorge de Sena, vinte, seis foram traduzidos por ambos e um, por José Blanc de Portugal. Além das traduções realizadas anteriormente em Portugal, Casais traduziu no Brasil quatro sonetos em colaboração com Jorge de Sena.
215 Provável referência ao volume *A poesia portuguesa contemporânea*, só publicado em 1977.
216 *Poesias escolhidas*, Salvador: Imprensa Oficial da Bahia, 1960.
217 Referência ao volume *A palavra essencial*, só publicado em 1965.

118

Rio, 24.11.60

Meu querido Ribeiro Couto:

Esta carta já estava tardando, e o mais divertido é que o *rappel à l'ordre* veio de teu amigo Kardelj, do qual estava revendo uma tradução em português desconchavado (feita por um iugoslavo...) quando de repente cá dentro houve um sinal de alarme: Ai que ainda não escrevi ao Couto! Para completar as coincidências, ontem, em casa da Leontina Figuli, conhecemos uma tua eminente colega, o ministro Beata Vettori, e dissemos muito mal de ti como calculas...

Desculpe os meus gatafunhos, mas a minha máquina está com uma letra – logo o "e"! – deslocada, tão irritante coisa para quem lê, como para quem escreve. Já há muito que pensava escrever-te, mas a chegada das *Poesias Reunidas*[218] reclama umas linhas roubadas ao Kardelj. Antes que me esqueça: com quem tenho falado muito de ti é com (que português horrível este!) o Dante Costa, teu amigo "mesmo", do qual, aliás, gosto muito.

Bom, mas eu não te vou dizer nada sobre os teus versos, primeiro porque já disse e segundo porque se o fizesse gastava a inspiração para o artigo que espero escrever por estes dias. Mas direi como me comoveu reler a "Correspondência de Família" aqui no Leme, entre mar e morro; realmente, meu velho, "profético amigo" – e és grandemente responsável, e não só como profeta, por eu estar aqui, e por gostar de viver aqui – pois contigo fiz as primeiras letras de meu amor ao teu país. Creio que te divertirias imenso se, por exemplo, me ouvisses ontem defender Brasília e a política de interiorização, contra um teu patrício. Por isso eu fico uma fera quando algum imbecil literário me chama estrangeiro, ou faz ou diz alguma malfeitoria de origem nativista – que ainda existe, ó coisa incrível!

---

218 *Poesias reunidas*, Rio de Janeiro: José Olympio, 1960.

Falei com o Dante, há dias, nos porquês da tua excessiva ausência do Brasil. Realmente, estás exagerando, que diabo! E eu não reclamo apenas agora, as tuas notícias, mas a tua presença! Não, isso não pode continuar!! Será necessário fazer-se uma petição nacional, para Ulisses voltar à terra natal? – senão puder ser de outra maneira, ao menos de visita.

As minhas perspectivas para o próximo futuro estão dependentes de quem seja o ministro da Educação do Jânio. A mim convêm (e acho que também ao Brasil) que seja um homem capaz de apoiar o Anísio Teixeira, já que, se assim for, este poderá instalar um curso de nível universitário para o qual já estou convidado. Isso me asseguraria uma posição firme, que não tive até agora. De qualquer maneira, a minha situação material está garantida, com trabalhos para um editor e amigo precisamente esse que vai publicar *O socialismo e a guerra* do Kardelj, e que está prestes a dar à luz um livro meu de ensaios sobre crítica.[219]

Bem voltarei ao Kardelj, que é trabalho leve, mas urgente – para descansar da desanimadora tradução do *Epitalâmio* do Fernando Pessoa (é verdade, já tem a ed. Aguilar da *Obra Poética* do dito cujo?). O inglês em que o miserável escreveu aquela obscenidade é de arrepiar: livresco e francamente intraduzível. Mas tomei o compromisso (a Ática vai publicar as *Poesias Inglesas*, texto e tradução), e todos os dias vem carta do Jorge de Sena reclamando.[220] Que ódio!

Queria muito que viesses aqui, até porque me aflige que não conheças a Rachel. Mas espero que, depois do bilhete de visita das *Poesias Reunidas*, quererás dignar-te descer até estas praias em que o teu irmão português não passeia, por medo aos bichinhos tropicais e às morenas idem...

Um abraço bem apertado deste teu saudoso afilhado carioca que espera levar notícias.

Adolfo

---

219 *Clareza e mistério da crítica*, editado em 1961.
220 Casais Monteiro abandonaria a tradução de *Epitalâmio*, realizada por Jorge de Sena para o volume *Poemas ingleses* da coleção das obras de Pessoa, só publicado em 1974.

119

14.12.60 [Belgrado]

O velho Ruy com seus votos de Alegre Natal e Feliz Ano Novo. A tua grande e boa carta tem de ser respondida por uma carta não menor e não menos noticiosa. Em fim de ano é-me impossível dar conta de tal trabalho. Por isso, isto é apenas um recibo e um "já te escreverei". Sempre saudoso do Porto, do sol, de ti, dos nossos amigos, tascos, do vinho verde e do dia 13...
Ruy

120

Rio, 19. 9. 61

Meu querido Ruy:

Apesar de estar ainda em dívida de agradecimento para consigo – pelo menos, o último livro[221] tenho a certeza de não ter agradecido, hoje apenas lhe escrevo com o fim de lhe apresentar uma pessoa... que não precisa de apresentação, como vai já ver: o General Humberto Delgado. Não preciso dizer mais, pois não?

O caso é que o general teve dificuldade, pois ainda não há relações diplomáticas com o Marrocos, em conseguir visto para lá. É essa a razão da ida à Iugoslávia. Em vista disso, peço-lhe com o maior empenho para facilitar quanto possível o objectivo final da viagem, junto das entidades oficiais iugoslavas.

Ficamos tristes ao pensar que talvez deixemos de o ver, se a viagem do Marechal Tito for adiada, devido à renúncia do Jânio. Oxalá não seja, e isso nos dê a oportunidade de o abraçar. Digo "nós" em nome do casal, pois a Rachel gostaria muito de o conhecer.

---
[221] Referência a *Longe*, publicado pela Livros do Brasil, de Lisboa, na Páscoa de 1961.

Seu desde já grato pela satisfação deste pedido e velho amigo
Adolfo Casais Monteiro

121

Belgrado, 24-X-61

Meu valente e querido Adolfo,

Estou sem a datilógrafa que sabia escrever em português as cartas que eu ditava, por isso vai à mão, na minha atual confusíssima letra (letra de quem enxerga pouco) este resumo de notícias.

1) O general aqui esteve durante dois ou três dias, de passagem para a África do Norte, precisamente na semana que passei na Áustria, em Graz, onde fui consertar um carro Opel, marca que ali tem um representante especial com serviços perfeitos. Em Belgrado, onde reina a negligência e a irresponsabilidade em coisas de consertar máquinas, cansei-me de botar dinheiro fora com este Opel de 1951, que conservo com aquele supersticioso gosto de conservar e remendar carros, como sabes pelo que virei naquele Dodge (de 1936, comprado na alfândega inglesa do "Galgo"). Quando aqui cheguei, já encontrei o teu bilhete de recomendação e a carta de despedida do general, carta muito cordial e muito elegantemente escrita, com o pesar pelo me não haver visto e falado. Foi atendido pelo secretário Fontoura, que tomou as disposições oportunas.

2) Grato pela tua antologia, cheirosa de mangas e abacaxis da Bahia. Está lindamente impressa. Notei que não ali puseste nada da *Confusão*, teu livro de estréia. Da matéria abundante e rica, vasto canto casaismonteiriano, eu só não conhecia a última parte, dedicada ao nosso caro Murilo Mendes. Notei, por outro lado, a ausência do poema que me dedicaste e publiquei com a "Correspondência de Família".

3) Da minha obra destes vinte e tal anos de madureza nada vi que houvesses porventura escrito. O teu *A poesia de R. C.* parou no que estava até então publicado, 1933. Não obstante a minha "fidelidade a mim próprio", acentuada em artigo do Schmidt e em escritos de outros contemporâneos, penso que o melhor de mim começa com *Cancioneiro de D. Afonso* e vem completar-se com este *Longe*,[222] que já teve êxito demais. Dada a diversidade dos temperamentos, das atmosferas e também até certo ponto das modas, nem sempre, e até mesmo bem raro, quiçá, a obra de um poeta pode ser vista com justos olhos antes que a morte imobilize a mão do autor e o esquecimento da efêmera máscara do homem permita focalizar somente o que ele amontoou no papel. A mim freqüentemente se me vem, em artigos do mais bem intencionado louvor, com "A moça da estaçãozinha pobre" (que o Fernando Pessoa, diziam-me em Lisboa, sabia de cor). Tudo o que há de dor do mundo, de social, de protesto contra a injustiça e o crime, de desespero em face das misérias do nosso tempo – desde a casa de palha do Sebastião Pescador até os massacres de meninos pelos fuzis da "raça de senhores" – passa despercebido. Nem lido é, suponho. Porque a insistente recordação de versos antigos, que marcaram em idos tempos pelo anti-retoricismo, é como uma cortina de chuva a impedir a visão do resto, dos caminhos que foram abertos depois e ao longo dos quais já não são as estaçõezinhas pobres que aparecem, mas "outras torres". Enfim, estou a conversar contigo não para influir no teu espírito quanto ao julgamento da obra que escrevi posteriormente a 1933, pois o respeito mútuo em coisas literárias foi sempre o sólido alicerce da nossa amizade e compreensão – mas porque "preciso de conversar com um amigo", "bater a uma porta amiga", e romper assim com esta solidão em que me faltam vozes lusitanas e bocas poéticas, para aquele convívio imperioso que o dia 13, em Lisboa, simbolizava no pão e no vinho do tasco do Rato. Fama e louvores, sabes tu, nada são em comparação com aquele insubstituível alimento das nossas almas – o conversar de olhos nos olhos, horas a fio, só poesia, só poesia e poesia só. Bem

---

222 V. nota anterior. A edição brasileira, deste mesmo ano, é da Civilização Brasileira.

sentiu o Augusto de Castro este mal da solidão, coisa diferente do exílio, que pode não chegar a ser um mal.

Bem, meu velho Adolfo, já conversei contigo um pouco e mais conversaria, não fosse o esforço dos olhos em seguir as linhas que a pena vai garatujando no papel. Quando nos veremos e nos abraçaremos de novo? Já vai longe 1953 na Portela de Sacavém. Teu, Ruy

122

Rio, 6. 2.62

Meu querido Ribeiro Couto:

Em vez de carta, quis que o agradecimento do *Longe* fosse em letra de forma... saiu, mas não foi, por motivos que já se tornarão compreensíveis. Saíram até dois artigos.[223] Porém, tendo saído já o mês passado no *Estado*, creio que aí terão chegado, e que seria ridículo mandar os recortes como se fossem novidade. O que atrapalhou foi não terem saído em dois sábados seguidos, de modo que, pensei eu, quando saiu o segundo já o primeiro estaria aí, etc. Basta de explicações!!

Enfim, não sei se saiu coisa que se aproveite. Oxalá tenha. Mas esta não é para falar de escritos, mas de viagem, anunciando-te a minha partida para... Araraquara, onde passo a integrar o elenco duma Faculdade de Filosofia de 3 anos apenas de idade, mas que já se atreve a ter cadeiras extravagantes como seja Teoria da Literatura, que eu vou reger. Já lá está o Jorge de Sena, e estão mais alguns sujeitos que, espero, constituirão um "ambiente" – coisa que, afinal, não encontrei no Rio... Mistérios.

O meu contrato é por dois anos. Estive lá no Natal, consoando com o Sena, a Mécia e os OITO rebentos (um é *vient de paraître*),

---

[223] "Um Modernista Reticente" e "Sobre o 'Chão Ancestral", Suplemento Literário d'*O Estado de S. Paulo*, São Paulo, 6 e 20 jan. 1962.

um dos quais, aliás uma, é minha afilhada. Nessa ocasião aluguei casa, onde espero as tuas novas, que antes fosse a visita, que em vão tenho esperado todos estes anos: Av. D. Pedro II, 1301. Vou com saudades do Rio, apesar daquela queixa do parágrafo anterior. Da cidade, e menos dos homens. Eu não sou para forçar a intimidade de ninguém, e a verdade é que tenho aqui multidões de conhecidos, mesmo de "amigos", no sentido... fácil da palavra, mas amigos do peito nenhum senão o Paulo de Castro, mas para a amizade com esse há explicações que não valeriam noutro caso: é, como eu, um impenitente adversário do Estado Novo (é português), e a pessoa com a qual, politicamente, mais afinidades tenho, no campo das idéias políticas e sociais. E até em outros.

Bom, isto é uma cartinha, só para dar a morada, e mais uns abraços, e ainda o apelo por notícias. Prometo responder. Em Araraquara, creio, renascerei epistológrafo!

Como vão os olhos? Bem de todo?

Já sabia que o Delgado não te tinha encontrado, mas estava muito grato, etc.

Aproveito para te felicitar porque, a não ser pelo pitoresco, o homem é irritante. Mas não tive coragem, sabendo que ele passava por Belgrado, de não to remeter; nem sempre é a simpatia pessoal que entra em jogo, e o homem, com todos os seus ridículos, "quer" fazer uma coisa que, afinal, outros que falam muito nunca tiveram coragem de sequer tentar. Então, viva o Delgado!

Teu amigo, sempre, em Lisboa ou Araraquara, de coração, Adolfo

123

Belgrado, 22 de Fev.,62

Meu querido Adolfo,

Eu ia sentar-me a esta máquina para responder à tua carta, carta triste, de 6 do corrente, quando li a notícia do enterro do Portinari.

Nem da morte eu soubera. Deves imaginar a minha tristeza. Eu estou na raiz da grande carreira do Portinari, pois sou dos tempos, 1932 a 1934, em que ele quando me oferecia uma têmpera por 60 cruzeiros e embolsava o magro cobre, disparava capengando, a dizer: "este vai já para o quitandeiro".

Minha pena de hoje torna mais aguda a melancolia que me ficou da leitura da tua carta. Dizes, com efeito, dizes que ao deixar o Rio levas saudades da cidade, mas não de pessoas, porque tens ali conhecidos e não amigos, exceção feita do Paulo de Castro. Isso me entristeceu imenso, porque eu sei quanto dói não sentir raízes em peitos que nos rodeiam. O assunto é da maior gravidade para homens da nossa idade. Com o passar dos anos, e eu já vou para os 64, cada vez é mais forte em mim a necessidade de querer bem aos que de longe ou de perto me rodeiam. A todos confundo numa só realidade ou presença.

Teus dois excelentes artigos continuam a chegar aqui, como pombos-correios que amigos me mandam. No segundo, que termina por aquele "quem sabe?", dás a impressão, já sentida no primeiro, de que a exegese ia continuar por terrenos que em ambos não levaram os sábios e generosos golpes da tua ferramenta de grande, severo, profundo prospector de planos poéticos. Pena é que não venhas a deter-te numa zona ainda não desbravada do meu mato lírico de qualquer ponto da tua crítica que é sempre "séria" jamais superficial. Estou de inteiro acordo contigo e não mereço maior nota. Até no meu fundamental portuguesismo acertaste em cheio; com a tua picareta fizeste um buraco fundo e puseste à mostra o segredo do meu chão. Do que eu gostaria, porque muito necessito, é de uma daquelas conversas nossas, noite a dentro do Porto ou de Lisboa... Naquelas ruas, quantas vezes me sinto viver!

Bem, estou hoje triste demais. E esta cartinha (que escrevo de olhos fechados, aprendendo como estou a datilografar sem precisar do olho que me resta e um dia pode vir a faltar, como o esquerdo) custou-me esforço, porque o dia já vai adiantado e às fadigas do trabalho acresceu hoje a da mágoa em que me lançou a partida do Portinari. Estas mortes me matam.

Foi também com certeza num dia de pesar que me escreveste. Oxalá nossas próximas cartas tenham calor e alegria. Pois não há tanto sol pelas estradas? Teu velho Ruy.

As emendas foram feitas por nova secretária que se ocupa de minha correspondência. Eu não distingo bastante para poder emendar. R

124

Araraquara, 16. 5. 62

Meu querido Ribeiro Couto:

Venho adiando, sempre com a idéia de te escrever uma carta "decente", para afinal escrever umas linhas rápidas e atrapalhadas, comunicando o falecimento da Rachel, no dia 11 deste mês. E assim acabou meu estranho "romance" brasileiro, pois de romance teve muito, e de qualquer modo nada de leviana aventura. Estou tão profundamente triste que não sei como vai ser; preso aqui por um contrato de dois anos, não sei, porém, como agüentar: mal tínhamos começado a estabelecer laços com os colegas e a gente da terra. E eu, que não tenho a espantosa afectividade da Rachel, sozinho ainda estarei menos capaz de os criar. Eu suponho que não teria podido viver no Brasil se não a tivesse encontrado: pelo menos, teria permanecido "estrangeiro". Graças a ela tive uma família, pois como tal tenho aos irmãos e aos filhos dela.

Bem, um dia talvez possa desabafar contigo. E a propósito disto até peço licença para te fazer um pedido: no fim do ano irei à Europa: a finalidade principal é encontrar-me com minha mãe e meu filho (já com mulher), talvez na Espanha, pois os 75 anos de minha mãe talvez não recomendem um encontro em Paris, que eu preferiria. Enfim, irei à Europa passar se puder, os três meses inteiros de férias – Dezembro, Janeiro e Fevereiro. E pensei (já o tenho pensado várias vezes, mas agora estou ai de mim, mais "livre" para o fazer) se haveria possibilidade de um convite para ir a Belgrado por parte da entidade que esteja em condições de o fazer – tanto mais que sou agora mais ou menos "catedrático", e professor de uma coisa de carácter universal como é a Teoria da Literatura. E assim eu finalmente abraçaria meu velho Couto, já que ele continua fugindo destas praias! Quem sabe? Dirás – e não receies dizer que não é fácil, terei paciência – ou quem sabe se irás a Paris quando eu lá estiver?

Começavas a tua carta falando do enterro do Portinari, eu comecei esta com outro... Estamos ao tempo para tais notícias irem em aumento, meu velho! Vejo pela tua carta que, na minha, soltara a minha melancolia. Era talvez o pressentimento do que estava para vir.

Não, com o segundo artigo "arrumava" contigo – por agora... Gostava de refazer o livrinho de 1935, do qual ficou em Portugal um exemplar já com emendas e acrescentos, e que o João Paulo não consegue encontrar.[224]

Espero que esta te vá encontrar menos dominado pela tristeza que enche a tua tão bela carta. Dizias tu, quase a terminar, "Oxalá nossas próximas cartas tenham calor e alegria". Pobre de mim!

Aperta-te ao coração o teu Adolfo

125

Belgrado, 30 de Maio de 1962

Meu querido Adolfo,

Estou compadecido de ti. Traz-me esta tua carta de 16 do corrente a brutal notícia do falecimento do ente que adoravas e que dava um sentido profundo à tua vida no Brasil. Como deve ser esse súbito vazio, mãos estendidas que não mais encontram as mãos tanto beijadas!

Estou de partida para Évian-les-Bains e só tenho alguns minutos para estas linhas. Lá vou ver se perco uns poucos dos meus 100

---

[224] Exemplar que consta do espólio do escritor na Biblioteca Nacional de Portugal, com correções e acréscimos a tinta preta e azul e folhas adicionadas ao final.

quilos, e ver também se termino um livro de prosa que, na estação do ano passado ficou a meio caminho! Aqui, é incrível, os dias são cheios, entupidos de coisas do serviço estéril e estéreis cerimônias diplomáticas. Temos de encontrar-nos sim, neste fim de ano. Qualquer visita aqui terá de ser sugerida pelo embaixador aí, ou pelo cônsul em S. Paulo, não há outra prática possível. Espero-te, muito triste, o velho Ruy.

ANEXOS

Texto 1[1]

Haya, em 3 de setembro de 1937

Prezado Ministro,

1. Tenho a honra de levar ao conhecimento de Vossa Excelência que o conhecido escritor português Adolfo Casais Monteiro, diretor da revista *presença* e um dos *leaders* da geração entre 25 e 35 anos de idade, colaborador de jornais, autor de vários livros de poesia e de crítica, etc., está interessado em publicar uma série de ensaios sobre os poetas brasileiros do movimento moderno.
2. Não será essa a primeira vez que, tanto na imprensa como em livro, o Sr. Adolfo Casais Monteiro se dedica ao estudo de nossas letras, contribuindo, dessarte, para uma real compreensão do Brasil em Portugal, sob o aspecto que nos ocupa. Pensa ele, entretanto, escrever agora todo um livro sobre dez ou quinze poetas nossos, que ele próprio escolherá, depois de estar na posse do material necessário.

---

1 Ofício encaminhado por Ribeiro Couto ao Serviço de Cooperação Intelectual do Itamaraty.

3. O sr. Adolfo Casais Monteiro, que conheço pessoalmente, muito lhe apreciando a inteligência, a cultura e o caráter, é um valor autêntico, trabalhador ativíssimo, seu nome não aparece apenas em publicações portuguesas, mas da Itália, da França e de outros países, pelas constantes relações intelectuais que mantem com alguns expoentes dos centros de cultura estrangeira, seus livros tem repercutido também na crítica literária do Brasil.

4. Tudo isso me leva a recomendar a Vossa Excelência, com especial empenho, o Sr. Adolfo Casais Monteiro, para que o Serviço de Cooperação Intelectual, se possível, lhe remeta tudo que seja aconselhável entre as publicações poéticas de nosso país. Ouso sugerir assim que, antes de mais nada, lhe sejam enviados dois livros que lhe podem servir de guia para os primeiros passos: a *Antologia da poesia brasileira moderna* do sr. Dante Milano (Editora Ariel), de recente publicação, e a *Antologia de prosa e verso*, com comentários críticos, do Sr. Andrade Muricy (Editora Livraria Globo). Com esses livros poderiam também ser remetidos obras dos srs. Augusto Frederico Schmidt, Jorge de Lima, Matheus de Lima, Manuel Bandeira, Emilio Moura, Augusto Meyer, Cassiano Ricardo, Guilherme de Almeida, Murilo Araújo, Oswald de Andrade, Mário de Andrade, Carlos Drummond de Andrade, Raul Bopp, Ronald de Carvalho, Rodrigues de Abreu e outros poetas vivos e mortos, mas que sejam, como esses exemplos citados de memória, representativos das diversas correntes modernistas. Pois tal é o objeto de estudo a que se propõe o Sr. Adolfo Casais Monteiro.

5. À primeira vista a relação é demasiado grande e o material, por conseqüência, muito extenso. Mas a sugestão se enquadra no espírito do Serviço de Cooperação Intelectual. O Sr. Adolfo Casais Monteiro é uma força viva e atuante. Uma obra que ele venha a dedicar, com inteira liberdade de escolha aos nossos poetas, representa um resultado altamente apreciável e compensa o esforço do Serviço de Cooperação Intelectual em procurar-lhe a documentação. Trata-se, aliás, de um resultado imediato, bem mais palpável que, por vezes, a remessa de livros a bibliotecas não frequentadas, ou de incerta frequência.

6. A propósito, peço a Vossa Excelência para acrescentar que nas diversas informações que redigi quando me foi dado criar o Serviço de Cooperação Intelectual nessa Secretaria de Estado, mostrei sempre minha preferência por este gênero de ação, a escritores em plena produção, o que me parece mais eficiente, na maior parte dos casos, que o fornecimento delas (e então sempre em dispendiosas quantidades) a instituições universitárias, associações literárias, etc. Nestas, o livro tem que esperar por um leitor que ainda não se conhece, nem sabemos quais as tendências desse leitor, para despertar a sua curiosidade pela nossa literatura. Ao passo que muito outro é o resultado de se remeterem livros a publicistas, individualmente, quando sabemos do objeto exato da sua curiosidade.

7. Fiel a essa orientação, aliás, é que organizei os fichários do Serviço de Cooperação Intelectual, onde, se não me falha a memória, já deve constar o nome do Sr. Adolfo Casais Monteiro.

8. O endereço desse escritor português é: Rua Miguel Bombarda, no. 516, Porto.

Texto 2[2]

Rio – 27 de Julho de 1939

Meu Caro Couto

Com um pequeno intervalo, tive a alegria de receber duas cartas suas. Na primeira fala-me você principalmente de Gahisto e da tradução de *Fim de Caminho*. O que você sugere ali me parece inteiramente justo. Estou inteiramente de acordo em que guarde os direitos de publicação nas *Oeuvres Libres*. Isso mesmo, vou escrever-lhe sem demora.

Também do Gahisto recebi uma carta comunicando-me a tradução do livrinho e explicando-me que havia feito nele a supressão de alguns capítulos, para comodidade da publicação. Há realmente naquele romance capítulos que podem ser sacrificados sem prejuízo

---

2 Carta de Múcio Leão a Ribeiro Couto.

para a ação. Confio no gosto do Gahisto, e estou certo de que foram esses os capítulos sacrificados. Você sabe, se acaso se lembra dele, que o *Fim do Caminho* é um romance magro, de ação reduzidíssima. Se lhe for suprimida alguma passagem que interesse propriamente à ação, é o diabo. Mas enfim, vou aguardar para ver a coisa depois de feita e, de qualquer maneira você, quando tiver ocasião, pode dizer ao Gahisto que estou gratíssimo à gentileza dele.

Você reclama um exemplar da antologia em bom papel. Mas acaso houve isso, meu caro Couto? Se houve eu não tomei conhecimento, tanto quanto você... eu, que fui um dos organizadores daquele monstrengo! Amanhã, que é quinta-feira, estarei com o Cláudio, e vou reclamar que lhe envie o seu exemplar. Se houver exemplares de bom papel você receberá o seu. E que tal a escolha do seu conto que ali figurou? Quando se tratou dessa escolha eu fiquei vacilando entre vários trabalhos seus todos me parecendo obras luminosamente belas, dignas de antologias. Mas havia uma certa preocupação de selecionar trabalhos que pudessem revelar ao estrangeiro alguma coisa de peculiar ao Brasil. Aquela história de tanta gente que vive e sonha e sofre e se agita em torno do Carnaval me pareceu capaz de revelar ao leitor europeu uma forma da alma brasileira. Não está de acordo comigo? E a tradução – que tal lhe pareceu?

Estou esperando a *Nuit Tropicale*. Mas porque não me mandou também o *Chão de França*? Seus livros tem na minha melhor estante um dos melhores lugares. Estão todos os que você me deu e os que eu pude encontrar nos sebos vestidos em bonitas encadernações. Eles reclamam os companheiros que ainda não chegaram...

Creio que estes são os principais assuntos da primeira carta a que aludi acima.

A segunda é acerca do caso do Casais Monteiro. Quanto a mim você sabe que bastaria um pedido seu e o Casais Monteiro já seria companheiro nosso no *Jornal do Brasil*. Essa, estou certo, é também a opinião do Barbosa e do Dr. Aníbal, a quem passei a sua carta. Mas nós temos hoje no *Jornal do Brasil* um guarda vigilante contra qualquer iniciativa nova que venha aumentar despesas: é o Dr. Pires do Rio. Não desanimemos porém, e deixemos ao tempo a solução dos problemas difíceis. Você se lembra que, noutro tempo, quando as coisas eram mais fáceis, nós passávamos anos e anos para conseguir meter lá dentro um companheiro: o Nelson Carneiro, por exemplo, quanto tempo você precisou lutar para metê-lo lá dentro? Às vezes aquilo nos parece até a Academia...

Você tem estado a par dos negócios acadêmicos?

Tivemos desde novembro até agora, um caso sensacional, que abalou não só a Academia, mas a própria imprensa brasileira – o caso do prêmio de poesia. Acompanhou-o você? Foi interessantíssimo. Imagine que trinta candidatos se haviam inscrito para o prêmio, devendo ser julgados por uma comissão composta por Cassiano Ricardo, Guilherme de Almeida, João Luso e tendo como relator o primeiro. Entre esses trinta candidatos, um aparecia como um poeta de primeira ordem, uma ilha solitária na poesia brasileira – Cecília Meireles. Cassiano Ricardo deu o parecer concedendo o prêmio à *Viagem*, o livro de Cecília. Mas não sei se você sabe que Cecília tem na Academia um grupo enorme de adversários e inimigos. E essa gente se alvoroçou contra ela. Fernando Magalhães chefiou o movimento. Assim, em primeiro lugar a Academia fez voltar ao Cassiano o parecer, para que ele o completasse. É que o parecer, ao em vez de analisar livro a livro, passava em silêncio sobre todos eles e só tratava do livro digno do prêmio. Cassiano recebeu o relatório, e completou-o com uma análise tremenda dos poetas restantes. Voltando o parecer assim completo à Academia, Fernando e Olegário tomaram à frente de um movimento que pretendia anular o parecer de Cassiano, para dar o prêmio a um poeta paraense, chamado Wladimir Emanuel. Longas quintas-feiras de amargos debates, de discussões que baixavam a um terreno pessoal desagradável (isso da parte do Fernando). E enfim a Academia teve que pronunciar-se. À última hora apareceu uma emenda do Osvaldo Orico procurando conciliar as coisas: à Cecília Meireles seria concedido o primeiro prêmio e ao Wladimir Emanuel o segundo. Foi a solução que a Academia adotou quase por unanimidade, pois votaram contra ela apenas o Fernando e o Alceu. A discussão entre o Fernando e o Cassiano não terminou, porém, no dia da votação do prêmio. E ainda domingo passado o

Jornal do Comercio publicava um artigo fulminante do Cassiano contra o Fernando. Este está inscrito na Academia para falar em resposta.

Concedido o prêmio à Cecília, houve outro pequeno incidente... É que ela tinha sido designada pela Academia para falar em nome dos autores premiados. Mandando o discurso para a censura da mesa, a mesa propôs-lhe a supressão de duas ou três passagens, sugestão que ela diz ter aceitado. Veio depois, porém, uma outra censura feita pelo Osvaldo Orico, e desposada pelo Levi Carneiro, primeiro secretário. A essa ela se negou a ceder, em primeiro lugar porque não reconhecia ao Orico, que não fazia parte da mesa, autoridade para exercer a censura acadêmica; em segundo lugar, porque o Orico é seu inimigo pessoal. Não cedeu, e por isso não fez o discurso. Dizem-me, porém, que é um trabalho de primeira ordem e o Cassiano, que vai dar um livro reunindo os vários discursos que fez sobre a questão, me disse que nele incluirá o discurso da Cecília.[3]

Como você vê, meu caro Couto, a nossa Academia anda o seu tanto agitada, o que é extraordinário numa anciã tão tímida, prudente e silenciosa como ela...

Creio que não tenho mais notícia de interesse a lhe mandar.

O Barbosa, você sabe, está dirigindo o Instituto do Álcool e Açúcar e não tem mais tempo para outra coisa. Passo semanas e semanas sem vê-lo, nem no jornal nem na Academia. Sua carta sobre o Casais Monteiro porém, lhe chegou ao conhecimento, porque eu a mandei ao Instituto para que ele a lesse.

E você, quando vem por aqui? Que seja o mais breve possível, porque já são muito longas as saudades dos seus amigos – E, enquanto não vem, nos escreva – pelo menos me escreva.

Adeus meu querido amigo, receba o abraço muito afetuoso do velho amigo e companheiro,

Múcio

---

[3] O livro de Cassiano Ricardo é *A Academia e a poesia moderna* (São Paulo: Revista dos Tribunais, 1939) que traz às últimas páginas o discurso que Cecília Meireles devia pronunciar no dia da entrega dos prêmios.

A Academia e a poesia moderna, livro de Cassiano Ricardo reunindo os registros em defesa da premiação de *Viagem* de Cecília Meireles.

DISCURSO QUE CECÍLIA MEIRELES DEVIA PRONUNCIAR NO DIA DA ENTREGA DOS PRÊMIOS

Contra o quasi obrigatório costume dos oradores, não me queixarei, neste exórdio, de falar pelos meus companheiros. Mais do que por sua eleição própria, minha situação, nesta cerimônia, é ainda uma das tantas fatalidades que aguardavam, nêstes agitados mares acadêmicos, a minha bem desinteressada "Viagem". Único primeiro prêmio, ainda, quando se cogitou do imprescindível orador — retardada como foi a decisão sôbre os trabalhos de Teatro — não tenho a agradecer aos companheiros o haverem-me aceitado. E assim, obedecendo a uma espécie de determinação do Destino, e admitindo que haja em tudo isso alguma razão, fiio inibida mesmo, tanto em relação aos companheiros como aos demais ouvintes, de fazer o que mais justo e agradável se me afiguraria em tais circunstâncias — pedir-lhes desculpas.

Falar em nome de alguém é sempre grave emprêsa, suscetível de ser medida pela dificuldade com que nos exprimimos, quando falamos ou julgamos falar por nós mesmos. Ainda naquilo que mais parece nosso, tudo são oscilações e subtilezas — pela complexidade dos nossos instantes, pela fragilidade do nosso poder de comunicação, pelas incertas fronteiras de sensibilidade em que repercutimos. Muito mais difícil, pois, falar por um grupo que a sorte convocou dos mais diversos setores, para nêste dia reunir e laurear.

Creio, porém, que, por mais variado que sejam os nossos sentimentos, uma noção comum nos identifica: a de estarmos diante de uma festa completa; de uma festa que só é de glória pelo que teve de luta. Na verdade, senhores, quem, na sua devoção às letras, não perde a lembrança de seu posto humano, sabe que são desprezíveis as vitórias fáceis: que chegam a ser um opróbrio, num mundo em que todos sofrem, muitos se esforçam, e onde nem sempre há recompensas.

Discurso que Cecília Meireles não pronunciou na entrega dos prêmios e cedeu a Cassiano Ricardo para adicionar ao volume.

"Encontros Europeus de Poesia"[4]
Entrevista com Adolfo Casais Monteiro

Um encontro de poetas de catorze diferentes países. Concebe-se? Pois é verdade. Realizou-se na Bélgica em Knokke-Le-Zoute, de 7 a 11 de setembro de 1951. Para ele foram convidados representando os poetas portugueses, Adolfo Casais Monteiro e Miguel Torga.

Não pode, cremos, passar despercebido o significado e importância de tal acontecimento. E não é que compete precisamente à Poesia promover e fortificar um *encontro* entre os homens?

O interesse que para nós reveste o facto de representados por tão prestigiosas figuras das nossas letras, ter sido marcado o lugar de Portugal e da poesia portuguesa, igualmente nos parece que não pode passar sem registo. Quisemos por isso ouvir Adolfo Casais Monteiro, o poeta e ensaísta que nos habituamos a admirar, e que amavelmente respondeu às nossas perguntas.

Pode dizer-nos de quem partiu a iniciativa destas "Rencontres de Poésie" e quem a secundou?

Para responder com exactidão, direi que "Rencontres" se devem a um feliz concurso de circunstâncias: a de existir há vinte anos na Bélgica esse admirável órgão internacional da poesia que é o *Journal des Poètes*; e de este ser, essencialmente fruto da persistência de Pierre-Louis Flouquet, poeta que pensa mais na expansão da obra alheia do que na sua, e mais na da poesia do que na obra de qualquer poeta em particular; a de o lugar de Comissário Geral do Turismo ser ocupado, na Bélgica, pelo poeta Artur Haulot; a de haver na Bélgica um Ministério da Educação Nacional e, de uma maneira geral, um governo, capaz de encarar com simpatia e de patrocinar oficial e eficazmente essa coisa absurda que é uma reunião de poetas para se ocuparem de poesia!

---

4 *Árvore – Folhas de poesia*, Lisboa, 1. fasc., outono de 1951, p.29-33.

A ideia inicial foi de Artur Haulot, e nada mais justo do que afirmar que a ele e Flouquet se deve essencialmente a realização desta singular reunião. Contudo, sendo iniciativa particular, as "Rencontres" tiveram o apoio oficial, mas desinteressado. É uma bela lição, que não vejo probabilidades de ser seguida por muitos países. O governo belga não perguntou aos organizadores das "Rencontres" qual a ideologia de cada poeta convidado: limitou-se a tornar materialmente possível que eles fossem convidados, consciente de que essa era a forma própria de intervir.

E o que pensa quanto à sua organização? – perguntamos a Casais Monteiro.
Embora de breve duração as "Rencontres" produziram bom e farto trabalho. Foram presididas por Jean Cassou, e o seu belo discurso inaugural deu bem a medida do espírito de livre discussão que as caracterizaria. Depois, divididos os participantes em comissões – nas quais cada um se inscreveu segundo as suas preferências – estas discutiram os problemas propostos a cada uma, elaborando relatórios que foram lidos e postos em discussão na reunião final conjunta. Eis os temas: Poesia e Europa; A poesia no ensino; A poesia e a crítica; As edições; Os arquivos da poesia; Traduções; Difusão da poesia; A poesia e os poderes públicos. Como espero que uma parte destes relatórios possa ser brevemente publicada em Portugal, não entro em pormenores sobre eles. Os participantes das "Rencontres" aprovaram ainda uma resolução, cujo texto já foi dado a público entre nós, e que é este:

> Os participantes dos "Encontros Europeus de Poesia" reunidos em Knokke-Le-Zoute, de 7 a 11 de setembro de 1951, e pertencentes a 14 países da Europa,
> Afirmam a sua vontade de trabalhar pela unidade espiritual da Europa baseadas num idêntico apego à liberdade de pensamento, à liberdade, para o homem, de se ater ao seu próprio juízo, independentemente de qualquer imperativo que lhe seja exterior;
> Declaram
> Afirmar a sua fé na poesia como elemento de irradiação espiritual de todos os países;

Afirmar a necessidade exclusiva para o poeta de se exprimir sinceramente e de procurar a qualidade na sua obra, de defender a sua própria liberdade e de recusar qualquer espécie de servidão;
E entendem serem estas condições primordiais para que a poesia de todos os países possa representar o papel que lhe cabe na irradiação da espiritualidade humana.

Diga-nos, Casais Monteiro, quais foram os principais temas discutidos e a que resultados chegaram?

Embora creia que o mais importante resultado das "Rencontres" tenha sido o convívio entre os poetas, julgo que muitas das conclusões a que se chegou possam ter influência directa sobre as possibilidades de expansão e de comunicação da poesia. Para citar apenas um exemplo, que nos interessa diretamente: a antologia da Poesia Viva que se publicará anualmente, sob a égide dos "Rencontres", será um instrumento de difusão notável para a poesia, de que beneficiarão particularmente as literaturas menos difundidas, e é o caso da nossa. A comissão organizadora dessa antologia decidiu que o seu primeiro volume incluiria apenas poetas de mais de 50 anos e vivos. Embora discorde (pois assim nem um Pessoa nem um Sá-Carneiro podem ser incluídos), compreendo o que ditou esta discriminação. Cabendo-me escolher entre os poetas portugueses, indiquei Pascoaes, Afonso Duarte e José Régio. Se a condição de só incluir vivos não permite a inclusão de Fernando Pessoa, consolemo-nos, todavia, com a certeza de que brevemente se publicará em França um pequeno volume com traduções de poesias de Fernando Pessoa. Aqui está um exemplo da eficiência destas reuniões: é certo que pude conseguir este resultado em Paris, e que ele é independente das "Rencontres"; a verdade é porém ter sido em Knokke que pude falar longamente com Alain Bosquet a quem o editor Pierre Seghers encarregou de organizar a secção de traduções de poesia que deve lançar brevemente no mercado, mais ou menos no tipo dos simpáticos volumezinhos quinzenais que vem publicando, e nos quais até agora quase só tem publicado poetas franceses. E Alain Bosquet ficou extremamente interessado pela obra de Pessoa, o mesmo sucedendo depois a Pierre Seghers.

Gostaríamos de saber qual foi a sua intervenção nas "Rencontres".

A minha intervenção nas "Rencontres" foi pequena, e modesta – com imodéstia o digo... – pois não fui lá para fazer propaganda de mim próprio, e as afirmações que tinha a fazer quanto aos destinos da poesia publicara-as o *Journal des Poètes*, na desenvolvida resposta que dei ao inquérito sobre a "Poesia da Europa" – inquérito que foi afinal o fulcro das "Rencontres". Tendo sido o único poeta português presente a Knokke, dos dois oficialmente convidados (Torga não pode ir, fazendo-se representar por sua Mulher; que é, aliás, belga), a minha presença serviu para que o lugar de Portugal não ficasse vago. Esperamos que para o ano a nossa representação possa ser mais larga.

Finalmente, acredita na viabilidade e utilidade destas reuniões de Poetas?

Sim, acredito – até certo ponto. Creio bem que, das resoluções tomadas, aquelas cuja efectivação depende dos poderes públicos não terão grande possibilidades de efectivação imediata. Não obstante, o que não resultar à primeira talvez resulte à segunda ou à terceira. Mas não basta que as "Rencontres" sejam europeias. É preciso que se tornem extensivas a todo o Mundo; e por outro lado, que não sejam tão predominantemente latinas. Mas isto são coisas que com o tempo se conseguem. Para primeira tentativa, a reunião de Knokke resultou muito melhor do que eu ousava esperar.

Insisto porém em que o melhor resultado está ainda no estabelecimento de contatos entre poetas de diversas nacionalidades. Pelo que particularmente nos toca, posso afirmar que Portugal terá doravante um lugar menos ocasional no *Journal des Poètes*, o qual passará a ser impresso em diversas línguas, conforme proposta do diretor, Flouquet; encarou-se também a hipóteses da criação de edições do mesmo jornal em vários países e embora tal idéia tenha ficado no vago, não creio impossível realizá-la, se as publicações já existentes em cada país derem o apoio necessário.

Perdoem-me ter afinal dito tão pouco, mas espero que a publicação provável, conforme disse, das mais importantes conclusões das "Rencontres" se tornará dentro em breve realidade, e satisfará a curiosidade de todos.

APÊNDICE

Lista das correspondências

Adolfo Casais Monteiro para Ruy Ribeiro Couto

Porto	22/6/31		manuscrita	Resp. em 7/7/31
[Porto]	[7/10/31]		manuscrita	
Ruivães	9/10/31		manuscrita	Resp. em 26/10/31
Coimbra	5/11/31		manuscrita	
Coimbra	15/1/32		manuscrita	Resp. em 3/4/32
Coimbra	6/4/32		manuscrita	
Coimbra	17/6/32		manuscrita	
Coimbra	12/7/32	(cartão postal)	manuscrita	Resp. em 6/11/32
Coimbra	25/11/32		manuscrita	
Ruivães	1/10/33		manuscrita	Resp. em 2/11/34
Porto	3/3/35		manuscrita	Resp. em 10/4/35
Ruivães	23/4/35		manuscrita	
Porto	30/4/35		manuscrita	
Porto	5/6/35		manuscrita	
Porto	24/2/36		datilografada	Resp. em 1/3/36
Aljube do Porto	2/2/37		manuscrita	Resp. em 16/2/37
Aljube do Porto	14/4/37		manuscrita	
Aljube do Porto	16/7/37		manuscrita	
Porto	21/11/37		datilografada	Resp. em 6/12/37
Porto	26/2/38		manuscrita	Resp. em 16/12/38
Lisboa	4/4/39		datilografada	Resp. em 27/5/39
Porto	3/8/39		manuscrita	

Ruivães	10/8/39	manuscrita	Resp. em 29/8/39
Ruivães	13/9/39	datilografada	
Lisboa	7/10/39	manuscrita	
Lisboa	17/10/39	datilografada	
Lisboa	8/11/39	datilografada	
Lisboa	9/11/39	datilografada	
Lisboa	2/1/40	datilografada	Resp. em 5/1/40
Lisboa	22/2/40	datilografada	Resp. em 23/3/40
Lisboa	14/6/40	manuscrita	
Lisboa	24/4/41	datilografada	Resp. em 17/5/41
Lisboa	25/6/41	datilografada	
Ruivães	13/10/41	datilografada	
Ruivães	3/10/43	manuscrita	
Lisboa	4/3/51	manuscrita	Resp. em 24/4/51
Lisboa	14/7/51	manuscrita	Resp. em 18/8/51
Lisboa	21/11/51	datilografada	Resp. em 6/12/51
Lisboa	13/5/52	datilografada	Resp. em 18/5/52
Lisboa	4/7/52	datilografada	
São Paulo	6/10/54	datilografada	Resp. em 23/10/54
Salvador	9/10/59	datilografada	Resp. em 18/10/59
Rio de Janeiro	27/5/60	datilografada	
Rio de Janeiro	24/11/60	manuscrita	Resp. em 14/12/60
Rio de Janeiro	19/9/61 (bilhete)	manuscrita	Resp. em 24/10/61
Rio de Janeiro	6/2/62	datilografada	Resp. em 22/2/62
Araraquara	16/5/62	datilografada	Resp. em 30/5/62

Perdidas as cartas de setembro e novembro de 1935; de abril, setembro, novembro e de 6 dezembro de 1936; de março de 1941; e um bilhete de 7/54.

Ruy Ribeiro Couto para Adolfo Casais Monteiro

Paris	7/7/31		datilografada
Paris	26/10/31		datilografada
Paris	3/4/32		datilografada
Rio de Janeiro	6/11/32		datilografada
Rio de Janeiro	/33	(bilhete)	manuscrita
Rio de Janeiro	2/11/34		datilografada
Haia	10/4/35		datilografada
Haia	22/4/35		datilografada
Haia	23/5/35		manuscrita
Porto	21/6/35		manuscrita
Haia	25/8/35		datilografada
Haia	1/10/35		manuscrita
Haia	18/12/35		datilografada
Haia	8/2/36		datilografada
Haia	1/3/36		datilografada
Haia	9/5/36		datilografada

Haia	18/10/36		datilografada
Haia	30/11/36		datilografada
Paris	14/12/36		datilografada
Haia	26/1/37	(bilhete)	manuscrita
Haia	16/2/37		datilografada
Haia	1/4/37		datilografada
Haia	3/6/37		manuscrita
Haia	6/6/37	(bilhete)	manuscrita
Haia	7/7/37	(bilhete)	manuscrita
Haia	3/9/37		datilografada
Haia	5/9/37	(bilhete)	manuscrita
Haia	6/12/37		datilografada
Paris	16/12/38		manuscrita
Paris	27/5/39		datilografada
Haia	2/7/39		datilografada
Haia	13/7/39	(bilhete)	datilografada
Haia	4/8/39	(bilhete)	datilografada
Paris	29/8/39		datilografada
Haia	8/10/39		datilografada
Paris	17/10/39		datilografada
Haia	29/10/39		datilografada
Haia	7/11/39		datilografada
Haia	20/12/39		telegrama
Haia	5/1/40		datilografada
Haia	10/1/40		datilografada
Haia	6/2/40		telegrama
Haia	16/2/40		manuscrita
Haia	3/3/40	(bilhete)	manuscrita
Paris	23/3/40		manuscrita
Rio de Janeiro	24/11/40	(bilhete)	manuscrita
Rio de Janeiro	7/4/41		datilografada
Rio de Janeiro	17/5/41		datilografada
Lisboa	3/9/43	(bilhete)	manuscrita
Lisboa	30/9/43	(bilhete)	manuscrita
Lisboa	18/11/43		manuscrita
Lisboa	22/12/43	(bilhete)	manuscrita
Lisboa	1943 c.	(bilhete)	manuscrita
Lisboa	1943c.	(bilhete)	manuscrita
Lisboa	1943c.	(bilhete)	datilografada
Lisboa	27/1/44	(bilhete)	datilografada
Lisboa	16/6/44	(bilhete)	manuscrita
Lisboa	/8/44	(incompleta)	manuscrita
Lisboa	21/11/44		datilografada
Belgrado	5/8/50		manuscrita
Belgrado	24/4/51	(bilhete)	manuscrita
Belgrado	18/8/51		datilografada
Paris	6/12/51	(bilhete)	manuscrita
Belgrado	13/2/52	(bilhete)	manuscrita

Belgrado	22/3/52		datilografada
Belgrado	4/4/52	(bilhete)	manuscrita
Belgrado	18/5/52		datilografada
Belgrado	10/7/54	(bilhete)	manuscrita
Belgrado	23/10/54		datilografada
Belgrado	11/9/59		manuscrita
Belgrado	18/10/59	(bilhete)	manuscrita
Belgrado	26/1/60		datilografada
Belgrado	8/4/60	(bilhete)	manuscrita
Belgrado	3/5/60	(bilhete)	manuscrita
Belgrado	14/12/60	(bilhete)	manuscrita
Belgrado	24/10/61		manuscrita
Belgrado	22/2/62		datilografada
Belgrado	30/5/62	(bilhete)	manuscrita

Perdido o postal de setembro de 1931.

ÍNDICE ONOMÁSTICO

A
Abreu, Casimiro de 17
Afonso, Sarah 60
Aldington, Richard 62
Almada Negreiros, José de 11, 51, 131, 254
Almeida, Guilherme de 126, 288, 290
Alphonsus, João 168
Amado, Jorge 117
Amaro, Luís 104
Andrade, Carlos de 212
Andrade, Carlos Drummond de 17, 50, 261, 288
Andrade, Eugenio de 246
Andrade, Mário de 12, 14, 16-18, 48, 93, 103, 168, 272, 288
Andrade, Oswald de 35, 120, 288
Andrade, Rodrigo Melo Franco de 121, 133
Andresen, Sophia de Mello Breyner 246
Anjos, Cyro dos 18
Anselmo, Manuel 183, 186
Apollinaire, Guillaume 105
Aquino, Zélia M. T. 21
Araujo, Matilde Rosa 216
Araújo, Murilo 55, 288
Arland, Marcel 32
Assis, Machado de 168
Assunção, Roberto 238
Ataíde (Athayde), Tristão de 31, 132, 168
Azevedo, Fernando 239
Azevedo, Manuela de 216, 220

B
Bacelar, José 228
Ballard, Jean 159
Balzac, Honoré de 229
Bandeira, Manuel 7, 12, 14, 17-18, 48, 50, 53, 62-63, 99, 121-122, 126, 130-131, 133-134, 136, 201-202, 206-209, 212, 228, 261, 267, 270-272, 288
Banville, Thèodore de 225
Barbosa, Ruy 14, 18, 22, 269
Barrés, Maurice 40
Barreto, Lima 168
Barros, João de 77, 122, 141, 164, 216-217, 266
Barros, Paulo 216
Bastos, Rachel 82
Baudelaire, Charles 76
Bellodi, Zina M. 21
Bergson, Henri 239
Bertin, Gabriel 159
Bezerra, Elvia 14
Bettencourt, Gastão de 193, 198, 200, 204-206, 209, 213
Blackmon, Anita 231
Bosquet, Alain 242, 297

B Botto, Antonio 204
ranco, Aloysio 38, 48
Brion, Marcel 31, 42, 159, 161
Buck, Pearl 149
Bugalho, Francisco 64, 246

C

Caetano, Marcello 216
Caillois, Roger 238
Calderón, Ventura Garcia 168
Camões, Luís de 37, 53, 96, 191, 210
Campos, Agostinho de 104, 105
Capasso, Aldo 88
Cardim, Luiz 210
Carmona, Oscar 36
Carneiro, Paulo 238, 241, 249, 253, 254, 257
Carvalho, Guilherme Pereira de 216
Carvalho, Ronald de 11, 92, 126, 288
Carvalho, Xavier de 197
Cassou, Jean 39, 296
Casimiro, Jaime Cortesão 17
Castelo Branco, Camilo 114
Castilho, Guilherme de 87, 103, 228, 249
Castro, Augusto de 216, 281
Castro, Paulo de 282, 283
Castro, Ferreira de 216
Cavalcanti, Emiliano di 265
Celso, Maria Eugenia 17
Cendrars, Blaise 225
Cerejeira, Manuel Gonçalves (Cardeal) 110
Cettineo, Ante 17, 234, 236, 242, 243, 244, 245, 246, 250, 251, 252, 253, 254, 256
Chaves, Castelo Branco 196
Cidade, Hernâni 216
Cinatti, Ruy 255
Cochofel, João José 13, 216
Coelho, Jacinto Prado 216
Coimbra, Leonardo 81, 82, 102
Colaço, Tomás Ribeiro 87, 193
Costa, Álvaro 166, 167
Costa, Dante 261, 276
Costa, Getúlio 69, 71, 73
Costa, Jaime Celestino da 228
Coutinho, Afrânio 274
Coutinho, Galeão 169
Couto, Rui Ribeiro 7, 11-14, 17-22, 30-32, 37, 39, 42-43, 45-50, 53-56, 58-61, 63, 65, 67, 70, 74, 78, 84, 87-91, 94, 97-98, 100, 102, 104-105, 108, 115, 116, 122-123, 125-126, 130-132, 134-137, 144-145, 155, 157, 163-164, 168, 175, 178, 180-181, 183, 186, 187, 189, 191, 193, 195-196, 200, 202, 205, 216, 221, 222, 226-228, 234, 236-238, 240-241, 251, 253, 256, 261, 267, 271-273, 275-276, 281, 284-285, 287, 289-290, 292
Craveiro Lopes, Francisco 14
Cunha, Celso 20, 275

D

Dacosta, Antonio 127, 202, 240
Daladier, Edouard 161, 177
Delgado, Humberto 278, 282
Deus, João de 197
Dias, Carlos Malheiro 114
Dias, Cícero 216, 218, 219, 220
Dias, Correia 114
Dias, Saul 246
Dostoievsky, Fiodor 146
Duarte, Afonso 246, 297
Duarte, Paulo 264-265, 267
Duhamel, Georges 78
Duriau, Jean 11, 14, 136, 142
Dutra, Osório 129, 135

F

Fargue, Léon-Paul 30, 37
Faria (morador de Leça) 96, 111
Ferreira, José Gomes 246
Ferreira, Rui Hasse 228
Ferro, Antonio 14, 76-78, 212
Figuli, Leontina 276
Figueiredo, Fidelino de 216
Figueiredo, José de 121
Fiumi, Lionello 79, 159-160, 236
Flaubert, Gustave 76
Flores, , Wenceslao Fernandez 78, 130
Fluchère, Henri 159, 161
Flouquet, Pierre Louis 233, 235-236, 258, 295-296, 298
Fonseca, Manuel 23
Fonseca, Branquinho da 221, 246
Freitas, Rodrigues de 81, 90, 122
Freire, Natércia 216
Freyre, Gilberto 45, 217
Frieiro, Eduardo 169

G

Gahisto, Manoel 289- 290
Gide, André 40, 232
Goethe, Wolfgang von 68
Gomes, Alice 14, 88, 91, 94, 96, 97, 100, 102, 104, 108, 109, 111, 115, 118, 122, 124, 126, 129, 132,134, 140,142, 144, 146, 149, 155, 157,158, 160, 162, 177, 183, 187, 189, 190, 191, 193, 196, 199, 203, 218, 219, 220,221, 223, 226, 231, 233, 234, 235, 237, 240, 0241, 245, 250, 252, 258, 264, 265
Gomes, Joaquim Pereira 257, 265
Gonçalves, José 186
Gonçalves, Maria M. T. 21
Grijó, Celeste 95
Gros, Jean-Gabriel 159, 161
Guibert, Armand 239, 240, 246
Guimarães, Alphonsus 14

H

Hals, Frans 95-96
Hampejs, Znedek 274
Hemingway, Ernest 264
Herculano, Alexandre 51
Hitler, Adolf 153, 156, 161
Hoisel, Evelina 12
Holanda, Sérgio Buarque de 19
Homero 253
Hourcade, Pierre 11, 37, 45, 47-48, 51, 55, 79, 115, 136, 142-144, 146, 148-149, 153-154, 156-157,159,161,166,169,199,233,239,246
Huizinga, Jean 130

I

Illacowicz, Casimira 185

K

Kant, Emmanuel 239
Kardelj, Edvard 276-277
Keyserling, Herman de 82

L

Lacerda, Alberto de 246, 255
Lamartine, Alphonse 50
Lapa, Manuel Rodrigues 77

Larbaud, Valéry 37-40, 43, 51, 55
Lawrence, D. H. 193
Leal, Gomes 223
Leal, Olavo d'Eça 71, 73
Leal, Simeão 269
Leão, Múcio Carneiro 19, 22, 147, 148, 289
Lemos, Fernando 5, 12, 23, 242, 245, 261
Lima, Fernando Bandeira de 228
Lima, Jorge de 17-19, 38, 48, 55, 75, 93, 103, 183, 185, 212, 288
Lima, Matheus de 288
Lisboa, Henriqueta 17
Lisboa, Irene 88
Lloyd George, David 73
Lobato, Monteiro 92, 113, 168-169, 175, 272
Lobo Vilela, Antonio Eduardo 206, 212
Lopes, Baltasar 45
Lourenço, Agostinho 257
Lourenço, Eduardo 13

M

Machado, Aníbal 168
Machado, Antonio de Alcântara 48, 50, 52, 168
Magalhães, Dario d'Almeida 193, 202, 204, 210
Magalhães, Fernando 291
Mansfield, Katherine 168
Marcondes Ferreira, Octalles 109, 154
Marconi, Guglielmo 93
Marinho, José 102, 228
Maritain, Jacques 78
Marmelo e Silva, José 184-185, 221
Mauriac, François 78
Mazo de la Roche 264
Medeiros, Saboia de 62
Meireles, Cecília 17-18, 75, 107, 147, 291-294
Melo, Martinho Nobre de 79
Melo, Pedro Homem de 246
Melo Franco, Afonso Arinos de 152, 153
Melo Neto, João Cabral 18
Mendes, Murilo 14-16, 18, 48, 75, 279
Mendes Pinto, Fernão 231, 245, 260, 264
Mesquita, Alfredo 159
Mesquita, Carneiro de 110, 112, 117, 121
Mesquita Filho, Júlio de 159
Meyer, Augusto 12, 14, 17-18, 288
Migueis, José Rodrigues 77

Mira, Ferreira de 87, 97
Milano, Dante 112, 288
Moacyr, Pedro 269
Moacyr, Rachel 269, 277, 278, 284
Moniz, Egas 77
Montalvor, Luiz de 11, 13, 77
Monteiro, Adolfo Casais 7, 11-23, 28, 30, 32, 36, 37, 42, 44, 51-52, 55-57, 60, 62-67, 77, 81, 87-88, 92, 94, 96-99, 102, 108, 111, 114, 119-120, 127-128, 131, 137, 145-146, 163, 170-171, 178, 192, 196, 207, 216, 222, 229, 230, 231, 246-248, 251, 261, 264, 268, 272, 275, 277, 279, 287-290, 292, 295-297
Monteiro, Domingos 77
Monteiro, João Paulo 22, 189, 193, 196, 199, 202, 209, 218, 223, 226, 232, 234, 235, 240, 241, 245, 256, 264, 265
Monteiro, Vicente do Rêgo 17, 226-227
Moraes, Marcos 23
Moraes, Vinicius de 14
Moreira, Thiers Martins 275
Múrias, Manuel 170, 173-175, 179, 183, 202

N

Nascimento, Cabral do 220, 246
Navarro, Antonio 246, 253, 255, 270-271
Nemésio, Vitorino 12, 51, 131, 137, 210
Nobre, Antonio 13, 19, 33, 37, 38, 41, 43-44, 51, 53, 55, 78, 81, 85, 88-89, 109, 114, 121, 148, 152, 167, 193, 195-201, 205, 208, 211, 228, 251
Nobre, Augusto 51, 56, 197, 209, 212-213, 215
Nogueira, Albano 88

O

O'Neill, Alexandre 246
Oliveira, Alberto de 196, 197
Oliveira, Antonio Braz de 23
Oliveira, Carlos de 246
Oliveira, José Osório de 12, 20, 38, 55, 57, 59, 82, 95, 112-113, 168, 175, 199, 204, 216
Olympio, José 270, 275
Orico, Osvaldo 210, 291-292
Ortega y Gasset 130
Osório, Ana de Castro 82
Osório, João de Castro 38, 88

P

Pacheco, Antonio Carneiro 193
Paços D'Arcos, Joaquim 216
Paiva, A. de 97
Pascoaes, Teixeira de 77, 196, 297
Pedro da Costa, Antonio 246, 260
Pereira, Lúcia Miguel 97, 100
Pessoa, Fernando 11-12, 19-20, 32, 36-37, 47-48, 103-104, 106, 223, 226, 239, 241-242, 246, 251-252, 255-256, 262-263, 269, 271, 275, 277, 280, 297
Picchia, Menotti del 126
Pillement, Georges 159
Platão 206, 239
Pinheiro, Costa 17
Pinto, Álvaro 210-211
Pirenne, Jacques 229, 239, 245, 259-260
Pires do Rio, José 158, 290
Poe, Edgar Allan 33
Portinari, Candido 22, 60, 85, 282-283, 285
Porto, Manuela 18, 126, 128
Portugal, José Blanc de 246, 275
Prado, Eduardo 197
Prado, Fábio 21
Prado, Paulo 48
Prioly, Lucien 231
Proust, Marcel 94

Q

Quadros, Jânio 277-278
Queen, Ellery 231
Queiroz, Carlos 19, 77, 151, 193-195, 246
Queiroz, Eça de 81, 100, 114

R

Ramos, Carlos 51
Ramos, Graciliano 12, 17
Ramos, João Ruella 57, 101
Readers, Georges 14, 79
Rebelo, Marques 168, 249
Régio, José 32, 36, 40, 47, 51, 53, 65, 68, 73, 75-76, 109, 111, 137, 196, 216, 234, 237, 246, 270, 297
Rego, José Lins do 201
Rennó, João Maria Pereira 22
Reyes, Alfonso 150-151, 155, 157, 181
Reys, Câmara 100

Ribeiro, Alfredo 169
Ribeiro, Álvaro 102
Ribeiro, Aquilino 51, 77
Ribeiro, Maria de Fátima 12
Ricardo, Cassiano 17, 291-294
Rivas, Pierre 11
Rocha, Clara 221
Rodrigues, Urbano Tavares 216
Romains, Jules 78
Rónai, Paulo 196, 199, 209-210

S

Sá-Carneiro, Mário de 11, 15, 19, 32, 36, 47, 68, 132, 141, 297
Salazar, Antonio de Oliveira 14, 76, 170, 154, 264, 266, 274
Salgado, Plínio 191
Salgueiro, Eduardo 77, 222, 229
Santos, Edgar 274
Santos, José Ribeiro dos 216
Saraiva, Antonio José 77
Saraiva, Arnaldo 11, 19
Seghers, Pierre 297
Schmidt, Augusto Frederico 48, 62, 280, 288
Sena, Jorge de 12, 20, 216, 228, 246, 251, 264, 274-275, 277, 281
Sena, Mécia de 23, 281
Senda, Afonso de Castro 184
Sérgio, Antonio 77, 185
Serpa, Alberto de 12, 18-19, 78, 81, 84, 94, 96-97, 103, 108, 111, 122-123, 131, 133, 136, 137, 149, 155, 189, 209, 212, 214, 246
Silva, Agostinho da 77
Silveira, Pedro da 18
Silveira, Tasso da 19, 103
Silveira, Antonio da 228
Simões, João Gaspar 13, 27, 30-31, 36-38, 47-53, 56, 60-62, 64-65, 68-69, 71-73, 75, 106, 126, 131, 137, 176, 185, 196, 216, 241, 255
Simões, Nuno 203, 204, 206, 216
Siqueira Campos 206, 208

Soromenho, Castro 228-230
Sousa, Alves de 197
Sousa, Antonio de 216, 246
Sousa Pinto, Antonio Augusto 218, 231, 255, 258
Sousa, Octávio Tarquínio de 146
Stalin, Josef 254
Steeman, S. A. 231
Stendhal 107
Supervielle, Jules 30, 37, 51, 68-69, 88, 136, 142, 198, 223
Szenes, Arpad 191-193, 199

T

Tagore, Rabindranah 236
Tavares, Eugênio 45
Teixeira, Anísio 20, 274, 277
Teixeira, Luis 216
Tito, Josef Broz (Marechal) 257, 278,
Torga, Miguel 17, 216, 246-247, 253, 295, 298
Torres Bodet, Jaime 238

U

Unamuno, Miguel de 78
Urtigão, Ramalho 103

V

Valéry, Paul 37, 233
Vasconcellos, Eliane 22
Vasconcelos, Maria Manuela 22
Vasconcelos, Taborda de 216
Vettori, Beatta 276
Vianna, Hélio 97, 100, 122
Vicente, Arlindo 54, 58, 62, 65, 77
Vieira da Silva, Maria Helena 191-192

W

Whitman, Walt 236

SOBRE O LIVRO
Formato: 14 x 21 cm
Mancha: 23,7 x 40,4 paicas
Tipologia: Minion / Calibri
Papel: Offset 75 g/m² (miolo)
Cartão Supremo 250 g/m² (capa)
1ª edição: 2016

EQUIPE DE REALIZAÇÃO
Coordenação Editorial
Marcos Keith Takahashi

Preparação de Texto
Nelson Luís Barbosa

Revisão de Texto
Kátia Kobayashi

Projeto Gráfico e Capa
Grão Editorial

Imagens de capa
Retrato de Ribeiro Couto, 1944 (data atribuída)
por António Dacosta, reproduzido em *Poesias Escolhidas*,
Lisboa: Portugália Editora, 1944.
Catálogo Raisonné ADD711
<http://www.dacosta.gulbenkian.pt/obras/listagem-de-obras/retrato-de-ribeiro-couto.html>

Retrato de Adolfo Casais Monteiro, 1949 (data atribuída)
por António Dacosta, reproduzido em *Cadernos das Nove Musas*
(Sob o Signo de Portucale), março 1949.
Catálogo Raisonné ADD737
<http://www.dacosta.gulbenkian.pt/obras/listagem-de-obras/retrato-de-adolfo-casais-monteiro-1.html>

Impresso por :

gráfica e editora

Tel.:11 2769-9056